本书出版得到"西北师范大学重点学科建设经费"、西北师范大学国家级"新农村发展研究院",以及国家自然科学基金项目"基于共词分析的科学计量信效度研究"(项目编号71563042)、教育部人文社科基金规划西部项目(项目编号14XJA870002)和第58批中国博士后科学基金项目(项目编号2015M580763)的资助。

周文杰 ◎编著

工商竞争情报分析：
▶▶▶ 原理、方法与工具

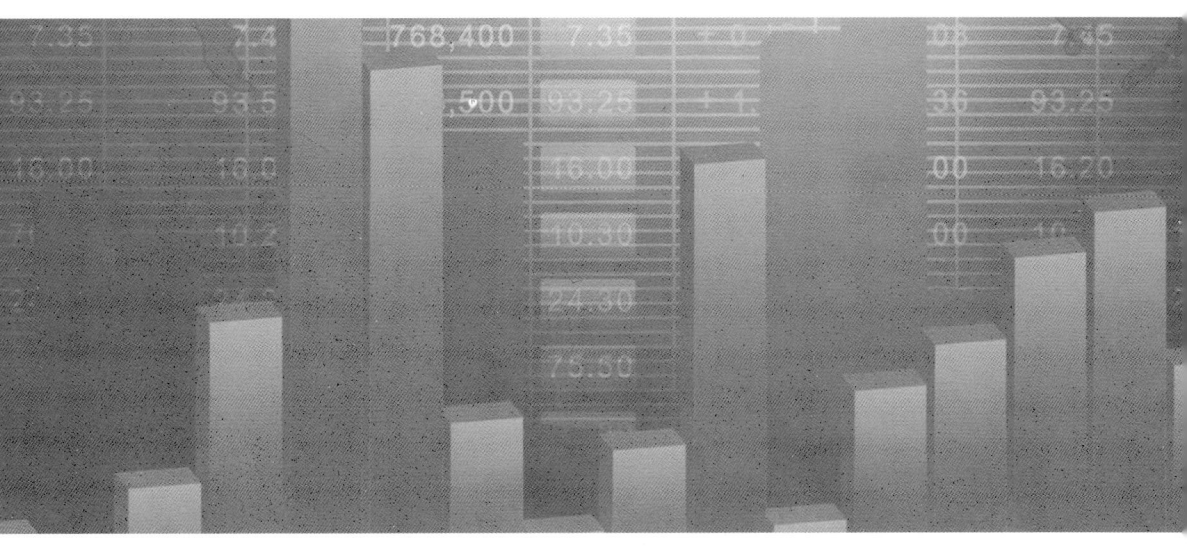

中国社会科学出版社

图书在版编目（CIP）数据

工商竞争情报分析：原理、方法与工具/周文杰编著. —北京：中国社会科学出版社，2015.12

（企业发展理论与实践丛书）

ISBN 978-7-5161-7147-9

Ⅰ.①工… Ⅱ.①周… Ⅲ.①工商企业—企业竞争—竞争情报—研究 Ⅳ.①F276

中国版本图书馆 CIP 数据核字（2015）第 283354 号

出 版 人	赵剑英
责任编辑	王 茵
责任校对	胡新芳
责任印制	王 超

出　　版	中国社会科学出版社
社　　址	北京鼓楼西大街甲 158 号
邮　　编	100720
网　　址	http://www.csspw.cn
发 行 部	010-84083685
门 市 部	010-84029450
经　　销	新华书店及其他书店
印刷装订	三河市君旺印务有限公司
版　　次	2015 年 12 月第 1 版
印　　次	2015 年 12 月第 1 次印刷
开　　本	710×1000　1/16
印　　张	23
插　　页	2
字　　数	362 千字
定　　价	85.00 元

凡购买中国社会科学出版社图书，如有质量问题请与本社营销中心联系调换
电话：010-84083683
版权所有　侵权必究

《企业发展理论与实践丛书》
编委会

主　编：张永丽

副主编：刘　敏

编　委：李长著　张学鹏
　　　　赵爱玲　关爱萍
　　　　柳建平　周文杰
　　　　魏彦珩　马文静

总　序

　　企业是国民经济的细胞，是市场经济的主体，是技术进步的主导力量，是社会财富的创造者，是社会文明与物质进步的倡导者与推动者。企业发展水平决定社会与经济的发展水平。

　　改革开放30多年，虽然我国企业在数量、规模和创造财富的能力等方面飞速发展，但如今仍面临生死存亡的严峻挑战：2008年经济危机的后续影响带来的经济增长减速、市场需求滞缓导致实体经济效益下滑，越来越多的企业生存困难，企业停产、破产数量增加；企业发展模式中对固定资产投资的路径依赖限制了企业技术进步的积极性，导致企业技术创新动力不足，产品附加值低，在国际分工和全球价值链上处于中低端；技术创新动力不足，缺乏核心技术，部分企业成为实质上的"加工制造商"，压缩了企业的利润空间，降低了企业抗风险能力，加剧了同质竞争，非正常竞争手段被频繁运用，助长了企业经营中的"劣币驱逐良币"现象；高速发展过程中忽视商业伦理建设，导致企业在追求利润的同时忽视其作为"公司公民"应承担的社会责任，牺牲环境创造利润的现象屡禁不绝，食品安全、产品严重质量缺陷等问题时有发生，使企业和企业家的社会形象受到损害；忽视现代企业制度建设、治理制衡机制缺乏、所有者与经营者权利纷争等问题严重困扰企业长期发展；中小微企业虽然在吸收就业、经营创新等方面发挥着重要作用，但获得的支持远远无法支撑其发展需要，导致其获利能力与抗风险能力弱于大企业，其发展战略与支持政策研究仍有待深入；企业在日常经营管理中，对市场信息把握不够及时，捕捉市场机会的能力不足，导致企业"蓝海战略"制定能力和执行力不足，"红海竞争"缩短了企业的生命周期；企业薪酬分配中内部薪酬差距过大，对员工的成就导向、敬业度等积极工作心理与工作行为产生不利影响；等等。

　　创百年企业、树百年品牌是每个企业可持续发展的"梦"。系统介绍企业竞争情报分析的原理、工具与手段，帮助企业用科学手段参与市场竞争，在纷繁复杂的环境中发现机遇，捕捉稍纵即逝的市场机会；解读并建立企业股东会内部股东关系的均衡，股东会与董事会关系的均衡，股东会与监事会关系的均衡，董事会与监事会关系的均衡，股东会、董事会、监事会与经理层关系的均衡，公司财务控制权分配的均衡，关联公司关系的均衡，公司与债权人关系的均衡，健全公司与社会关系等均衡关系治理机制，保障企业运营；深入分析小微企业发展的战略重点、战略原则与战略政策，从融资发展战略、自主创新战略、集群发展战略与社会化服务体系建设等方面，提出小微企业的发展环境、政策及战略；在视角创新与理论创新的基础上深入研究薪酬差距拉大的客观现实，回答宏观层面劳动报酬增长对物价水平增幅的联动作用，解析企业层面持续增大的薪酬差距对企业绩效产生的积极作用，以及薪酬差距对员工积极性工作心理与行为产生影响的情境等问题，对提高企业管理水平，增强企业环境竞争力，保障企业可持续发展，实现人民生活水平提高与经济增长同步，建设和谐社会意义重大。

前　言

在 2011 年 11 月由北京大学主办的首届全国情报学博士论坛上，作为东道主代表的赖茂生教授做了一个报告，其主旨是追问情报学及信息（或信息资源）管理类学科及其所培养人才的核心竞争力应该是什么。这是一个值得深思的问题。尤其是当把这个问题置于信息社会的宏大背景下时，回答这个问题似乎就显得更加刻不容缓了，而对于这个问题的思考则成就了笔者编写本书的"原始冲动"。

在社会信息化程度急剧加深和信息资源作为社会经济活动关键资源的战略地位日益崛起的今天，整个社会都创造并消费着储量惊人的"信息矿藏"。当今社会的"信息矿藏"是如此丰富，以致人们常常迷失其中而"不识庐山真面目"，从而出现面对着海量的信息资源却无法有效地使用这些资源的窘境。这恰如人们面对自然宝藏却因缺乏加工提炼手段和工具而望洋兴叹一样，"信息矿藏"的加工提炼也需要一种"利器"。笔者认为，这种"利器"之一，正是信息分析与情报提取的理论、方法与工具。从这个意义上说，信息管理相关学科、职业至少可以通过掌握和利用将信息矿藏提炼为情报的"利器"而彰显自己的职业价值。

回首信息管理相关职业的发展历程，对于信息及信息资源的收集、整序、加工、保存及提供使用从来都是本领域研究者和从业者所关注的焦点。正是基于信息职业的历史积淀，人类具备了越来越强大的信息资源的收集、组织与管理能力。面对社会网络化和数字化，信息的利用方式有了许多新的特点和形式。对于信息管理职业的从业者而言，层出不穷的新的信息分析方法与工具的出现无疑已经成为一道亮丽的风景。正是借助于新型的信息分析方法和工具，信息工作者才有可能以更高的效率提取信息矿藏中的有用成分，生产出有价值的信息产品以提供决策者使用。

关乎人类共同需求的重要资源（如空气、水等）往往具有公共性。鉴于信息之于信息社会不言而喻的重要性，在新的社会形态下，社会政治、经济、文化领域越来越多的信息资源也开始具有了公共性的特征。在此背景下，个人或组织通过公开、合法的方式部分或全部地获取所需要的信息资源（当然，公开、合法地获取不能等同于无偿获取）的可能性越来越大。对于工商企业而言，出于减少风险型决策条件的不确定性的目的，常常需要从大量相关的信息资源中开发出服务于自己决策需求的产品来，这就是工商竞争情报。工商竞争情报因附加了情报工作者的智力劳动，因此具有了商品的特征与属性。换言之，正是由于竞争情报与其他商品在生产过程上具有相似性，一旦将信息加工提炼成为情报，它就不再是公共资源，而可以将其视为在信息社会中具有明确价值归属的商品中的一种。工商竞争情报的商品属性为其自身廓清了基本边界。即工商竞争情报的获得主要依赖于对公开途径所获取的原材料——信息资源进行开发与加工，由此实现信息的情报化，并通过影响企业的决策活动而产生效益。因此，工商竞争情报与"商业秘密"、"商业间谍"等几乎毫无关联。

仍然回到信息管理相关学科和职业的核心竞争力问题上。既然工商企业组织的决策需要竞争情报的支撑以减少不确定性，而信息社会又提供了丰富的信息资源，那么对于信息资源的提炼加工无疑就具有了重要的经济和社会意义。企业中的情报工作人员恰恰是联结海量信息资源与企业特定情报需求之间的桥梁。本书作为一本以竞争情报分析为主旨而编写的教学资料，旨在为信息管理、工商管理相关领域的学习者或从业者介绍实际的信息分析方法与工具。贯穿全书的基本思路是：尽量把笔墨集中在对于具体方法和工具的介绍方面，尽可能避免指向不明晰的讨论和思辨；尽量向读者介绍应用竞争情报分析的方法和工具解决特定决策事项中具体问题的操作方法，尽可能避免针对社会性、行业性的问题进行宏观探讨和论述。这种安排基本考虑是：对竞争情报分析的方法和工具加以细致的介绍，以使其能够被读者接受，并帮助其掌握或提升竞争情报的分析与加工能力，而这种能力恰恰是笔者所追求的"核心竞争力"。这种安排至少体现了笔者如下的价值追求：如果通过竞争情报课程的教学，能够帮助信息管理、工商管理等专业的学习者及其相关职业的从业者掌握从事企业情报工作时的实际技能，则其主要教育目标已经达成。

为了达到向读者介绍竞争情报分析的方法与工具的目的，本书按照如下结构进行了内容的组织与编排：在概论部分，介绍了数据、信息、知识、情报之间的关系，并把"工商竞争情报"界定为：工商企业的从业者运用科学的分析方法，对与竞争对手和竞争环境相关的信息进行加工处理，以获取用于支持本机构决策的情报的过程及结果。本部分还对竞争情报在国外的发展进行了概述。本书第二章介绍了竞争情报的信息源与信息采集问题。具体而言，本章首先分门别类地详细介绍了竞争情报工作者可资利用的各种类型信息源，然后对信息采集的原则、评估以及信息的描述与组织进行介绍。本章的主要目的在于，使竞争情报人员掌握获取情报分析的原材料——信息资源——的途径和方法，以便其后续竞争情报分析工作的展开。第三章至第八章是本书的核心，主要介绍了定性分析方法、定量分析方法、定性与定量结合分析方法、文本分析方法在竞争情报分析实践中的应用。这些分析方法有些适用于文本型数据的分析，有些适用于数值型数据的分析；有些主要凭借分析者与决策者的主观判断完成，有些则主要依靠特定的数学模型与工具完成；有些需要借助统计分析软件，有些需要借助一些词频等专业分析工具。为方便读者阅读，本部分尽量以例析的形式展示了具体的竞争情报分析过程，而对相关原理仅仅进行了必要的介绍。第九章关注的是竞争情报分析中"人"的因素。其中不仅对工商企业从业者信息能力评估方法进行介绍，也对人际网络分析的方法与工具进行了比较详细的介绍。本书最后一章是对信息价值评估与管理问题的分析。这一章中，笔者首先基于风险型决策等相关理论，使用决策树等方法，对具体竞争情报分析事项的价值核算进行了例析，然后详细介绍了竞争情报的有关管理问题。

如同其他科研著述一样，本书所阐述的理论、方法和工具是对前人的大量相关研究和实践成果的采撷和吸纳，为此，笔者向竞争情报领域先行者们卓越的工作致以由衷的敬意，并向本书所参阅资料的作者们表示诚挚的感谢。没有前人的工作，完成本书的编写几乎是不可能的。然而，同样需要指出的是，之于工商竞争情报的研究，笔者尚处于"望其门墙而不得入其宫"的探索学习阶段。因此，尽管笔者竭尽全力想使本书成为一本关于竞争情报分析的"有用"书籍，但限于水平，本书中的许多观点、提法尚属一得之见，其中的幼稚、不完善乃至错漏之处在所难免。为此，笔者愿意以最谦卑的心态，接受来自各领域专家、学者和读者的批评指正。另外，本书把关注的焦点放在了向处于个体层面的工商企业情报工作者介绍各种竞争情报分析的方法与工具方面。因为，对于竞争情报的教育工作者来说，所关注的首要问题便是对于受教育者（假设他们将来会成为企业竞争情报工作者）竞争情报分析能力的培养。笔者认为，唯有通过竞争情报的专业教育，使学习者具备竞争情报分析的实际能力，这些学习者才算是具备了核心竞争力，而本学科教育的价值才真正得到了体现。由于把重点放在了向个体层次的学习者介绍竞争情报分析的方法和工具方面，因此本书基本上没有涉及对于企业组织层面的信息分析问题（如企业竞争情报系统构建以及对来自企业自身的财务、运营等数据信息的分析与决策等相关问题的分析）。因此，对于企业组织层面的竞争情报相关问题及企业自身数据信息的分析与决策问题尚需读者参阅相关的著述。

尽管本书把关注的焦点放在了向有志于从事竞争情报分析工作的人员介绍相关的方法与工具方面，但竞争情报方法与工具的选用却常常会因课题所服务的决策事项、分析者的能力、情报工作的设施条件等诸多因素的不同而有所差异。基于这一事实，笔者期望本书所介绍的方法与工具能够成为竞争情报工作者着手竞争情报分析的参照，而并不认为此书所介绍的方法已集竞争情报分析方法与工具之大成。与期盼编写一门"尽善尽美"的教学用书的心态相反，笔者期盼着本书能够尽快地"过时"。因为本书的过时，意味着新的、更高级的竞争情报分析方法与工具的涌现。作为一名商科的教学工作者，笔者将与其他信息管理、工商管理等相关学科和职业的从业者一样，密切关注并期待着本领域理论与实践的创新，并将为竞争情报分析领域更具操作性的理论、更高效率的方法和更便捷实用的工具的出现而欢欣鼓舞。

  在本书即将付梓之际，笔者谨向关心本书写作和出版的有关领导、同事和朋友们致以衷心的谢意！特别是西北师范大学商学院院长张永丽教授不仅为本书的出版提供了机会，而且给予了笔者大量的指导、支持和帮助，谨致谢忱。中国社会科学出版社的编辑老师们也为本书的出版付出了辛勤的努力，在此一并表示感谢！

周文杰

2015 年 7 月 16 日

目 录

第一章 概论 …………………………………………………… (1)
  第一节 竞争情报的渊源 …………………………………… (1)
    一 竞争情报的萌芽与产生 ……………………………… (1)
    二 工商竞争情报应用的社会背景 ……………………… (2)
  第二节 工商竞争情报相关概念的界定 …………………… (3)
    一 数据、信息、知识、情报 …………………………… (3)
    二 竞争情报的含义 ……………………………………… (6)
    三 工商竞争情报的范围 ………………………………… (9)
  第三节 竞争情报在国外的发展 …………………………… (9)
    一 美国的竞争情报 ……………………………………… (9)
    二 日本的竞争情报 ……………………………………… (11)
    三 瑞典的竞争情报 ……………………………………… (12)
    四 俄罗斯的竞争情报 …………………………………… (15)
    五 加拿大的竞争情报 …………………………………… (17)
    六 韩国的竞争情报 ……………………………………… (17)
    七 澳大利亚的竞争情报 ………………………………… (20)

第二章 信息源与信息采集 …………………………………… (22)
  第一节 工商竞争情报的信息源 …………………………… (22)
    一 信息在企业经济活动中的作用 ……………………… (22)
    二 企业的信息源 ………………………………………… (24)
  第二节 信息采集 …………………………………………… (39)

一　信息采集的原则 …………………………………… (39)
　　二　信息采集的评估 …………………………………… (41)
　第三节　信息的描述与组织 ………………………………… (45)
　　一　信息的描述 ………………………………………… (45)
　　二　信息的组织 ………………………………………… (51)

第三章　定性分析 ………………………………………………… (54)
　第一节　定性分析概述 ……………………………………… (54)
　　一　定性分析的概念 …………………………………… (54)
　　二　定性分析的特点 …………………………………… (55)
　　三　定性分析相关问题的界定 ………………………… (55)
　第二节　定性分析的一般方法 ……………………………… (57)
　　一　德尔菲法 …………………………………………… (57)
　　二　主观概率法 ………………………………………… (61)
　　三　领先指标法 ………………………………………… (66)
　　四　厂长（经理）评判意见法 ………………………… (70)
　　五　推销人员估计法 …………………………………… (74)
　　六　相互影响分析法 …………………………………… (76)
　第三节　定性分析方法的综合运用 ………………………… (81)
　　一　SWOT 分析法 ……………………………………… (82)
　　二　定标比超分析法 …………………………………… (91)

第四章　定量分析Ⅰ：数据的描述与比较方法 ……………… (106)
　第一节　数据的描述性分析 ………………………………… (106)
　　一　集中趋势 …………………………………………… (107)
　　二　离散程度 …………………………………………… (112)
　第二节　数据差异的比较 …………………………………… (117)
　　一　方差分析简介 ……………………………………… (117)
　　二　方差分析的基本原理 ……………………………… (120)
　　三　单因素方差分析 …………………………………… (124)
　　四　双因素方差分析 …………………………………… (129)

第五章 定量分析Ⅱ：数据的分类与降维方法 …… （133）
第一节 聚类分析 …… （133）
  一 聚类分析的原理 …… （133）
  二 聚类分析的主要步骤 …… （137）
  三 聚类分析应用实例 …… （139）
第二节 判别分析 …… （145）
  一 判别分析的含义 …… （145）
  二 判别分析的数学模型与判别方法 …… （147）
  三 判别分析应用实例 …… （149）
第三节 因子分析 …… （155）
  一 因子分析的概念 …… （155）
  二 因子分析的基本原理 …… （156）
  三 因子分析中的几个关键概念 …… （158）
  四 因子分析的基本步骤和过程 …… （161）
  五 因子分析应用实例 …… （162）

第六章 定量分析Ⅲ：利用数据进行预测 …… （173）
第一节 回归分析 …… （173）
  一 回归分析概述 …… （173）
  二 一元线性回归预测法 …… （175）
  三 多元回归预测法 …… （183）
  四 非线性回归预测法 …… （189）
第二节 时间序列分析 …… （193）
  一 时间序列分析的定义 …… （193）
  二 时间序列的预处理 …… （194）
  三 平稳时间序列分析 …… （195）
  四 时间序列预测应用案例 …… （196）

第七章 定性与定量结合分析 …… （206）
第一节 定性分析与定量分析的综合运用 …… （206）
  一 定性分析与定量分析的优劣 …… （206）

二　定性与定量结合分析需要注意的问题 …………… (208)
　第二节　情景分析法 ……………………………………… (210)
　　一　情景分析法的概念和特点 ……………………… (210)
　　二　情景分析法的一般步骤 ………………………… (212)
　　三　情景分析法应用实例 …………………………… (216)
　第三节　博弈分析法 ……………………………………… (222)
　　一　博弈分析法概述 ………………………………… (222)
　　二　博弈分析法的一般步骤 ………………………… (223)
　　三　博弈分析应用实例 ……………………………… (224)
　第四节　层次分析法 ……………………………………… (227)
　　一　层次分析法概述 ………………………………… (227)
　　二　层次分析法应用实例 …………………………… (229)

第八章　文本分析 ……………………………………………… (234)
　第一节　词频分析 ………………………………………… (234)
　　一　信息计量相关学科的兴起与词频
　　　　分析的渊源 ……………………………………… (234)
　　二　词频分析概述 …………………………………… (235)
　　三　词频分析的步骤 ………………………………… (238)
　　四　词频分析法应用案例 …………………………… (240)
　第二节　共词分析 ………………………………………… (250)
　　一　共词分析的起源与概念 ………………………… (250)
　　二　共词分析的一般步骤 …………………………… (251)
　　三　共词分析应用案例 ……………………………… (253)
　第三节　内容分析 ………………………………………… (267)
　　一　内容分析概述 …………………………………… (267)
　　二　内容分析的步骤 ………………………………… (269)
　　三　内容分析应用实例 ……………………………… (272)

第九章　信息能力与人际网络的评估 ………………………… (282)
　第一节　工商企业从业者的信息能力评估 ……………… (282)

一　对"人"这一要素进行分析的必要性 …………………… (283)
　　二　信息能力评估概述 …………………………………………… (284)
　　三　信息素养的评估 ……………………………………………… (285)
　　四　个人信息世界的测度 ………………………………………… (292)
　第二节　人际网络分析 ……………………………………………… (296)
　　一　人际网络分析概述 …………………………………………… (296)
　　二　中心度分析 …………………………………………………… (297)
　　三　弱联结优势 …………………………………………………… (303)
　　四　"派系"分析 ………………………………………………… (305)
　　五　多维尺度分析 ………………………………………………… (308)
　　六　对于网络进行描述性统计分析 ……………………………… (308)

第十章　工商竞争情报的价值核算与管理 ……………………… (312)
　第一节　竞争情报的价值核算 ……………………………………… (312)
　　一　竞争情报价值核算的意义 …………………………………… (312)
　　二　竞争情报的实质 ……………………………………………… (313)
　　三　竞争情报的损益值 …………………………………………… (317)
　　四　完全情报的价值核算 ………………………………………… (321)
　　五　贝叶斯决策中的情报价值核算 ……………………………… (324)
　第二节　工商竞争情报的管理 ……………………………………… (334)
　　一　工商竞争情报的管理机制 …………………………………… (334)
　　二　工商竞争情报的管理机构 …………………………………… (336)
　　三　工商竞争情报的绩效评估 …………………………………… (341)

参考文献 …………………………………………………………… (345)

后　　记 …………………………………………………………… (350)

第一章

概 论

人类早期的政治、经济和军事决策行为之中,已经孕育着竞争情报思想的萌芽。信息化社会的到来,则进一步提高了竞争情报研究的必要性。本章将在对竞争情报产生的渊源进行简要介绍的基础上,辨析与竞争情报相关的一系列概念,提出关于工商竞争情报的定义,并对各国竞争情报发展的情况进行梳理。

第一节 竞争情报的渊源

信息已成为社会经济生活中最重要的战略资源之一,在此背景下,竞争情报之于工商企业生存与发展的重要意义日益凸显。特别是在互联网的高速普及和信息通信技术(Information and Communication Technology, ICT)的急剧扩散对人类的生产、生活方式乃至思维习惯产生日益深刻影响的背景下,洞悉竞争情报的实质与特征,对于促进工商企业稳定而健康地发展显得越来越重要而紧迫。鉴于此,一些学者甚至认为,竞争情报已成为继人才、技术和资金之后,企业存在和发展的第四大要素。[①]

一 竞争情报的萌芽与产生

获取竞争情报以支持决策活动的事例在历史上早已有之。产生于2000多年前的我国军事思想名著——《孙子兵法》中已蕴藏着

---

① 张翠英:《竞争情报分析》,科学出版社2008年版。

竞争情报应用的萌芽。例如，该书所做出的"知己知彼，百战不殆；不知己而知彼，一胜一负；不知彼，不知己，每战必殆"的精辟论述，就对竞争情报之于企业组织生存和发展的重要意义有所启示。以现代人的眼光来看，"知己"是指工商企业需要做好自身信息分析工作，全面了解本机构的现状；"知彼"，则是指充分获取关于竞争对手及竞争环境的情报，以准确把握其实际状况。

"竞争情报"作为一个专业术语，最早出现于美国学者赫·艾登等撰写于1959年的《企业竞争情报活动调查报告》中。但真正意义上的竞争情报分析与研究活动，也就是把竞争情报作为专门的研究对象，从理论、方法、技术和应用等方面进行深入探讨，并由专门的机构所倡导的竞争情报活动，则是20世纪80年代才在美国逐步开展起来的。因此，现代意义上的竞争情报诞生于20世纪50年代，而崛起于80年代。[①] 1986年，美国竞争情报从业者协会（Society of Competitive Intelligence Professional，SCIP）的成立通常被认为是竞争情报研究走向专业化的重要标志。

二 工商竞争情报应用的社会背景

20世纪五六十年代以来，世界各国开始向信息化社会迈进。随着社会信息化程度的不断加深，知识信息已成为主要的战略资源之一，其重要性可以与物质和能源等传统资源等量齐观甚至有所超越。据英国科学家汤姆·马丁推测，在19世纪信息量每50年增加1倍，20世纪中叶每10年增加1倍，到了20世纪70年代平均每5年增加1倍，如今信息更是以几何级数高速增长。信息的激增不仅为人类带来了大量益处，也不可避免地产生了诸多负面影响。例如，由于海量信息的存在，使人们常常迷失于信息的海洋，出现信息过载的现象，导致人们对信息的识别与应用能力降低。同时，良莠不齐的信息充斥于社会的各个角落，所造成的"信息污染"越来越严重。对于工商企业而言，在激烈的市场竞争中决胜的关键常常在于正确解决信息高速增长与自身所需要信息的提取与利用之间的

---

① 包昌火等编著：《竞争情报导论》，清华大学出版社2011年版。

矛盾。即通过有效的手段，目标明确、精练准确地获取关于竞争对手和竞争环境的有效信息，然后经过有效分析，使之上升为支撑企业科学决策的情报。由此可见，社会信息化程度的加深和市场竞争加剧直接导致了工商竞争情报的诞生。

第二节　工商竞争情报相关概念的界定

一　数据、信息、知识、情报

数据（Data）是载荷或记录信息的按照一定规则排列组合的物理符号。[1] 数据这一概念的涵盖范围远远超过了"数值"、"数字"等概念，广义地说，数据可以是数字、文字、图像，也可以是声音或计算机代码等。

关于信息（Information）定义，国内外学者从不同的角度给予了揭示。较典型的定义有：信息论的创始人香农认为，信息是用来消除不确定性的东西，是一个可测度的科学概念。控制论的创始人维纳认为，信息是人与外部世界互相交换的内容。[2] 我国学者钟义信认为，信息是事物存在的方式或运动的状态，以及这种方式、状态的直接或间接的表达。[3]

知识（Knowledge）是"人类理解与学习的结果"[4]。知识以图书、论文、报告、专利等文献为主要存在形态，是人类文明和智慧的记载和结晶。

在现实生活中，数据、信息、知识和情报之间存在着紧密的联系，甚至在许多情况下，上述概念之间存在着相互混淆滥用的情况。因此，要准确地定义"情报"一词，首先需要对数据、信息、知识和情报等概念之间的关系进行甄别。

---

[1] 马费成、胡翠华、陈亮：《信息管理学基础》，武汉大学出版社2009年版。
[2] ［美］N. 维纳：《控制论》，郝季仁译，高等教育出版社1996年版，第1—7页。
[3] 钟义信：《信息与信息化》，中国经济出版社1995年版，第13—14页。
[4] Shulsky, A. N., *Silent Warfare: Understanding the World of Intelligence*, Brassey's (US). Inc. New York, 1991, p. 2.

就数据与信息的关系而言，人们对信息的接收始于对数据的接收，对信息的获取则是通过对数据背景（Context）和规则的解读。信息是数据载荷的内容，对于同一信息，其数据表现形式可以多种多样（如口头语言、文本型数据、数值型数据等）。数据与信息之间存在着如下关系：

数据+背景=信息①

就信息与知识的关系而言，有学者指出，"任何知识都必须是信息，因为任何知识都必然反映某种事物的运动状态及其变化方式（规律）；但并非所有的信息都是知识，知识只是信息中具备普遍和抽象品格的那部分，因此是信息的一个子集"②。维纳指出，"信息是具有意义和目的的数据。在信息被用于进行比较、评估后果、说明关系和进行对话时，它就发展为知识。因此，知识可被视为载有经验、评价、敏锐洞察力的信息"③。大体而言，信息与知识之间存在着如下关系：

信息+经验=知识④

就知识与情报的关系而言，一般认为"情报是解决一个特定的问题所需要的知识"，是"激活了、活化了的知识"⑤。而就信息与情报的关系而言，有学者指出，信息是情报的素材和载体，情报是信息的激活和升华；信息是客观存在，情报是思维产物；信息是原料，情报是产品。人们获取信息的目的是生产用于决策活动的情报和谋略，即 Information 的 Intelligence 化。⑥

整体而言，数据、信息、知识与情报之间存在着转化关系。美国学者鲍威尔认为，数据转化为商业价值，须经过如图1—1所示的6次转化，形成6种形态。即通过收集数据形成数据集（S_1）、数据集成形成信息（S_2）、信息分析产生知识（S_3）、知识激活生成

---

① 马费成、胡翠华、陈亮：《信息管理学基础》，武汉大学出版社2009年版。
② 钟义信：《信息与信息化》，中国经济出版社1995年版，第13—14页。
③ [美] N. 维纳：《控制论》，郝季仁译，高等教育出版社1996年版，第1—7页。
④ 陈锐：《公司知识管理》，山西经济出版社2000年版，第26—27页。
⑤ 钱学森：《科技情报工作的科学技术》，《科技情报工作》1983年第10期。
⑥ 包昌火等编著：《竞争情报导论》，清华大学出版社2011年版，第3页。

情报（S_4）、情报应用形成决策（S_5）、决策执行产生结果（S_6），即实现价值。① 因此，由数据到商业价值是一个连续转化、不断增值的过程，这种转化过程既是情报价值链，也是信息转换规律的一种表达形式。

本书中，笔者以前人对信息和情报的定义为基础，赋予了信息和情报如下含义：在工商竞争情报的语境下，信息指由与特定的决策事项相关联并具有减少企业决策不确定性潜在特性的数据记录；情报则指工商企业的从业者运用科学的分析方法，对来自竞争对手和竞争环境等相关信息进行加工处理，并从中提炼的用以减少本机构决策条件不确定性的成分。

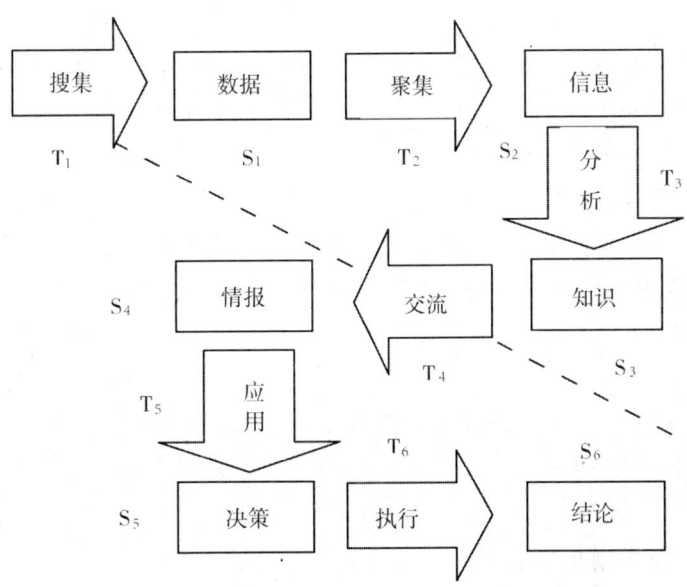

图1—1　数据—信息—知识—情报转化关系

注：T—transfom，变换；S—state，状态。

资料来源：Powell T. W., "Analysis in Business Planning and Strategy Formulation", in Ben Gilad, Jan P. Herring, *Art and Science of Business Intelligence Analysis*, London: JAI Press Ltd., 1996。本书转引自包昌火等编著《竞争情报导论》，清华大学出版社2011年版，第3页。

---

① Powell T. W., "Analysis in Business Planning and Strategy Formulation", in Ben Gilad, Jan P. Herring, *Art and Science of Business Intelligence Analysis*, London: JAI Press Ltd., 1996.

【例1—1】 数据—信息—知识—情报的转换。

假设你是一家汽车制造商的市场分析师，A汽车公司是你公司的竞争对手。一天你在网络新闻中看到了如下消息：A汽车公司降价了10%。于是你对此展开了分析，并提交了一份行动建议给公司决策层。以下是你的分析过程，也是数据经过三次转化变成情报的过程。"A公司汽车降价了10%"是原始的资料，也就是数据。

信息："A公司汽车降低后，同档次的车将比我公司的车便宜8%。"你的这个比较判断就是信息，因为它把数据放到了一个特定的语境中，并把至少两个方面的资料集中在一起，使数据有了特定的意义。

知识："根据以往的经验，在A公司和我方争夺的市场中，价格是决定因素。A公司的降价策略将会使我公司的潜在客户转向购买其产品。"行业信息的积累使你掌握了行业的基本知识，即价格基础上的竞争。

情报："A公司降价后，如果我们的价格不降低7%，那么A公司的市场占有率将增加3%，从而超过我公司的市场占有率。"你的这段分析就算得上是情报了，因为在这段陈述中，信息得到了分析，并且暗含着对"我们可能也需要降低"这个行动的建议。

资料来源：于辉：《如何变信息为情报》，《哈佛商业评论》2004年第12期。

二 竞争情报的含义

迄今为止，关于竞争情报已产生了多种多样的定义，较典型的有：

（1）美国竞争情报从业者协会（SCIP）对竞争情报的定义是：竞争情报是一种过程，在此过程中，人们用合乎职业道德的方式搜集、分析和传播有关经营环境、竞争者和组织本身的准确、具体、及时、前瞻性以及可付诸行动的情报。[①]

（2）拉里·卡哈尔（Larry Kahaner）认为，竞争情报是一种以系统化的、合乎职业道德的方式搜集和分析有关竞争对手的行动和一般商业趋势以促进公司自身目标达成的活动。[②]

（3）约翰·普雷斯科特（John Prescott）认为，情报是满足用户独特需求的经过整理的信息，这些信息经过了分析解释，其含义得到了开发。所以，情报是一种"精炼"过的信息产品。竞争情报则是与外部和（或）内部环境的某些方面有关的精炼过的信息产品。[③]

（4）包昌火将竞争情报归纳为关于竞争环境、竞争对手和竞争策略的信息和研究。并认为它既是一种过程，又是一种产品。过程，是指对竞争情报的搜集和分析；产品，是指由此产生的情报或策略。[④]

（5）缪其昌认为，竞争情报是生产信息并使之运用于竞争决策的过程。[⑤]

本书的关注焦点在于分析工商企业组织的竞争情报活动，因此，本书所提及的"竞争情报"与"工商竞争情报"是同义词。所谓工商竞争情报是指工商企业的从业者运用科学的分析方法，以来自本企业内外的相关信息资源为对象，围绕竞争对手、竞争环境等因素而展开的，旨在支持本机构科学决策的活动过程及结果。

本概念中包含着如下要点：第一，工商竞争情报分析的主体是工商企业的从业者个体，而不是工商企业这个组织。第二，工商竞争情报分析的客体是来自企业内外的各种信息资源。第三，工商竞争情报分析需要立足于科学的分析方法。第四，工商竞争情报活动的目的在于获取支持本机构决策的情报。第五，工商竞争情报分析

---

① Rodriguez-Salvador M., et al., "Industry/ University Cooperative Research in Competitive Technical Intelligence: A Case of Identifying Technological Trends for a Mexican Steel Manufacturer", *Research Evaluation*, Vol. 11, No. 3, 2002.
② 转引自张翠英《竞争情报分析》，科学出版社2008年版，第6页。
③ John Prescott, *Introduction: Competitive Intelligence-Lessons from the Trends*, in *Proven Strategies in Competitive Intelligence*, New York: John Wiley & Sons, Inc., 2001, 1-20.
④ 包昌火：《加强竞争情报工作，提高我国企业竞争能力》，《中国信息导报》1998年第11期，第33—36页。
⑤ 缪其昌：《市场竞争和竞争情报》，军事医学科学出版社1997年版，第2—3页。

是一个"活化"知识的过程，其结果是实现了信息的情报化（即 Information 的 Intelligence 化）。

本书对于工商竞争情报的定义有别于现有诸多研究中关于"竞争情报"的定义，主要有：

首先，本书以工商从业者个体作为竞争情报活动过程中信息分析的主体，有别于现有部分研究对竞争情报主体的界定。本书认为，从工商企业组织的角度来看，竞争情报活动很难与其日常的经营和管理活动区分开来。如果把工商企业组织本身作为竞争情报活动的主体，则容易导致"竞争情报"这一概念的泛化，使竞争情报成为一个与企业信息管理甚至企业管理等同的几乎无所不包的概念。其结果是，企业的经营管理活动的几乎所有环节都可以被视为竞争情报活动。显然，这种缺乏针对性的定义方式因涵盖内容过于宽泛，从而使研究者无法对竞争情报自身进行深入解析。从工商企业从业者个体的角度来看，竞争情报作为其专业活动，具有相对清晰的边界与方法。正是出于上述考虑，本书中不涉及"竞争情报系统"等内容，而是把工商企业的从业者在实际工作中进行竞争情报分析的具体方法作为核心。

其次，本书以工商企业的竞争对手和竞争环境相关信息作为竞争情报活动的客体。现有许多研究者所界定的竞争情报活动客体中，不仅包括竞争对手和竞争环境，也包括竞争策略（或竞争战略）。本书认为，工商竞争情报活动的目的是为其机构的决策活动提供依据。换言之，当竞争情报工作者实现了 Information 的 Intelligence 化，并把其分析结果提交给决策者时，竞争情报活动已告一段落，而管理者对于竞争情报分析结果的使用则应该被归于企业的管理决策活动。显然，竞争情报分析更可能是一个 Information 的 Intelligence 化的专业活动过程，而不是管理决策过程。竞争情报所能实现的，仅仅是提出关于企业竞争策略的建议，而不是制定竞争战略。如果对竞争情报从业者的信息分析活动和企业管理者的管理决策活动不加以区分，所导致的仍然是"竞争情报"的泛化。

当然，本书所定义的工商竞争情报首先源于前人的研究，因此，在核心思想方面（如 Information 的 Intelligence 化[①]）仍然保持着与前人的一致性。本书对工商竞争情报的上述定义，并非要界定一个放之四海而皆准的概念，而是以"工作定义"的方式，为本书后续内容的展开提供逻辑起点。

三　工商竞争情报的范围

包昌火认为，从广义上看，竞争情报可划分为政府竞争情报和企业竞争情报；从狭义上看，竞争情报就是指企业竞争情报。企业竞争情报可划分为商业竞争情报（Competitive Business Intelligence，CBI）和技术竞争情报（Competitive Technical Intelligence，CTI）。如前所述，本书中所述的"竞争情报"与"工商竞争情报"同义，大致类同于"商业竞争情报"（CBI），与前人所界定的商业竞争情报的范围（即"能给组织的竞争地位带来重大影响的外部市场环境、竞争对手、供应商、客户、其他利益相关者、财务、人员和联系的信息，以及这些信息的获取、监控、分析、前瞻和预警过程"[②]）相类似。

第三节　竞争情报在国外的发展[③]

一　美国的竞争情报

美国是最早开展竞争情报工作的国家之一。迄今为止，美国已经建立了相对完整的、有机协作的竞争情报体系。美国竞争情报业基本呈现以下特点：

1. 竞争情报获取手段的多样化

竞争情报获取的途径有政府机构、贸易展览会、计算机检索、

[①]　包昌火等编著：《竞争情报导论》，清华大学出版社 2011 年版，第 3 页。
[②]　同上。
[③]　本部分参阅了包昌火等编著《竞争情报导论》（清华大学出版社 2011 年版，第 7—20 页）一书中关于各国竞争工作的介绍以及 Journal of Competitive Intelligence and Management 在 2005 年刊发的一组关于各国竞争情报情况介绍的文章，文中数据非经注明，均出自上述文献。

公开出版物、广告、宣传资料、智囊团等。另外，还可以通过对公司客户、产品用户的调查以及电话采访获取。

2. 竞争情报合法化

美国企业非常重视通过正当渠道、正当手段开展竞争情报活动。竞争情报人员认为，他们从事的是一种高尚的、值得为之骄傲的情报分析工作，而不是间谍行为。

3. 竞争情报工作职业化

美国企业高度重视竞争情报工作，大企业一般都设有"竞争情报分析经理"职位，或由专职副经理负责竞争情报业务。这直接导致美国的竞争情报工作队伍迅速壮大，人员素质不断提高。特别是竞争情报从业者协会的成立，为广大从业者提供了更加广阔的学习和交流平台，竞争情报培训活动也愈加丰富多彩。

4. 创建竞争情报从业者协会

1986年，美国竞争情报从业者协会（SCIP）的成立，是国际CI业发展中的重要事件。继SCIP之后，欧洲、日本、澳大利亚等国家和地区先后建立了竞争情报从业者组织，一个世界性竞争情报组织从业者网络正在形成。

在全球竞争情报事业发展过程中，SCIP起到了领导者和推动者的作用。SCIP通过召开各种形式的专业会议，不断扩大竞争情报的社会影响力。同时，SCIP还出版了一系列刊物，如 Competitive Intelligence Review（1989–2001）、Competitive Intelligence Magazine、Actionable Intelligence、Journal of Competitive and Management 等。自建立以来，SCIP的成员迅速增长。1988年为716人，10年后的1998年为6694人，年增长达30%。SCIP会员几乎遍布全球，截至2008年，SCIP会员分布在全球60多个国家和地区。据统计，在SCIP会员中，美国占76.5%，欧洲占10.7%，加拿大占9.1%，其他国家占3.7%；美国以外的SCIP会员分布在以下国家和地区：欧洲占46%，加拿大占38%，亚洲占5%，澳大利亚与新西兰占4%，南美占3%，中东占2%，东非占1%，墨西哥占1%；SCIP会员的职业分布为：竞争情报分析师占26%，市场规划与研究人员占25%，信息服务人员占14%，研究开发、商务拓展、产品规划人员占13%，战略规划人员占12%，财务规划与反情报人员占10%。①

二 日本的竞争情报

日本历来重视经济技术情报工作。1993年2月12日，日本正式成立了"日本工商竞争情报专门家协会"。目前，该组织已改名为"日本工商情报协会"。日本的竞争情报工作已经形成了综合商社、公司的情报部和政府情报机构三大体系。这些机构每天都在全世界收集信息，然后传送给国内供处理、分析和使用。

1. 综合商社的情报网络

日本著名的六大综合商社三鞭、伊藤忠、三进、九涨落、住友和日商岩进井在全世界有180多个办事处，1万多名雇员，建立了强大的情报网络。这些来自全球的信息每天24小时不停地送回日本总部，进行选择、分析，然后向各从属公司扩散。每家综合商社每年情报方面的支出约6000万美元。

2. 公司的情报部门

20世纪60年代，日本一些大公司纷纷建立起自己的竞争情报部门来弥补综合商社提供的情报的不足。一般而言，这些公司总部专门从事竞争情报工作的人有10—20个，从属于战略规划部或研究部管辖。

3. 智囊公司

日本还有100多家被称为"智囊公司"的私人公司专门从事情报搜集、分析和扩散工作，许多公司的雇员达到数百人。

4. 政府机构

除商业机构外，日本政府的相关机构也积极参与竞争情报工作。如通商产业省的中小企业厅研究室提供早期预警、竞争对手跟踪与预报、战略规划以及战略战术决策建议，促进中小企业的发展。成立于1958年的日本贸易振兴会更是世界级的竞争情报机构，主要工作集中于收集与进出口相关的信息、提供关于机会与威胁的早期预警、竞争对手跟踪以及与国际贸易相关的其他报告。

---

① 包昌火等编著：《竞争情报导论》，清华大学出版社2011年版，第3页。

三 瑞典的竞争情报

瑞典是一个有着悠久情报传统的国家。汉斯·赫丁（Hans Hedin）从政府、相关组织、学术界和供应商四个方面总结了瑞典竞争情报的演变情况[①]，具体如表1—1所示。

与其他欧洲国家相比，现代瑞典竞争情报的这些发展，使其成为拥有成熟并具竞争力的竞争情报产业的国家。1988—2000年，情报业的发展备受关注。越来越多的公司利用情报进行工作。不仅仅在企业界，在政府下属的公司、非营利组织，如瑞典红十字会、儿童基金会、瑞典教堂等都对情报表示了强烈的兴趣。瑞典的竞争情报产业可以划分为情报内容供应商，情报技术供应商，情报培训/情报流程咨询供应商，大学、政府、公共部门组织，以及公司企业几部分。情报内容供应商包括信息供应商和竞争情报信息门户。信息供应商（如Observer、Infopak、Factiva、Dialog、Affarsdata）可以提供媒体追踪和最新资料通告服务。竞争情报门户包括BI—digital、全球情报联盟（GIA）、全球情报网络（GIN）以及联合情报论坛（FOSO）等。Docere Intelligence、Kairos是瑞典著名的从事竞争情报研究、培训并提供技术的综合性公司。Comintell、Brimstone则是提供竞争情报软件的公司。表1—2列举了瑞典公司竞争情报发展状况。

表1—1　　　　　现代瑞典竞争情报重大进展回顾

组织	1980年以前：奠基	20世纪80年代：早期发展	20世纪90年代：稳步增长	21世纪：严重衰退
政府	未来研究学院是产生知识的源头	瑞典外交部技术官员向世界各地的公司提供信息和情报	成立之初为非正式团体的联合情报论坛（FOSO），现已吸引了来自政府、学术界和商界的人士来提高情报意识，增进情报学习	瑞典突发事件管理局协调开展重大危机管理的准备工作

[①] Hans Hedin, "Evolution of Competitive Intelligence in Sweden", *Journal of Competitive Intelligence and Management*, Vol. 2, No. 4, 2005.

续表

组织	1980年以前：奠基	20世纪80年代：早期发展	20世纪90年代：稳步增长	21世纪：严重衰退
有CI能力的组织	以出口为导向的公司及国际性公司为改进经营而使用情报，但并不系统、协调	像沃尔沃、爱立信、Tetra Pak等公司都是设立竞争情报部门的先驱，许多部门都是集中化的分析单位	通常公司发展情报部门。如今，更加关注把情报整合到商业流程中，而且在这个过程中要包括组织。CI成为一个真正的职业，并且CI经理和公司派遣的职工会参加情报训练课程的学习	2001—2003年的秋天，由于经济全面滑坡导致情报资源减少。将关注的焦点从行业分析扩展到趋势和情境分析
学术界	在隆德大学的经济管理学院，由斯特万·德迪约（Stevan Dedijer）发起CI研讨会	在隆德大学，情报学作为普通课程，由斯特万·德迪约讲授	厄勒布鲁（Orebro）大学开设竞争情报/环境扫描课程。隆德大学情报课程开始邀请国际友人参加，如威廉·科尔比（William Colby）、中川十郎等	多于8所大学都开设了情报课程，情报学的博士学位论文进入学术领地
CI供应商	几乎没有人关注CI供应商。观察员提供国际信息的剪报服务	第一本关于CI的书籍是比约恩·桑德斯特隆（Bjorn Sandstrom）的《商业情报》，在1989年出版。UC提供公司的财务信息	BISNES组织培训，发展了瑞典的情报中心并主持召开年度情报会议。1998年，Docere开设了20种不同的情报课程。IIR和其他一些公司组织了相关会议	很多公司都在发展互联网查询代理。在全世界竞争情报行业中，瑞典可能是最成熟、最具竞争力的国家之一

资料来源：Hans Hedin,"Evolution of Competitive Intelligence in Sweden", *Journal of Competitive Intelligence and Management*, Vol. 2, No. 4, 2005。本书转引自包昌火等编著《竞争情报导论》，清华大学出版社2011年版，第13—14页。

瑞典政府积极地支持竞争情报活动。税务局、瑞典海关和斯德哥尔摩市政府是率先接受竞争情报的政府和公共部门。隆德大学的经济管理学院早在1970年就开设了竞争情报课程，是欧洲最早的竞争情报教育项目。20世纪90年代以前，隆德大学是世界上唯一授予竞争情报硕士和博士学位的大学。目前，斯德哥尔摩大学、厄勒布鲁大学、斯德哥尔摩经济学院、延雪平大学、梅拉达伦学院等9所大学、4所学院均开设了竞争情报课程。

瑞典公司的竞争情报工作概况如表1—2所示。

表1—2 瑞典公司竞争情报发展状态概览

公司	行业	竞争情报目标	竞争情报组织	备注
利乐	包装	服务于公司的战略决策和业务拓展过程	分为商业情报和技术情报组织。拥有集中的竞争情报部门，在业务领域和各个地区还有额外的竞争情报人员	将竞争情报出色地整合到产品开发过程中
爱立信	电信	支持商业目标：重新夺得市场的领导地位	集中的战略竞争情报部门进行趋势分析和消费者研究的消费者实验室	2001年以后竞争情报资源迅速缩减
Telia Sonera	电信	竞争情报成为企业文化的催化剂，以适应解除管制和变化	集中的竞争情报部门和业务领域独立的竞争情报部门	20世纪90年代初开始的竞争情报得到全面发展
沃尔沃汽车	汽车	发挥市场情报功能，提供市场研究和竞争情报	市场情报管理部门位于沃尔沃汽车总部	从20世纪70年代开始，沃尔沃即开展了正式的情报工作
阿斯利康	制药	主要的焦点是用情报改进研发过程	研发和市场/销售过程的情报，连接产品/项目	合并之后，竞争情报部门被Zeneca人事部门接管

续表

公司	行业	竞争情报目标	竞争情报组织	备注
Lansforsak-ringar	保险	用竞争情报进行战略开发	公司层面的竞争情报职能，拥有包括竞争者、消费者、技术、政治问题等在内的竞争情报团队网络	将内部员工整合到竞争情报过程的优秀途径

资料来源：包昌火等编著：《竞争情报导论》，清华大学出版社2011年版，第15页。

四 俄罗斯的竞争情报

俄罗斯的竞争情报活动深深地根植于苏联的军事/政府情报框架体系中。俄罗斯的竞争情报历史可以划分为三个主要阶段。

第一阶段始于1991年，当时俄罗斯成立自治政府。叶利钦对克格勃的改革导致上百名从事秘密服务的官员下岗，许多人不得不寻求新的岗位。他们中的很多人在私营的安全服务和竞争情报部门找到了归属。

第二阶段始于1994—1995年，新成立的私营公司的所有者开始建立他们自己独立于政府部门的情报体系。尽管有足够的财力保证私营情报系统的建立，但是这些公司仍依赖于雇用"老人"——苏联的情报和军事官员，因为他们能带来苏联情报部门的灵魂和方法。

第三阶段始于1999—2000年，目前仍处于这个阶段。这个阶段对于不道德甚至违法的商业活动的反思使俄罗斯认识到需要对传统的竞争情报工作职业道德进行重新评价。结果俄罗斯的竞争情报工作出现了一些新趋势，如人员的组成从前克格勃官员转变为受过良好教育的、掌握多种分析方法的年轻人。这些年轻人开始重塑俄罗斯的竞争情报形象。俄罗斯竞争情报业正逐步演变为一个现代的、具有很强的职业道德标准的高技术行业。

1. 组织结构

俄罗斯的竞争情报部门或者设在公司的安全服务部门，或者成立独立的竞争情报部门。大多数俄罗斯大公司有自己内部的安全部门,至少有12%—15%在安全部门之下建立了竞争情报分支机构,仅有4%—5%有独立的竞争情报部门。而且绝大多数公司分析部门的人员也参与到各个独立的竞争情报项目中。俄罗斯把竞争情报看成是经济安全、公司反情报和人力资源管理某些方面的核心组成部分。

2. 服务分布

俄罗斯竞争情报服务的类别分布见表1—3[①]。

表1—3　　　　俄罗斯竞争情报服务的类别分布

竞争情报类别	从业者数量（人）	竞争情报服务年合同数量	年营业额（万美元）	年增长率
公司竞争情报	约3000	约150000	30000	平均6%—7%,前100名大公司10%—12%
国内客户对国内市场的情报需求	约500	约25000	5000	6%—7%
国内客户对国外市场的情报需求	小于10	小于100	250—300	34%—37%
国外客户对国内市场的情报需求	约25	约1000	400—450	接近100%

资料来源:Alexander A. Ignatov,"Competitive Intelligence in Russia",*Journal of Competitive Intelligence and Management*,Vol. 2, No. 3, 2005。本书转引自包昌火等编著《竞争情报导论》,清华大学出版社2011年版,第17页。

3. 行业分布

俄罗斯竞争情报公司的行业分布表现在两个方面。

第一,各行业的竞争情报分布不均匀。出口导向型行业内的公司竞争情报的发展水平最高。石油、冶金行业和大银行的竞争情报部门比较强。石油和冶金行业的竞争情报活动能够占到所有竞争情

[①] Alexander A. Ignatov,"Competitive Intelligence in Russia",*Journal of Competitive Intelligence and Management*,Vol. 2, No. 3, 2005.

报活动的 65%—70%。

第二，各行业的数据收集和分析难易程度不同，这主要取决于行业的透明度。石油、天然气、金融、冶金和电信行业的竞争情报发展水平最高，透明度也比较高。采矿、造纸和机械制造行业的竞争情报发展处于中等水平，透明度一般。化学、快速消费品、轻工、交通和零售业的竞争情报发展处于低水平，透明度也很低。

4. 地域分布

大约 85% 的俄罗斯竞争情报从业者聚集在莫斯科。他们之间多为私人交往，很少组织行业协会，迄今仍没有一个覆盖全国的竞争情报从业者协会。

五　加拿大的竞争情报

加拿大的竞争情报活动的开展仍处于区域性、个别化发展阶段，还没有形成一个系统的国家情报体系。SCIP 声称，截至 2003 年 11 月，该组织已拥有 172 名加拿大会员，其中有 55% 来自公司，13% 来自小型顾问公司，6% 来自大型咨询公司，13% 来自政府，还有 6% 来自大学。

加拿大的竞争情报工作在某种程度上是政府主导的。1992 年，在议会的小组委员会的请求下，一些主要的经济部门试图改进提供给客户的信息产品。之后开展了有关市场信息和情报培训的竞争情报导入项目。首先接受培训的是负有经济和商业信息报告职责的驻外大使馆人员和政府雇员。地方各省的政府官员也开始搞起各省的情报项目。率先启动这一项目的是加拿大工业部、农业部和外交事务部。

加拿大的 Competia 公司是世界领先的竞争情报门户网站。目前，它提供竞争情报领域的会议、培训、出版和咨询服务，业务范围遍及加拿大、美国、英国和印度。另外，两家比较知名的公司是 IBIS 公司和 EMR 公司，它们的客户都覆盖北美。

六　韩国的竞争情报

近 40 年来，韩国先靠贸易立国，然后又靠引进技术和反求工程，消化、吸收了先进技术，最终实现了自主创新，创造了一个经济奇迹，成为当今极有竞争力的经济体。韩国政府非常重视情报工作。1962年，成立了韩国贸易振兴社（KOTRA），为韩国出口导向型的经济发展提供了有力的支持。20世纪90年代，随着韩国一些大型企业的崛起，企业的竞争情报需求开始显现。于是，出现了政府和企业共同开展竞争情报的混合格局。

20世纪90年代，韩国的竞争情报需求主要围绕着政府政策和关键人物的监控，了解国内市场和国外出口市场的需求，以及了解竞争对手、客户、技术、工会和行业/经济趋势。在开展竞争情报工作时，韩国的公司更加依赖于通过个人关系获得非公开信息。随着信息通信技术的广泛使用，他们对公开信息的使用也逐渐增多。表1—4描述了韩国企业竞争情报实践历程。[①] 韩国有许多小型的竞争情报组织支持竞争情报活动。首先，竞争情报咨询和培训组织包括联合咨询公司（1983—1995年）、经理咨询公司（20世纪90年代）、IBS咨询公司、韩国管理协会全球定标比超中心、3mecca、韩国科技信息研究所和其他一些国际公司（如AC尼尔森韩国公司）。私营的竞争情报社团包括两部分：一个来自于工业情报学会，另一个来自于各种私立和公立的组织。自1983年以来，工业情报学会的竞争情报从业者们多次举办了非正式的会议，以保持联络和分享信息。表1—5为韩国公司竞争情报实践统计。[②]

表1—4　韩国领先的家族企业集团竞争情报实践发展历程

	20世纪70年代之前	20世纪80年代	20世纪90年代	21世纪
竞争情报模式	非正式的竞争情报	开始出现正式的竞争情报	发展中的正式竞争情报	发展中的正式竞争情报

[①] Kwangsoo Kim, Seungjin Kim, "Competitive Intelligence in Korea", *Journal of Competitive Intelligence and Management*, Vol. 2, No. 3, 2005.

[②] Ibid..

续表

	20世纪70年代之前	20世纪80年代	20世纪90年代	21世纪
竞争情报所处位置	无	集团总部所属	集团总部所属	集团总部所属
信息收集单位	个人	竞争情报单位以及附属部门	竞争情报单位以及整个集团和附属部门	竞争情报单位以及整个集团和附属部门
竞争情报主题	窄	一般	中等宽	宽
竞争情报关注领域	国内	国内和出口	国内和一部分国际	国内和国际
计算机/IT互联网使用	很少	有限	一般普及	相当普及
信息源/类型	非公开远远大于公开	非公开远远大于公开	非公开远大于公开	非公开大于公开
分析程度	很少	有限	有限/普及	相当普及
职业道德标准	低	低	低/中	中

资料来源：Kwangsoo Kim, Seungjin Kim, "Competitive Intelligence in Korea", *Journal of Competitive Intelligence and Management*, Vol.2, No.3, 2005。本书转引自包昌火等编著《竞争情报导论》，清华大学出版社2011年版，第18—19页。

表 1—5　　韩国公司竞争情报工作开展情况统计

竞争情报实践的相关问题		大公司 （1000 人以上）	小公司 （1000 人以下）
是否存在正式的竞争情报职能（%）	正式的竞争情报业务，独立的竞争情报部门	12	3
	正式的竞争情报业务，没有独立的竞争情报部门	46	22
竞争情报相关的雇员数量（人）		29	7
信息源的使用率排序（所占百分比,%）	雇员	1（40）	1（35）
	客户	2（24）	4（13）
	联机（互联网等）	3（20）	2（27）
	外包	4（10）	5（5）
	报纸、杂志	5（6）	3（20）
非公开信息是否比公开信息更有价值（%）	同意	78	78
	中立	18	15
	不同意	4	7
你所在的组织如何开展竞争情报工作（%）	常规工作	76	67
	根据需要	24	33

资料来源：Kwangsoo Kim，Seungjin Kim，"Competitive Intelligence in Korea"，*Journal of Competitive Intelligence and Management*，Vol. 2，No. 3，2005。本书转引自包昌火等编著《竞争情报导论》，清华大学出版社 2011 年版，第 19 页。

七　澳大利亚的竞争情报

澳大利亚工商界通常把竞争情报组织称为"工商情报网"，其活动的主要方式是结合当地实际开展竞争情报应用案例研究、特色产业（如制造业、矿业和教育业等）国际竞争力分析、竞争情报系统建设以及竞争情报人才培养等主题的研讨交流。

澳大利亚竞争情报的特点主要有以下几点。

1. 重视与世界各国和地区竞争情报组织的合作

在澳大利亚等国的倡导下，SCIP 曾专门成立了特别工作小组，帮助建立包括日本、韩国、菲律宾、新加坡、马来西亚、印度尼西亚、澳大利亚、新西兰等国家和地区的环太平洋竞争情报从业者组织，并试图将其纳入 APEC 工作计划，以促进一地区竞争情报活动的发展和更加紧密的合作。

2. 积极发展竞争情报教育

随着澳大利亚竞争情报研究实践的迅速发展，促进了该国竞争情报教育的异军突起。目前，已有麦加里大学和悉尼技术大学两所大学开设了竞争情报的学位教育，并将其定位在工商管理学科范畴内，作为培养 MBA 和竞争情报人才的重要内容之一。澳大利亚竞争情报教育的发展水平仅次于美国、加拿大、瑞典，居全球第四位。

3. 积极营造公平的竞争环境以及信息资源共享社会氛围

澳大利亚经济属于市场经济调节与政府干预并存的混合经济。早在 20 世纪 90 年代，澳大利亚联邦政府就制定颁布了《信息自由法》，明确规定国防、安全保障、国际关系及政府审议、政府形成过程中的文书等信息的公开最终决定权在各部部长，内阁会议文书信息公开最终决定权在总理。此后，澳大利亚又于 1987 年 7 月制定实施了《联邦行政机关信息公开制度》等法律，规定联邦政府各部门和公用事业机构应当在不违反保密义务的限度内，把行政信息公开作为义务。澳大利亚完善的政府信息公开制度为创造全社会的信息共享氛围，支持信息资源的开发利用和咨询服务业大发展，以及开展健康的竞争情报活动提供了良好的基础重要条件。

第二章

信息源与信息采集

作为一种服务于企业决策的信息活动，工商竞争情报获取的重要前提是获得充分的信息保障。因此，从多种多样的信息源获取关于决策事项的全面信息，对于竞争情报分析目标的实现具有举足轻重的意义。本章向工商竞争情报工作者整理提供了大量可资使用的信息源与信息获取途径，并对信息采集的原则与评估进行分析和介绍。为保障竞争情报工作者通过各类信息源和信息获取途径获得的大量相关信息得到有效利用，还需要对这些信息资源进行有效组织。因此，本章的最后部分对信息描述与组织的一些基本问题进行了介绍。

第一节 工商竞争情报的信息源

一 信息在企业经济活动中的作用

在社会信息化的背景下，企业对于信息的依赖程度不断加深。在现代企业中，企业的生产、经营等诸多环节的展开都对信息有着很强的依赖性。因此，只有管理好信息，充分利用信息，才能管理好整个企业，促进企业的发展。

企业信息利用的问题主要是从企业管理和经营决策的角度提出来的。在企业实际活动中，决策的范围十分广泛。从企业的总目标的制定到各种具体方案的确定，都要依靠信息做出选择和决策。企业或组织的每一个成员都是决策者，企业的管理人员、科研人员、技术人员、供销人员、财务人员都在为完成某一具体的工作而决策。①

企业决策主要是经营决策。在企业经营决策执行过程中,企业管理的基本任务是协调企业内部各方面的工作,对各环节起控制作用,使既定的工作符合预期目标,并达到最佳状态。在企业内外环境发生变化时,需要及时、准确地掌握有关信息,并通过加工、分析、综合、评价之后反馈到企业决策管理部门,使之能够及时采取措施或者对原目标、计划做出修订补充,或者加强薄弱环节。这就要求利用企业决策执行效果的反馈信息,不断使企业经营管理有序化、科学化、效能化。所有这些构成了信息和企业决策之间复杂的、连续不断的关系。整体而言,信息在企业中的基本作用如图2—1所示。②

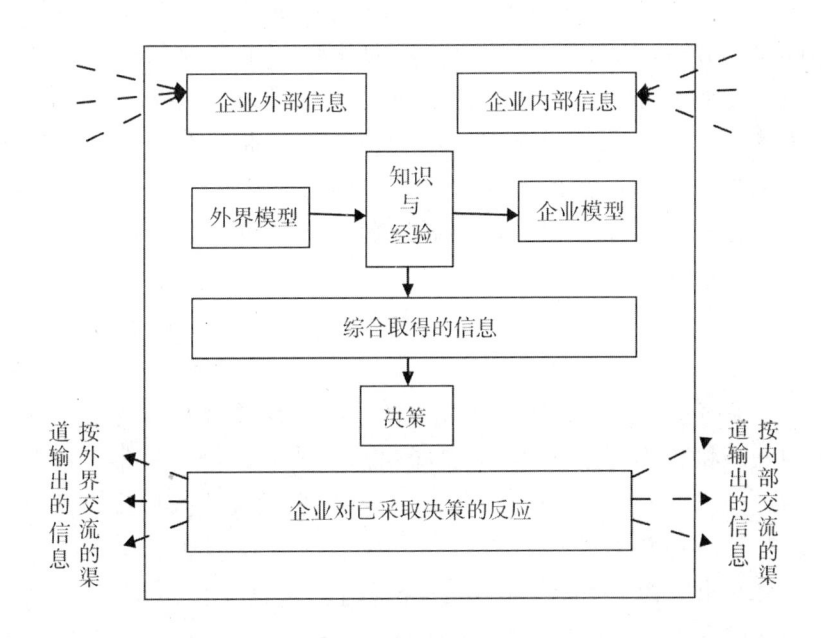

图 2—1 信息在企业中的基本作用

资料来源:马费成、李纲、查先进:《信息资源管理》,武汉大学出版社 2001 年版,第 221 页。

---

① 马费成、李纲、查先进:《信息资源管理》,武汉大学出版社 2001 年版。
② 同上。

二 企业的信息源

深入了解各种类型的竞争情报信息源及其满足于何种类型的情报需求，对于快速准确地定位所需要的信息举足轻重。马费成等对企业信息源及其分布归纳如表2—1。

由表2—1可见，工商竞争情报拥有丰富多样的信息源。大致而言，这些信息源可以按照对信息的加工程度分为一次信息源和二次信息源；按照其来源可分为内部信息源和外部信息源。

一次信息以未经加工处理的、直接反映客观事物现象与本质的口头和实物信息源为主。这些竞争情报人员通常可以通过访谈、参加会展等途径获得。一次信息具有情报含量高、针对性和及时性强、收集难度大等特点。一次信息主要包括如下几类：①通过人际交流获得的信息。人际交流的对象包括本企业的员工，如销售人员、职能部门员工等；竞争对手企业的销售人员、职能部门员工等；相关企业的员工等；经销商、供货商、客户等；管理部门的职员、专家、设计顾问、法律顾问等。②通过实物获得的信息。在竞争情报分析中，常常通过购买竞争对手的产品样品，通过逆向分析获得相应的信息。③实地考察获得的信息。④参加展览会、订货会等公共活动所获得的信息。⑤部分文献资料也可以被认为是一次信息。如竞争对手的招聘广告、产品广告等。

二次信息以经人们加工处理过的、间接反映客观事物现象与本质的电子和文献信息源为主。这类信息主要通过网络检索、数据库查询、查阅报纸期刊等途径获得，具有信息量大、收集成本低、针对性和及时性相对较弱等特点。二次信息主要包括电视等大众传媒、公开出版物（书籍、报刊、行业和协会出版物、政府出版物、专利文献等）、数据库、研究报告、信息报告、网络上的各类信息等。

表 2—1　　　　　　　　　　企业信息源及其分布

类别	利用率	信息源	类别	利用率	信息源
一般公开资料	○	一般杂志	企业内部资料	○	研究与开发部门报告
	○	专业技术杂志		○	研究报告
	○	经营杂志、经济杂志		○	调查报告
	○	一般报纸		○	营业部门报告
	○	工业报纸		○	国外考察报告
	○	同行业界报纸		○	市场调查报告
	○	政府出版物		●	各种规划
	○	统计资料		●	索取赔偿报告
	○	调查报告		●	公司会议录
	●	年鉴、手册		●	公司内部统计资料
	●	文摘、索引、目录		●	公司内报
	●	指南、人名录	与公司外的人事交流	○	政府各部门
	●	专利说明书、摘要、索引		○	科学院、各部直属研究试验机构
	●	公司、企业史		○	高等学校研究试验机构
	●	评论、综述、述评		○	地方研究试验机构
	●	网络信息源		○	工业会、智囊团
限制性公开资料				○	各种信息、咨询部门、商情机构
	○	学术协会简报、通讯		○	用户企业的采购部门、供销部门
	○	工业会报		○	用户企业的技术部门
	○	调查报告（内部资料）		○	用户企业的最高领导
	○	统计资料		○	各种商行
	○	政府出版物（内部资料）		○	同行企业最高领导
	○	企、事业指南		○	同行企业的技术人员
	○	企业产品目录		○	专家、顾问
	○	学会论文集		○	与同行业其他公司人员的会谈
	●	会议录		●	消费者
	●	工序说明书、设计图		●	一般工作人员
	●	企业人才招聘广告		●	工作人员的亲友
	●	营业报告书	非印刷型资料	○	商品推销会、展览会、交易会
	●	技术刊物（内部资料）		○	企业现场会、参观
	●	企业简报		○	讨论会、演讲会、学术讨论会
	●	地区小报		●	科技电影
	●	地区刊物		●	电视录像
				●	磁带、磁盘、光盘、网络
				●	商品
				●	模型

注：○表示利用率较高的信息源。

资料来源：马费成、李纲、查先进：《信息资源管理》，武汉大学出版社 2001 年版，第 224 页。

内部信息是指源自本企业内部的有价值信息。由于企业内各部门工作人员根据自己的专业特长承担着不同的工作职责，因此，充分挖掘本企业内部员工所占有的关于竞争对手和竞争环境的信息是竞争情报重要的信息来源。挖掘和利用企业内部信息资源的关键是，熟悉企业内部部门的工作特点，了解各部门可能掌握的信息。企业中的下列部门尤其应该得到关注：①销售部门。该部门直接面对客户和竞争对手，因此掌握着大量行业信息，如产品差异性、促销手段、定价方法和趋势等。②生产部门。该部门可以提供行业内的生产工艺、设备等方面有价值的信息。③财务部门。该部门不仅可以提供本企业的财务信息，用于本机构的信息分析与决策，而且也可能提供竞争对手的财务状况方面的信息。④研发部门。该部门作为研究部门，常常掌握着本行业比较全面的技术信息。

外部信息主要指存在于企业外部，需要通过竞争情报工作人员专门收集、整理的信息。如竞争情报工作者通过到图书馆查阅图书文献而获得信息，通过查询专业数据库而获得关于竞争对手和竞争环境的信息，通过查询竞争对手的网页而获得其生产、经营情况的信息等。

根据上述两种标准划分的信息可通过组合而形成竞争情报的四种主要信息源：内部一手信息源、内部二手信息源、外部一手信息源、外部二手信息源。四者之间具有图2—2描述的特征。由图2—2可见，就获取难度而言，一手信息源高于二手信息源；就详细程度

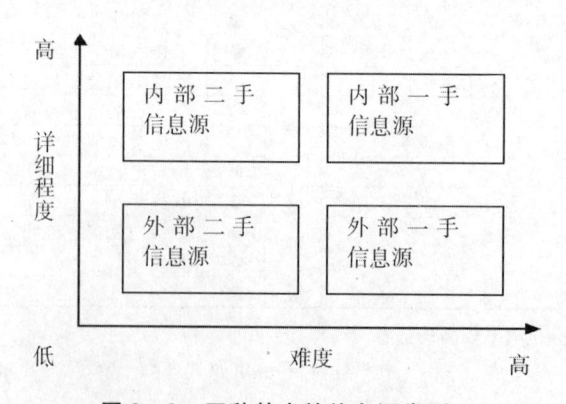

图2—2 四种基本的信息源类型

资料来源：包昌火等编著《竞争情报导论》，清华大学出版社2011年版，第177页。但在原图的基础上，本书进行了修正。

而言，内部信息源高于外部信息源。

在竞争情报分析实践中，信息源常常呈分布广泛、形式多样的特征。表2—2综合概括了内部二手信息源、内部一手信息源、外部二手信息源和外部一手信息源四种信息源的具体类别、特征与获取途径。[①]

表2—2　　四种信息源的具体类别、特征与获取途径

类别	信息源			可获取的具体信息	信息获取途径
外部二手信息源	政府部门信息源	贸易类信息	商务管理部门	外经贸财务会议、统计信息	通常以文件、档案形式存在，有的在互联网上发布，有些需要查阅政府出版物获得
				境外发展、投资的管理办法和具体政策	
				境内外各种经贸交流会、展销会、招商活动	
				对外经济贸易活动的法律法规、进出口配额、进出口商品目录、许可证等	
			海关	出口市场分析报告	通过免费或付费渠道，从海关部门获得相应的文档或数据
				出口量价格分析报告	
				商品原产地监测报告	
				港口价值分析报告	
				交易及时监测报告	
				出口周期性比较分析报告	
				企业出品动态监测报告	
				目标市场监测报告	
				提报单数据（包括买家联系方式、发货人、交易细节、采购日期、产品描述、HS码、数量、价格、包装、航运信息等）	
				全球买家数据（包括公司名称、公司地址、公司电话、公司传真、公司联系人及联系方式等）	

[①] 参见包昌火等编著《竞争情报导论》（清华大学出版社2011年版）、查先进主编《企业竞争情报》（武汉大学出版社2012年版）等著作。

续表

类别			信息源	可获取的具体信息	信息获取途径
外部二手信息源	政府部门信息源	政策法规、标准类信息	国家宏观经济管理部门（如国家发展和改革委员会）	宏观经济数据	通过登录官网获取[如国家发改委（http://www.ndrc.gov.cn)、中国价格信息网（http://www.chinaprice.gov.cn)]或通过关注机构发布的有关公告、报告等获取
				重要商品的价格信息	
				重要的收费标准	
				产业发展规划及其发展战略	
				宏观调控相关的其他数据	
			国有企业监管部门（如国有资产监督管理委员会）	国有企业发展规划相关信息	通过登录官网获取[如国资委（http://www.sasa.gov.cn)]或通过关注机构发布的有关公告、报告等获取
				国有企业经营业绩数据	
				国有企业财务状况数据	
				国有企业改组改革相关信息	
				国有企业的绩效考核数据信息	
				国有企业高管聘用及薪酬方案	
			上市公司和证券交易监管机构（如证监会）	获取各只股票、基金的季报、中报和年报	通过登录官网获取或通过关注机构发布的有关公告、报告等获取
				上市公司经营状况的有关数据	
				违规企业调查处理报告	
			质量监管与检验部门（如质量监督管理检验检疫局）	查询各类标准信息	通过登录官网获取[如国资委（http://www.aqsiq.gov.cn)]或通过关注机构发布的有关公告、报告等获取
				查询工业产品许可证信息	
				查询食品生产许可证信息	
				查询工程设备监理单位资质和特种设备单位资质	
				查询名牌产品、免检产品名录	
				查询认证机构、认证咨询机构名录	
				其他国家贸易壁垒信息	
				WTO-TBT 预警信息	
			其他行业监管机构	通过银监会获取关于银行业相关数据信息	通过登录官网获取或通过关注机构发布的有关公告、报告等获取
				通过保监会获取关于保险业相关数据	
				通过食品药品监督管理局获取于食品药品相关安全标准与信息	
				通过信息产业管理部门获取邮电通信相关数据与标准	

续表

类别			信息源	可获取的具体信息	信息获取途径
外部二手信息源	政府部门信息源	名录、资信类信息	工商行政管理部门	查询注册公司的名称、地点、法人代表、注册资本、营业场所、经营范围等	通过登录工商部门网站查询，或查询这些机构的历史存档资料
				查询企业动态信息，如企业资信状况、企业营业执照注吊销情况等	
			税务部门	已办理税务登记的单位名称	通过登录国家或地方税务部门网站查询，或查询这些机构的历史存档资料
				办理注销、变更税务登记的单位	
				企业纳税状况	
				企业诚信度和资信水平	
			统计部门	相关企业名录及有关数据	机构或网站查询
		人力资源类	政府人力资源管理与服务部门（如人务资源和社会保障局、人才市场等）	行业内的人力资源状况	通过查询网页及历史存档获取相关信息
				行业内的薪酬福利水平	
				相关企业的职工数量	
				相关企业的保险金纳付额度	
		内部经营管理类信息	环境保护、卫生防疫等部门	查询企业的生产规模、原料和燃料使用情况	通过登录官网获取或通过关注机构发布的有关公告、报告等获取
				查询企业的用水和用电情况	
				查询企业污染治理基本情况	
			规划、建设管理部门	查询企业项目评估信息	通过登录官网获取或通过关注机构发布的有关公告、报告等获取
				查询房地产转让信息	
				查询产权记录信息	
			法院	查阅法院庭审记录	查询存档资料或数据库
				查询相关司法数据库（如 LEXIS）	
	知识产权类信息		知识产权管理机构（如国家知识产权管理局）	国内专利全文查询和下载，并获得国外知识产权机构的链接及查阅国外专利数据库	登录官网查询或关注该机构发布的公告信息
	综合类信息		政府政务服务综合机构（如政务大厅）及电子政务网站（如首都之窗网站）	查阅政府出版物	机构或网络查询
				获取政府网站的链接信息	
				了解政府机构的人员组成等情况	

续表

类别		信息源	可获取的具体信息	信息获取途径
外部二手信息源	民间机构信息源	经贸交流信息 贸易促进会、商会等组织	主要从事国内外经济调查和经济贸易信息的收集、整理、传递和发布工作，向国内外企业提供经济技术合作和贸易方面的信息和咨询服务	通过免费或付费方式获取编译的相关资料，通过参加其组织的各种展览会、洽谈会获取信息，通过委托其进行定题信息咨询服务
		定题信息 专业信息咨询机构、管理咨询机构及市场调查与分析机构	将本企业的信息需求提供给专业机构，获得这些机构的定题信息咨询服务的方式	通过商业购买的方式获取专业机构的信息服务
	媒体信息源	平面媒体信息 财经类报纸杂志	获取最新的经贸等相关的动态资讯	订购
		行业类报纸杂志	获取最新的行业发展动态资讯	订购
		地方性报纸杂志	了解区域经济信息	订购
		剪报服务	获取与本企业相关且经过组织的信息	订购或购买
		非报刊类出版物	获取企业名录、产品样本、统计资料、技术标准、专利等方面的信息	订购或购买
		广播电视信息 电台、电视台等播出的节目	通过新闻、调查及访谈等节目获取所需要的资讯	免费或付费收看（节录）

续表

类别			信息源	可获取的具体信息	信息获取途径
外部二手信息源	互联网信息源	国内商情数据库	公司、厂商与产品数据库	获取企业基本情况、企业规模、财务、产品、人员等信息	主要数据库有：中国企业、公司产品数据库，工商名录数据库，东南亚公司企业数据库等
			市场产品信息库	获取产品价格，产品规格、性能，市场供需情况，新产品投放情况，市场调研等信息	主要数据库有：电子产品价格数据库、工业生产资料价格行情数据库、化工产品供求数据库
			金融信息数据库	获取金融业动态、金融业务状况、投资信贷环境等方面的信息	主要数据库有：金融信息数据库、工伤保险业务数据库等
			行业信息数据库	获取行业地理分布、产业结构、行业发展趋势、行业经济指标等方面的信息	主要数据库有：化工要闻数据库、电子动态信息数据库、汽车信息数据库、中国旅游数据库等
			市场贸易数据库	获取进出口贸易、贸易商品的产销存情况、市场管理法规、关税及非关税标准类信息	主要数据库有：对外贸易进出口统计数据库、贸易业商品库等
			宏观经济数据库	获取主要经济指标、人口劳动力和工资、消费水平与消费指数、经济政策法规等信息	主要数据库有：宏观经济信息数据库、宏观经济数据库、中国经济信息数据库等
			科技成果及技术项目数据库	获取科技成果、技术项目等方面的信息	主要数据库有：中国技术成果大全数据库、全国技术引进数据库等

续表

类别		信息源	可获取的具体信息	信息获取途径
外部二手信息源	互联网信息源	国内商情数据库 — 经济预测数据库	获取决策信息、经济预测、宏观经济动态、经济景气分析等方面的信息	主要数据库有：宏观经济数据库及分析预测系统
		政策法规数据库	获取国家法律、法规，部委的规章及规范性文件，企业法规，技术监督法规，劳动法规，人事政策法规等方面的信息	主要数据库有：劳动法数据库、企业法律大全数据库等
		专利商标及标准数据库	获取专利信息、商标信息、国家标准、行业标准、国外标准等方面的信息	主要数据库有：国际与国内数据库、中国专利数据库等
		与经济有关的新闻报刊数据库	获取新闻、财经、市场动态、商品供求，证券及期货行情，金融动态，股票行情，外汇，房产，工业经济等方面的信息	主要数据库有：经济日报数据库、中国经济版全文数据库等
		统计调查数据库	获取工业、商业、投资、财政金融、外经外贸、物价、国民生产总值综合统计指标等信息	主要数据库有：经济统计数据库、全国综合月度主要指标数据库等
		国外商情数据库 Dialog	是全世界规模最大的综合性商业联机信息检索系统。Dialog 现有全文、题录及数据型数据库900多个，文献量达近17亿篇，内容涉及自然科学、社会科学、工程技术、人文科学、时事政治、商业、经济、教育、法律等领域	网址：http：//www.dialog-web.com 免费试用账号： User: No. 300404, Password: HUCT0404; User: No. 300405, Password: HUCT0405; User: No. 300406, Password: HUCT0406; User: No. 300407, Password: HUCT0407; User: No. 300408, Password: HUCT0408; User: No. 300409, Password: HUCT0409

续表

类别			信息源	可获取的具体信息	信息获取途径
外部二手信息源	互联网信息源	国外商情数据库	Profound	Profound 数据库 1985 年创立于伦敦，特色服务是市场研究报告全文数据库，目前也提供即时新闻、新闻研究和市场研究报告，是综合性商情信息研究服务机构	网址：http://www.profound.com
			Dun & Bradstreet	创始于美国，可提供 8300 万家企业的资信状况查询，可提供供应商评估报告、商业背景报告、全球搜索等数据库查询	网址：http://www.dnb.com
			LexisNexis	是美国 Reed Elsevier 公司所有的一个提供法律、新闻及商业信息全文的在线数据库，包含 150 多家主要出版社和新闻机构的信息	网址：http://www.lexisnexis.com
			Factiva	是道琼斯和路透社于 1999 年合资成立的公司，是世界一流的全球性新闻内容提供商，该库收录了最具影响力的 1000 多种报纸，3000 多种杂志，30 多万家公司报告，34 万份各国政府人员、公共人物资料等多种信息，并从历史、全球和地方三种角度综合性地报道有关资料	网址：http://www.global.factiva.com
		竞争对手网站		浏览竞争对手网站是了解其信息最简单便捷的方式。公司主页不仅提供公司历史、组织结构、当前新闻、产品范围和产品描述，以及上市公司的证券交易信息，有时还会刊登公司领导人的传记、讲话和招聘广告、会议展览等信息	

续表

类别	信息源	可获取的具体信息	信息获取途径
外部二手信息源	互联网信息源 电子商务网站	专门从事电子商务活动的公司网站是获得有关行业的供应商情况、产品和价格信息的重要来源	有代表性的如：阿里巴巴（http://china.alibaba.com）、淘宝（http://www.taobao.com）
	求职网站	通过分析招聘与求职信息，能了解各公司所使用的技术、策略、研究和开发重点，甚至扩张计划等	代表性的网站有：前程无忧（http://www.51job.com）、智联招聘（http://www.zhaopin.com）、全球招聘（http://www.monster.com）
	上市公司信息披露网站	上市公司每季度要公开公司的财务状况，证券交易所可以提供很多上市公司的资料。同时，上市公司必须向监管部门和有关证券交易所提供大量的文件，提交年度报告和中期报告，并予公告。年度报告的内容包括公司概况，公司财务会计报告和经营情况，董事、监事、经理及有关高级管理人员简介及其持股情况，已发行的股票、公司债券等情况，包括持有公司股份最多的前10名股东名单和持股数额。公司的经营方针和经营范围的重大变化、公司的重大投资行为和重大的购置财产的决定、公司订阅的重要合同、公司发生重大债务和未能清偿到期重大债务的违约情况、公司董事会的重大变化，或者经理发生变动、涉及公司的重大诉讼事项、提交股东大会审议的重要事项等也在报告范围之内	代表性网址：中国证券报（http://www.cscom.cn）、上海证券报（http://www.cnstock.com）、证券时报（http://www.p5w.net）、上海证券交易所（http://www.sse.com）、深圳证券交易所（http://www.sse.org.cn）

续表

类别	信息源			可获取的具体信息	信息获取途径
外部二手信息源	互联网信息源	Web2.0信息源	网上社区和论坛	可围绕某一主题获得各类消息	
			Blog	是一个自由发表观点、意见和分享知识的场所	较著名的Blog站点：博客网（http://www.bokee.com）、企业博客网（http://www.bokee.net）
			RSS	起源于NetScape的"推送"技术，能够将用户订阅的内容传送到他们的客户端RSS阅读器上	RSS搜索引擎：http://www.feedsearch.net
内部二手信息源	企业内部图书馆、资料室、档案室文献资源			一个良好的图书馆会保存大量的图书、期刊等文献资料；同时，多数图书馆也会收集保存官方统计资料、贸易统计数据、公司年度报表、其他与竞争对手和竞争环境相关的正式文档等	到相应机构查阅
	市场研究报告			市场份额分析	查询有关文档资料
				竞争对手的分销渠道	
				竞争对手的关键客户	
				顾客对竞争对手的满意程度	
				顾客对于竞争对手产品和服务水平的强、弱势的感知分析	

续表

类别	信息源	可获取的具体信息	信息获取途径
内部二手信息源	企业员工个人收集的文档	工商企业的员工，如销售、公关人员等需要频繁地与外界接触，通常会得到一些有价值的信息文档。这些文档包括竞争对手的宣传册和商品目录、剪报、简讯、促销价格、任命通知、年度报表和其他报表、经纪人报告和其他有关竞争对手所编制的报告等。同时，研发人员也可能保存竞争对手注册的专利和描述其技术的文献资料；生产人员可能会收集竞争对手使用的生产设备和生产过程的信息等	完善企业的信息收集、汇总与分享制度
	行业协会报告	行业协会成员所提供的报表或统计数字可大量应用于竞争情报分析，特别是对于分析业内总的情况、发展趋势等都有价值	加入相关行业协会，分享有关资料
外部一手信息源	销售代表报告	销售代表与竞争对手的职员有着直接或间接的接触，他们通常了解竞争对手公司里相应的数据，并从顾客那里得到关于竞争对手活动的相关情况	通过焦点组访谈等方式收集
	经销商	经销商作为工商企业的关键客户，对所经销的产品非常了解，也掌握大量关于竞争对手的信息	访谈、调查
	客户 — 当前供应的客户	客户通常接触不止一家供应商。各供应商通常会向客户展示自己的产品和技术，披露自己的产品技术规范和产品说明书，同时也会透露自己的发展规划和新产品推出方案	访谈、调查
	客户 — 曾经供应的客户		访谈、调查
	客户 — 潜在客户		访谈、市场调查

续表

类别	信息源	可获取的具体信息	信息获取途径
外部一手信息源	供应商	因为工商企业与竞争对手产品的同质性,因此常常拥有相同的供应商。通过与供应商的交流可大体了解竞争对手的成本结果、产量、生产计划等。此外,还可通过物流、耗材等途径掌握相关信息	访谈
	竞争对手的前雇员	竞争对手的前雇员在离职后一段时间内具有很高的情报价值	查询招聘网站简历、人际询问
	主管机构员工	行业主管机构的员工与他们所监管的企业之间有着紧密和经常的接触,有可能提供所发布的任何报告的背景资料	访谈
	专业协会和行业协会员工	专业协会和行业协会的员工和他们的会员关系密切,他们可能具有专业性的观点和获得真实信息的机会	访谈
	咨询顾问、证券分析师、记者等	咨询顾问、证券分析师、记者等人员因工作需要,常常掌握着大量有价值的信息。其中部分人员可提供专业的定题服务	访谈、委托调查
	专业商务研究人员	大学研究所和实验室的科研人员从事大量的课题研究,可能会对行业的技术发展有着独到的见解。商学院里进行公司案例研究的人员花费大量时间来跟踪业内发展和公司活动,有可能掌握非常重要的一手资料	访谈、委托研究

续表

类别	信息源	可获取的具体信息	信息获取途径
内部一手信息源	企业内部市场营销部门	市场营销部门的员工拥有大量行业知识，因为他们处于商业竞争的最前线，直接面对客户和竞争者。通过市场营销部门往往能够收集到营销人员的数量、销售惯例、分销渠道、培训计划、报酬方式、产品的差别、定价惯例及趋势、促销组合、营销及客户开发计划、具体的未来战略、客户的反映和评价等重要信息	访谈、完善机构内信息交流与分享的规章制度
	企业内部工程技术部门	工程技术部门的技术及研发人员同样有很大的作用，他们掌握的知识主要有技术、产品开发、专利、生产流程创新等	完善机构内知识、信息交流与分享的机制
	企业内部财务部门	会计与人员常常能够提供非常有价值的信息，他们不仅能够分析自身的财务状况，也对竞争对手的年报及其他财务信息有所了解	完善机构内知识、信息交流与分享的机制
	企业内部生产运营部门	生产运营部门的员工也可以了解一些关于竞争对手和行业整体技术状态的信息。他们可能提供的信息包括：工艺流程、设备、员工组合、成本趋势、生产率、技术状况、产能与利用率	完善机构内知识、信息交流与分享的机制
	企业的人力资源部门	人力资源部门的工作人员负责员工的招聘与薪酬福利管理，在其工作过程中，常常会得到关于竞争对手经营管理的各种信息，如管理风格、薪酬激励政策等	完善机构内信息交流与分享的规章制度
	参加会议、讨论会、展览会的员工	通过参加会议、讨论会、展览会，人们通常会得到关于竞争对手大量有价值的信息	完善机构内信息交流与分享的规章制度

第二节 信息采集

一 信息采集的原则

表2—2展示了工商企业竞争情报工作者可资利用的丰富多样的信息源。在具体的竞争情报分析中，对信息的收集要遵循一定的原则，以便在有限的时间、人力、物力和财力投入的情况下，获得解决特定问题最需要的情报；进而通过工商企业情报人员的加工处理，实现这些信息的智能化，形成有助于企业决策的情报。一般来说，信息采集需要遵循如下原则。

1. 全面性原则

即所采集的信息不仅应有国内信息，也应有国外信息；不仅要有本地区、本行业信息，也要有相关地区、相关行业信息；不仅要有与竞争情报分析课题高度相关的信息，也要有与竞争情报相关程度较低的信息；不仅要有关于竞争对手与竞争环境的正向信息，也要有此方面的负向信息。

2. 系统性原则

由于为解决特定问题所需要的信息广泛分布于不同的信息源，因此，在进行竞争情报的信息分析之前，需要对信息采集的可能渠道和方法进行系统的规划，确定信息采集的不同时间点，并进行持续的跟踪监视，以确保不遗漏重要的信息。对于已经采集到的信息，要及时进行组织整理，对照竞争情报分析的目标，找出矛盾和问题，完善信息采集方案。总之，系统性原则意味着竞争情报分析的信息采集活动要遵循一套前后相继、环环相扣的工作流程，确保计划在不断得以完善，信息采集在不断接近目标，保证信息采集的连续性和完整性。

3. 针对性原则

工商企业竞争情报分析所需要的信息常常内容广泛，数量庞大。竞争情报信息采集的针对性原则要求将信息采集的目标锁定在关键情报课题上，而不是将与企业竞争相关的所有信息一网打尽。

缺乏针对性而进行信息采集，必将导致花费巨大，且容易使分析人员陷入"信息过载"，使其淹没于信息的海洋，难以获得真正有价值的竞争情报分析成果。因此，针对性原则要求在信息采集时，首先要明确竞争情报分析的目标和想要回答的关键问题，紧紧围绕既定目标和关键问题进行信息的收集，使信息采集有的放矢，直达目标。

4. 及时性原则

竞争情报所需要信息的采集应该做到及时有效，具体包括两层含义：首先，所采集到的信息是本领域最新的；其次，所使用的信息采集工具相对先进。

5. 经济性原则

信息采集是有成本的，这些成本表现在购买二手信息所需要支付的费用，获取一手信息所需要支出的人力、物力成本等。因此，在正式进行信息采集之前，有必要做出详细的预算方案，并经过科学的评估与核算后，确认所获竞争情报的价值高于所花费的成本后，才值得展开信息收集、推进竞争情报的分析工作。总之，经济性原则意味着在进行信息采集前，要核算投入和产出，确保竞争情报分析的经济效益。

6. 可靠性原则

由于竞争情报信息来源广泛，信息质量常常良莠不齐。因此，在信息采集中要坚持可靠性原则，确保所采集的信息内容客观、真实、准确，且不能夹杂信息分析人员的主观好恶和个人情感因素。

7. 科学性原则

竞争情报分析所需要的信息常常面广量大，在信息采集中应采用科学的方法。对于文献信息源，应在充分了解各类信息的分布与变化规律的基础上，根据实际恰当地进行选择；对于非文献信息源，应当按照齐普夫"省力法则"设计信息采集的路线、对象。

8. 计划性原则

信息采集一般要考虑"4W1H"，即为什么（Why）采集、谁（Who）来采集、采集什么（What）、何时（When）采集和怎样（How）采集。其具体项目包括采集目的、内容范围和重点、经费预算、采集方式、采集对象、采集步骤、采集程度、组织分工、奖惩措施等。

二 信息采集的评估

信息采集的目的在于为工商竞争情报的分析提供完整而充足的信息。由于信息源的多样性和信息内容的复杂性，常常导致"信息过量"或"情报匮乏"的情况。为保障竞争情报分析的质量，在信息采集中有必要采用一定标准，对其进行评估。

信息采集的评估首先需要对信息源的重要性进行评价。[①] 有研究者在对各类信息源进行分析后发现，表2—3所示的信息源通常被认为是非常重要或相当重要的信息源。[②] 在实际的信息采集中，应首先着眼于重要的信息源，其次为根本信息采集的进展和预算情况，最后逐步把采集范围扩展到一些相对不太重要的信息源。

表2—3　　　　评定为非常重要或相当重要的信息源

公司内部的信息源	%	生意内部往来	%	公开信息	%	其他信息源	%
		客户	92	行业出版物	89		
销售人员	96	会议、商业		公司促销材料	84		
营销研究人员	83	展览	74	公司10K报告	77	证券分析师	40
竞争对手历史		分销商	70	证券分析师报告	74	跟踪服务	38
资料	81	供应商	65	财经出版物	64	电子数据库	35
产品的分析	63	行业协会	59	经理的演讲	55	投资银行	22
规划人员	53	咨询顾问	43	一般商业出版物	54	法庭记录	16
工程人员	49	零售商	37	全国性报刊	43	招聘广告	15
竞争对手的前		竞争对手		竞争对手所在地		商业银行	11
雇员	42	雇员	37	的地方报刊	42		
		广告代理商	24	公司名录	31		
				政府出版物	26		

资料来源：原文参见 Fleisher C. S., Bensoussan B. E., *Strategic and Competitive Analysis*: *Methods and Techniques for Analyzing Business Competition*, Medford Lakes, NJ: Yardley Chambers, 1999. 本书转引自包昌火等编著《竞争情报导论》，清华大学出版社2011年版，第202页。

[①] Fleisher C. S., Bensoussan B. E., *Strategic and Competitive Analysis*: *Methods and Techniques for Analyzing Business Competition*, Medford Lakes, NJ: Yardley Chambers, 1999.

[②] Ibid..

表2—3对信息源重要性的评价虽然从一定程度上揭示了不同信息源对于工商竞争情报分析的重要性，但因该调查项目实施时间较早，与今天的竞争情报分析实际已有一定出入。例如，这个调查结果中对于来自网络信息源的信息的重视程度不高；但在当前的企业竞争情报分析中，网络信息源无疑是最重要的信息来源。尽管如此，表2—3所反映的信息源重要程度还是具有一定参考价值的。

除去对信息源重要程度的评价外，对于信息的采集还需要考虑如下因素：

1. 查全率

查全率亦称检准率、命中率，指信息采集时获取的与某一竞争情报课题相关的信息资源量与关于该项目的相关信息资源总量之比。可以表示为：

$$R_t = \frac{I_r}{I_t}$$

其中，R_t表示查全率，I_r表示情报人员为达到特定分析目的而采集到的相关信息资源量，I_t表示关于该项目的相关信息资源总量。查全率的概念源自信息组织领域，是对检索系统进行评价的重要指标。在检索系统中，其计算方式如例2—1。

【例2—1】A数据库中共有40篇关于"智能手机市场价格"的文献，某智能手机公司的情报分析人员拟对智能手机的市场价格进行分析，以"智能手机"和"价格"为检索词，在该数据库中进行了检索，得到文献30篇。计算其检全率。

$$R_t = \frac{I_r}{I_t} = \frac{30}{40} = 0.75$$

在实际的工商竞争情报信息采集过程中，情报人员采集到的与情报分析项目相关的资源量是既定的（如情报人员在商情数据库中得到了10家公司近三年来智能手机销售价格的数据共30条）。但是，完全掌握与情报分析项目相关的资源总量则常常比较困难（如情报人员几乎无法事先得知该数据库中智能手机销售价格相关的资源总量有多少)。鉴于此,在实际的信息评价中,需要以各种方法对所采集的信息进行估算。比较可行的方法有:①以产品数量、频率等为基准进行估计。例如,尽管情报人员不知道 A 数据库中关于"智能手机市场价格"的资源有多少,但却确切知道智能手机的品牌和每种品牌新品上市的时间,假设每次上市的新品定价一次,则得到关于其市场价格变动的总次数,将其作为所采集信息数目的估计值。②在多个同类数据库中对相关项目进行检索整理。例如,情报人员通过在多个商情数据库中对"智能手机市场价格"进行检索,共得到检索条目 100 条,剔除其中的重复条目后,将剩余条目作为所采集信息数目的估计值。这种估计之所以成立,在于不同数据库之间有着相互补充的效果。③在编目数据库进行检索,或查询三次文献。编目数据库是对编目数据的汇编,常常涵盖各种数据库中的编目信息。三次文献则是信息工作者加工后的信息产品,查询这些文献可间接确认相关信息资源的数目。

2. 查准率

查准率也称检准率、相关率,指情报人员在实施信息采集时查询到的与竞争情报分析题目相关的信息资源量与采集到的信息资源总量的比例。可以表示为:

$$R_e = \frac{I_r}{R_t}$$

其中,R_e 表示查准率,I_r 表示情报人员为达到特定分析目的而采集到的相关信息资源量,R_t 表示情报人员实际采集到的信息资源总量。与查全率的概念相类似,查准率这一概念也源自信息组织领域,这一指标主要是用以评价检索系统排除与检索提问无关信息资源的能力。其计算方法如例 2—2 所示。

【例 2—2】某手机制造企业的情报人员拟对智能手机价格进行分析,共从 A 数据库中采集到了 45 篇文献,经过分析,发现其中只有 30 篇是与"智能手机市场价格"相关的信息。计算其查准率。

$$R_e = \frac{I_r}{R_t} = \frac{30}{45} = 0.667$$

在实际的信息采集工作中,常常出现采集到的信息资源总量远远大于相关信息资源量的情况,这是由于检索的语句常常不能完全准确地匹配检索项目,因此信息采集者不得不放松对检索语句的约束。例如,在对"智能手机的市场价格"相关资源的检索中,信息采集者如以"智能手机的价格"作为检索语句进行检索,得到的结果常常会很少,这是因为不是所有的编目项目都能恰如其分地对应着检索项目。在这种情况下,信息采集者只好以"手机"+"价格"或"智能手机"+"市场行情"等不同的语句进行检索,其结果是,检索者得到的信息资源中,相当一些资源事实上与本来的检索目标是不一致的,从而出现检索到的信息资源总量远远大于相关资源量的情况。因此,对于查准率的计算与使用,需要竞争情报人员具体问题具体分析。

研究发现,查全率和查准率之间存在着一种互逆关系:查全率高,通常会检出一些内容关联程度较低的信息资源,从而影响系统的查准率;反之,提高查准率,则要求排除与信息采集目标关联程度较低的信息资源,必然反过来影响查全率。二者关系如图2—3所示。在具体的竞争情况分析项目中,如何保持信息采集适当的查全

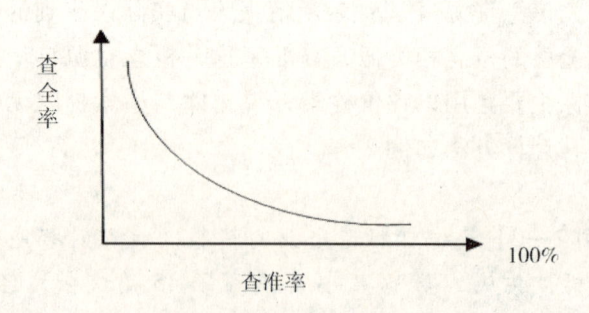

图2—3 查全率、查准率呈反比关系

资料来源:马张华编著:《信息组织》,清华大学出版社2008年版,第13页。

率和查准率,是保障竞争情报分析质量的关键。情报人员应在信息采集阶段认真权衡查全率和查准率,并在分析报告中如实报告这些指标,以便阅读和使用竞争情报分析报告的人员对其信度和效度获得全面的理解和把握。

第三节 信息的描述与组织

一 信息的描述

1. 信息描述的必要性

信息采集的具体成果是情报人员得到了关于具体项目的大量信息资源。一般来说,越是重要的竞争情报项目,情报分析人员占有的信息资源量越大。由于这些信息资源数量大、种类多、来源广,特别是由于计算机的广泛使用和网络的普及,现代信息环境所提供的文本复制的便利化、人们发布信息渠道的多元化,以及信息传输能力的加强,使得人们面对的信息资源量急剧增加。但是,采集到的信息量的增长并不意味着情报人员所获得的竞争情报分析的有效信息也必然增长。恰恰相反,无序的信息资源不仅无助于信息资源的使用,反而会加剧信息增长与使用的矛盾,造成"信息超载、知识缺乏"的现象。[1] 对于竞争情报工作者而言,"原始信息本身并不能产生价值",只有将其加以有效的组织,按特定的需要集中和揭示,才能产生价值。[2]

2. 信息描述与元数据[3]

有效信息组织的前提是对所采集的信息资源进行描述。所谓信息描述,又称信息资源的描述,是指根据信息组织和检索的需要,对信息资源的主题内容、形式特征、物质形态等进行分析、选择、记录活动。信息描述的结果是形成描述记录,这种描述记录即元数

---

[1] 马张华编著:《信息组织》,清华大学出版社2008年版,第1页。

[2] David P. Best, *The Fourth Resources: Information and Its Management*, Aslib/Gower, 1996, p. 44.

[3] 马张华编著:《信息组织》,清华大学出版社2008年版,第29页。

据。元数据作为信息资源的基本记录，其基本功能是用来组织检索系统。

所谓元数据，是指关于数据的数据，或关于数据的结构化的数据。早期的元数据概念主要是指网络资源的描述数据，用于网络资源的组织；其后，逐步扩大到各种以电子形式存在的信息资源的描述数据。由于传统的文献书目数据与数字信息资源的描述数据本质上并无不同，因此目前元数据这一概念事实上适用于各种类型信息资源的描述记录。元数据的描述对象，包括各种不同的资源类型，它们可以是图书、期刊、磁带、录像带、缩微品，也可是其中的论文、科技报告以及各种形式的网络资源等。元数据所描述的成分，通常是从信息资源中抽取出来的用于说明其特征、内容的数据，如题名、责任者、出版数据、相关说明等，以结构化方式记录。一个元数据的款目构成对一个信息资源的基本数据，是检索系统的基本构成单元，它可以代表信息资源，用来组织目录、索引、数据库、搜索引擎等检索系统。

信息描述的目的，是以元数据为中介，对信息资源进行识别、定位、检索和选择等各种操作。元数据的识别作用是指，元数据确认并对要进行组织的信息资源进行个别化描述，使用户能识别该组织的资源对象。元数据的定位作用是指，元数据提供信息资源位置的信息，以便供用户访问时使用。它可以是传统文献集合中信息资源的排列位置，也可以是数据库中的位置；在网络环境下，则主要为信息资源在网络中的地址，以方便用户对资源访问。元数据的检索作用是指，元数据通过在描述数据中提供检索点，方便用户对资源的检索和利用。传统检索系统通常需要在描述记录的基础上确定检索点，组织相应的检索工具，提供各种基本的检索途径。在电子检索系统中，一般可以利用供述数据，同时利用各种特征进行检索。元数据的选择作用是指，通过记录信息资源的各种特征，诸如主题、作者、资源类型、篇幅、出版或发布信息以及日期等，供用户对信息资源的使用价值进行判断，决定是否选择该资源。

3.《都柏林核心集》(Dublin Core, DC) 简介

信息资源描述的目的在于为情报人员提供有效的检索系统，并

便于不同情报人员、机构之间进行交流。因此，信息资源的描述需要依照一定的描述规范进行操作。长期以来，不同领域的信息工作者根据各领域信息资源的特点和检索需要，进行了许多研究和探索，建立了一系列的信息描述规范和标准。在我国，发表于1983年的《文献著录总则》是文献界信息描述标准化的主要参照。20世纪90年代以来，网络信息资源的描述日益成为人们关注的热点问题。在书目文献界与出版界、计算机界的共同努力下，结合电子环境和技术的发展，共同创建了一系列新的描述规范，其中《都柏林核心集》（Dublin Core，DC）（DC元数据）较有代表性。下文将重点对DC元数据进行介绍。

《都柏林核心集》将描述项目分为如下15大项[①]：

（1）题名（Title）

由创作者或出版者赋予资源的名称。

（2）创作者（Creator）

主要负责创作资源知识内容的个人或组织。例如，文献作者、视频资源的艺术家、摄影师、插图作者等。

（3）主题（Subject）

即资源的主题。通常以描述资源主题或内容的关键词或短语表达。鼓励使用控制词表或正式的分类法。

（4）描述（Description）

资源内容的文字描述，包括文献类对象的文献或视频资源的内容描述。

（5）出版者（Publisher）

负责使资源以现有形式提供的实体，诸如出版社、大学的部门、团体实体等。

（6）参与者（Contributor）

对资源做出重要智力贡献，但其贡献小于创作者字段中注明的个人或组织，因而没有在创作字段中注明的个人或组织。

---

① 详见 http://dublincore.org。

（7）日期（Date）

资源创建或提供的日期。推荐使用 ISO8601 中规定的格式[①]，采用 8 位数字，按照 yyyy-mm-dd 的形式表示。例如，2013 年 7 月 23 日表示为 2013-07-23。

（8）资源类型（Type）

重要的资源类型有网页、学术论文、工作报告、技术报告、工具书等。根据系统间相互可操作性的需要，DC 已形成了一定的资源类型的规范[②]，现仍在不断发展。

（9）格式（Format）

指资源的数据格式或大小、持续时间等，用以识别显示或操作资源的软件和可能需要的硬件。根据相互操作性的需要，格式也应该从现有规范中选择。

（10）资源标识（Identifier）

用来识别资源的唯一的字符串或数字。例如，网络资源的 URI 和 URN。其他便于识别资源的具有唯一性的识别符，如国际标准书号 ISBN，以及其他可作为此成分的选择依据的其他正式名称。

（11）来源（Source）

用来识别该资源派生出来的资源的信息。通常情况下，此项只包括关于当前资源的信息。当认为对发现当前资源重要时，本项也可以包括派生出来资源的元数据。

（12）语言（Language）

资源内容中使用的语言。遵循 RFV1766 所规定的号码。[③]

（13）关联（Relation）

另一资源的标识符及与当前资源的关系。此成分用于揭示相关资源之间的关系。考虑到相互的可操作性，对关联的描述应遵循 DC 元数据的相关规范。

（14）覆盖范围（Coverage）

资源内容的空间和时间特征。空间范围指以地名或组配（例如

[①] 详见 http://www.w3.org/TR/NOTE-datetime。
[②] 详见 http://bublincore.org/documents/dcmi-type-vocabulary。
[③] 详见 http://info.internet.isi.edu/in-notes/rfc/files/rfc1766.text。

经度、纬度）表达的位置。时间范围指资源内容涉及的时间而不是它何时创建或提供的（后者属于日期项）。时间范围的表达通常使用规定的时期或日期项推荐的日期、时间格式。

（15）权限（Right）

权限说明有关资源本身或被赋予的权限信息。在使用中可能是权限管理的说明，也可能是一个联结提供资源权限管理机构的标识符。

为了准确揭示信息资源的特点，除设置基本描述项目外，描述规范一般还根据各项资源特征的情况，在基本项目之下设置子项目或进行限定，规范该项目的描述。表 2—4 是《都柏林核心集》的详细描述限定。①

表 2—4 《都柏林核心集》元数据探索项目（DCMI）设置的限定词

描述项目 （DCMES Element）	限定词 [Element Refinement（s）]	编码规范 [Element Encoding Scheme（s）]
题名	选择题名（Alternative）	—
创作者	—	—
主题		LCSH MeSH DDC LCC UDC
描述	目次（Table of Content） 文摘（Abstract）	—
出版者	—	—
其他参与者	—	—

---

① 详见 http：//dublincore.org/documents/usageguide/qualifiers.shtml。本书转引自马张华编著《信息组织》，清华大学出版社 2008 年版，第 75 页。

续表

描述项目 (DCMES Element)	限定词 [Element Refinement(s)]	编码规范 [Element Encoding Scheme(s)]
日期	创建（Created） 有效（Valid） 可获取（Available） 发表（Issued） 修改（Modified） 接受日（Date Accepted） 获得版权日（Date Copyrighted） 提交日（Date Submitted）	DCMI Period W3C-DTF
文献类型	—	DCMI Type Vocabulary
格式	— 扩展格式（Extent） 媒体（Medium）	IMT — —
标识	— 书目引用（Bibliographic Citation）	URI —
来源	—	URI
语言	—	ISO639-2 RFC1766
关联	另一资源的版本（Is version of） 有版本（Has version） 被代替（Is replaced by） 代替（Replaces） 被需要（Is required by） 需要（Required） 是一部分（Is part of） 有成分（Has part） 被参考（Is referenced of） 参考（References） 是资源的格式（Is format of） 有格式（Has format） 与一致（Conforms to）	URI

续表

描述项目 (DCMES Element)	限定词 [Element Refinement(s)]	编码规范 [Element Encoding Scheme(s)]
范围	空间（Spatial）	DCMI Point ISO3166 DCMI Box TGN
	时间（Temporal）	DCMI Period W3C-DTF
权限管理	访问权（Access rights）	—
	许可（License）	URI

资料来源：http://dublincore.org/documents/usageguide/qualifiers.shtml。本书根据马张华编著的《信息组织》（清华大学出版社 2008 年版，第 36—37 页）进行了选择。

二 信息的组织

对于工商企业的情报人员来说，完成了信息的采集，标志着其情报分析工作已经具备了良好的基础。对所获取信息进行的描述，为有效的信息组织提供了条件。所谓信息组织，亦称信息资源的组织，是根据使用的需要，以文本及各种类型的信息资源为对象，通过对其内容特征等进行分析、选择、处理、有序化，并以适当的方式加以提供的活动。① 对于工商企业而言，信息组织既指对作为企业知识资产的信息资源库的组织和建设，又指为完成具体竞争情报项目而进行的信息资源组织。一般情况下，前者意味着大规模的、长时间的信息资源库建设活动，后者则指具体的、主题明确的信息资源组织活动。工商企业进行信息组织的目的，是根据使用需要建立适于本企业的信息资源收藏系统和检索工具，以便于竞争情报用户或其他用户对信息资源的开发利用。作为一种为了检索利用的需要对信息资源进行有序化组织的活动，工商企业的信息组织活动是与信息检索活动密切联系的。因此，要完整地了解信息组织的含

---

① 马张华编著：《信息组织》，清华大学出版社 2008 年版，第 1 页。

义，就有必要先理解其在企业信息资源管理中的地位，尤其需要理解企业信息资源的组织与信息检索的关系。图2—4从信息组织和信息检索两个方面，展示了二者之间的关系。

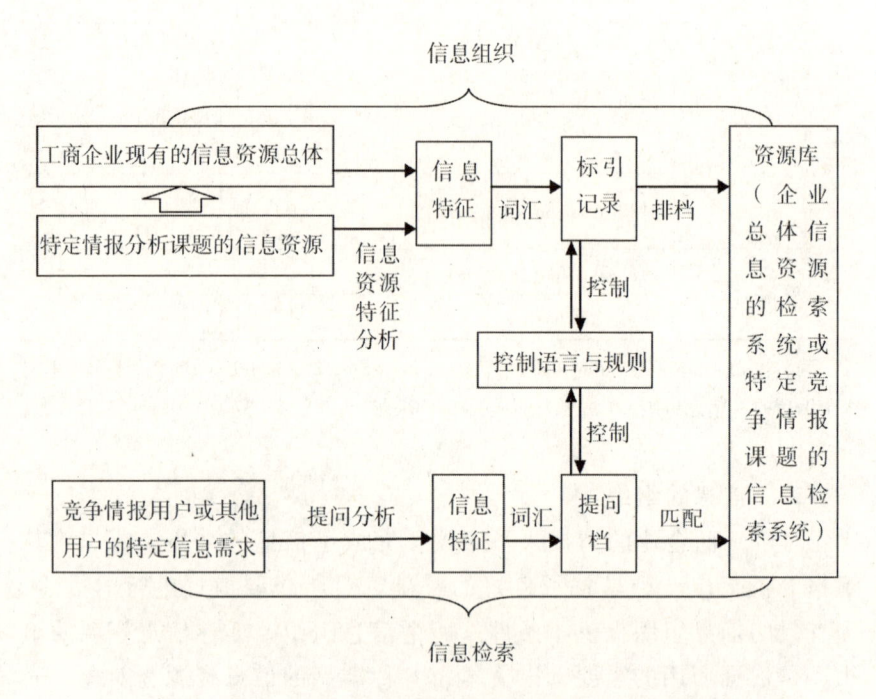

```
                              信息组织
                    ┌─────────────────────────┐
  工商企业现有的信息资源总体 ──→ 信息    词汇   标引   排档   资源库
                                特征          记录         （企业
  特定情报分析课题的信息资源 ──→             ↕              总体信
                          信息资源          控制            息资源
                          特征分析                          的检索
                                      控制语言与规则        系统或
                                            ↕              特定竞
                                          控制              争情报
                                                           课题的
  竞争情报用户或其他  提问分析  信息  词汇  提问  匹配      信息检
  用户的特定信息需求 ─────────→ 特征 ─────→ 档 ────→     索系统）
                    └─────────────────────────┘
                              信息检索
```

图2—4 工商企业的信息组织与竞争情报检索之间的关系

资料来源：参见马张华编著《信息组织》，清华大学出版社2008年版，第2页。

可以看出，在工商企业的信息检索系统中，信息组织是依据信息资源的主题内容或特征，将无序的信息资源组织为有序集合的过程。信息组织是信息检索的基础，通常是根据竞争情报用户或其他用户的信息需求，以信息资源的一定单元为处理对象，对其特征加以记录，并根据需要进行必要的标引或处理，然后将这些信息资源记录或条目按规定方式系统化，组成文献资源库或信息检索系统。为了保证处理能达到预定的目的，这一过程中对资源的处理通常应依据相应的、预先制定的控制语言与规则，如作为描述记录资源特征依据的描述规范的DC元数据、作为资源主题内容标识依据的检索语言或知识组织系统等。

　　对于工商企业而言，其信息资源的组织是为了满足情报人员或其他用户对于信息的检索需要，以便从信息资源库中得到特定的信息资源。信息检索是信息组织的目的和归宿，是信息组织的反向过程。在竞争情报人员实施信息检索时，一般应首先依据自身信息需求，将特定信息需求转化凝练为检索提问，并将检索提问转换成相应检索特征，再根据本企业信息资源库的检索系统所提供的检索途径进行匹配查找，检索出相应的资源。为提高情报人员的信息检索效率，在对信息资源库进行建设的过程中有必要预先设置词表，以便于用户检索。

　　由图2—4可以看出，就工商企业对信息资源的组织与情报人员对特定信息的检索过程来说，信息组织与信息检索是密切联系的。一方面，企业信息资源组织是情报人员对信息检索和查询的基础和前提，只有进行信息资源处理和有序化组织，才可以利用它进行有效检索查询；另一方面，情报人员或其他用户满足特定信息需求的前提是进行有效的信息检索，信息检索是企业信息组织的出发点和归宿，是信息组织的主要目标之一。工商企业信息资源组织与情报人员对信息的检索之间既有区别，又相互依存、互为因果。因此，要使企业信息组织取得较好的效果，就有必要了解情报人员的信息检索需求，根据信息资源的特点和用户的使用要求加以实施。反之，企业信息检索系统的建立也必须在信息组织已有的基础上进行，离开信息采集、存储和处理条件，就无法有效地进行检索。

　　工商企业信息组织和检索中使用的、用以描述检索特征的控制语言与规则，是根据文献或信息资源组织和提示的需要制定的组织规范，在本书中主要是指《都柏林核心集》（DC元数据）。对元数据的规范，是保证信息组织过程中的处理质量以及一致性的重要依据，是工商企业进行信息组织和检索的基本工具。

第三章

定性分析

在工商竞争情报分析中,情报工作者常常需要与熟悉业务知识、具有丰富经验和综合分析能力的专家"联手",借助于专家判断对数据信息进行加工提炼,以获取有效的竞争情报,这就是竞争情报的定性分析。本章在对定性分析方法进行界定的基础上,对较典型的定性分析方法进行介绍。这些方法包括德尔菲法、主观概率法、领先指标法、厂长(经理)评判意见法、推销人员估计法、相互影响分析法等。在工商竞争情报分析工作中,情报工作者常常需要综合运用各种定性分析方法,从而形成SWOT分析、定标比超分析等方法,本章也将对这些方法及其应用予以介绍。

第一节 定性分析概述

一 定性分析的概念

工商竞争情报的定性分析法,是指情报人员在采集了关于竞争对手和竞争环境的大量信息,并对其进行整合的基础上,会同熟悉业务知识、具有丰富经验和综合分析能力的专家与相关人员,运用其个人经验和分析判断能力,对竞争对手和竞争环境等相关问题做出的性质和程度上的判断,从而实现信息的情报化(即Information的Intelligence化),并对工商企业的决策提供依据和预测性建议的方法。

二 定性分析的特点

定性分析法具有如下特点：

第一，主要凭借情报分析人员和有关专业人员的经验和判断对竞争对手和竞争环境的性质进行分析和预测。它是一种十分实用的情报分析方法，特别是在情报人员所掌握的关于竞争对手和竞争环境等方面精确的历史统计资料不多，或者竞争对手和竞争环境等的影响因素复杂难以分清主次，或对主要因素难以进行定量分析等情况下，定性分析的方法适用性很强。

第二，定性分析重在对事物发展的趋势、方向和重大转折点进行分析预测。它主要适用于如下情况下的竞争情报分析：企业面临着开拓新的市场或需要开发新产品、企业面对的市场形势发生了整体性变化（如卖方市场向买方市场的转化）、企业需要重新确定未来的发展方向、需要对企业经营环境分析和战略决策方向做出分析时、企业市场经营组合发生改变时等。

竞争情报的定性分析方法很多，但从应用的广泛性、实用性和有效性的角度看，主要有德尔菲法、主观概率法、厂长（经理）评判意见法、推销人员估计法、领先指标法、相互影响分析法等。

三 定性分析相关问题的界定

1. 定性分析和定量分析的关系[①]

定性分析和定量分析各有优点和缺点。定性分析的优点在于：注重事物发展在性质方面的预测，具有较大的灵活性，易于充分发挥人的主观能动性，而且分析过程简单、省时、省费用。其缺点是：易受主观因素的影响，比较注重人的经验和主观判断能力，从而易受人的知识、经验和能力的多少大小的束缚和限制，尤其是缺乏对事物数量上的精确描述。

定量分析的优点在于：注重事物发展在数量上的分析，重视对事物发展变化的程度做数量上的描述，更多地依据历史统计数据，

---

① 徐国祥主编：《统计预测和决策》，上海财经大学出版社2012年版，第7页。

较少受主观因素的影响，可以利用计算机对统计方法和数学方法做大量的计算处理。其缺点是：比较机械，不易灵活掌握，对信息资源的质量和数量要求较高，而且不易于处理有较大波动的信息资料，更难以预测事物质的变化。

定性分析和定量分析是相互补充、相辅相成的。在实际的工商企业竞争情报分析中，应该将二者科学地结合起来使用。具体地说，就是在占有比较完备的统计资料的情况下，可以先进行定量分析，对数据资料使用统计方法进行加工处理，找出有关变量之间的规律性联系，作为预测未来的一个重要依据。但是，任何数学方法或统计方法的使用，都是建立在以往数据资料的相互关系之上，对于在某种情况下发生的重大变化、出现的重大影响因素，如市场上出现了强大的竞争对手、企业的市场经营战略或经营组合面临着重大变革的机遇等，定量的方法常常难以及时地分析出来。在这种情况下，需要对定量分析所得到的结果，依靠熟悉情况和业务的专业人员和专家，运用定性分析的方法，提出修正意见，以便将新产生的因素加入分析之中，得到正确的结论。在使用定性分析方法的同时，也要尽可能地采用数学方法，对事物发展变化的趋势、方向、程度和转折点出现的时间做出数量的分析与计算。可见，在实际的竞争情况分析中，只有把定性分析和定量分析方法正确结合起来，使二者相互补充、相互检验和修正，才能取得较好的分析效果，才能为企业的正确决策提供更加强有力的支撑。

2. 定性分析的专家判断与分析依据之间的关系

定性分析中的"性"一方面指分析的目标是判断事物的性质，另一方面也指依据此方面做出的判断常常是基于对事物性质的判断而不是量化的数据。需要特别注意的是，之所以对具体的竞争情报课题的分析方法称为定性分析，是指情报人员进行分析的主要依据是专家对该问题性质的判定，而不是情报人员直接对事物性质的判定。如果把竞争情报的定性分析混同于情报人员对某个竞争情报课题的主观定性判断，无疑会大大降低竞争情报定性分析的科学性和可靠性。因此，对于情报人员而言，竞争情报的定性分析与定量分析之间的区别仅仅在于：情报人员所凭借的分析依据是基于专家对特定事物性质的判断，还是基于定量的数据与模型的计算结果。换言之，对于情报人员而言，无论是定性分析还是定量分析，具体竞争情报课题的分析都是基于某种可靠的依据而进行的。就分析的客观性、科学性和严谨性来说，定性分析和定量分析是一样的。

第二节 定性分析的一般方法[①]

一 德尔菲法

1. 德尔菲法的概念和特点

德尔菲法是根据有专门知识的人的直接经验，对研究的问题进行判断、预测的一种方法，也称专家调查法。它是美国兰德公司于1964年首先用于预测领域的。德尔菲是古希腊传说中的神谕之地，城中有座阿波罗神殿可以预卜未来，因此借用其名。德尔菲法一般适用于长期预测。

德尔菲法具有以下三个特点：

一是反复修正。反馈表现在多次作业、反复、综合、整理、归纳和修正，但不是漫无边际，而是有组织、有步骤地进行。

二是独立判断。由于专家是背靠背提出各自意见的，因此可免除心理干扰影响。在应用德尔菲法进行竞争情报分析时，专家就如同计算机，脑子里存储着许多数据资料，基于专家经验的分析、判断和计算，可提出比较明确的决策建议。

三是可统计性。专家的意见最终可用平均数或中位数进行统计，从而使分析结果比较确定。

2. 德尔菲法的分析程序

工商企业应用德尔菲法进行竞争情报分析时，一般需要经过如下程序：

第一步，采集关于竞争情报分析课题的有关信息，并进行有效

[①] 本书关于定性部分的分析一般方法的部分论述参考了徐国祥主编《统计预测和决策》（第四版），上海财经大学出版社2012年版。

组织，形成竞争情报分析课题的背景信息。

第二步，邀请专家参加竞争情报课题分析，并向专家提供相关信息资源。在本阶段，专家的选择是关键。专家指掌握某一特定领域知识和技能的人。专家人数不宜过多，一般在 8—20 人为宜。向专家提供情报人员已采集到的关于本课题的信息，如有必要，向专家提供这些信息资源的使用方法。请专家提出需要进一步检索采集的信息资源的目录清单。

第三步，请专家根据自己的知识和经验，并结合情报人员所提供的信息资源，对竞争情报分析课题进行判断，书面答复竞争情报分析人员。

第四步，竞争情报分析人员对专家的判断加以归纳整理，分别说明每一项判断内容的依据和理由，并根据专家需要进一步追加信息资源，然后再次送给各位专家，要求专家对自己的判断做出必要的修正。

第五步，专家接到第二次通知后，就前一阶段获得的判断内容的依据和理由进行分析，再次对竞争情报分析的内容进行判断，提出自己修改判断的意见及其依据和理由。如此反复征询、归纳、修改，直到意见基本一致为止。修订的次数根据竞争情报分析课题的实际需要而定。

3. 应用德尔菲法时需要注意的问题

第一，竞争情报分析的目标要明确，情报人员提出的需要专家进行判断的问题要集中，使各方面的问题环环相扣，形成一个有机整体。

第二，情报人员提供给专家的信息资源要力求全面、公正、客观，不应当把情报人员个人或单位领导人的意见强加于调查意见之上。要力戒情报人员引导专家意见向自己意见或领导意见靠拢，以提高专家判断的可靠性。

第三，避免组合事件。如果一个事件包括两个方面，一方面是专家同意的，另一方面是专家不同意的，这样专家将难以做出回答。

4. 德尔菲法的优缺点

德尔菲法具有如下优点：

(1) 成本相对较低，费用较省。

(2) 可以获得各种不同但有价值的观点和意见。

(3) 适用于长期预测和对新出现情况的判断分析，在历史资料不足或不可测因素较多时尤其适用。

德尔菲法也有一些明显的缺点，如：

(1) 责任不明晰。

(2) 专家的意见有时可能不完整或不切合实际。

5. 德尔菲法的应用案例

【例 3—1】 某公司研制出一种新型产品，现在市场上还没有相似产品出现，因此没有历史数据可以获得。公司需要对可能的销售量做出预测，以决定产量。

操作流程：

(1) 收集当地人口、收入、消费习惯等相关信息及同类产品的价格和销售情况。

(2) 聘请业务经理、商品专家和推销员等八位专家作为德尔菲法分析的专家组。

(3) 向专家组提供情报人员所采集到的信息资源。

(4) 请专家结合已获得的信息资源，对该产品的最低销售量、最可能销售量和最高销售量进行第一次判断。

(5) 计算第一次专家判断的均值，反馈给专家。

(6) 提供进一步补充信息资源及情报人员对第一次判断的归纳整理结果，并请专家进行第二次判断。

(7) 计算第二次专家判断的均值，再次反馈给专家。

(8) 继续提供补充信息资源和情报人员的归纳整理结果，请专家进行第三次判断。

三次专家判断结束后，情报人员对数据进行了分析整理，如表 3—1 所示。

表 3—1　　　　　八位专家对该产品销售情况的判断　　　　单位：千件

专家编号	第一次判断			第二次判断			第三次判断		
	最低销售量	最可能销售量	最高销售量	最低销售量	最可能销售量	最高销售量	最低销售量	最可能销售量	最高销售量
1	500	750	900	600	750	900	550	750	900
2	200	450	600	300	500	650	400	500	650
3	400	600	800	500	700	800	500	700	800
4	750	900	1500	600	750	1500	500	600	1250
5	100	200	350	220	400	500	300	500	600
6	300	500	750	300	500	750	300	600	750
7	250	300	400	250	400	500	400	500	600
8	260	400	500	350	400	600	370	410	610
平均数	345	500	725	390	550	775	415	570	770

分析过程：

（1）计算平均销售量。最后一次的专家判断是综合前几次的反馈做出的，因此，在分析时一般以最后一次判断为主。如果按照八位专家第三次判断的平均值计算，则这个新产品的平均销售量为：

$$\frac{415+570+770}{3}=585（千件）$$

（2）加权平均法。将最可能销售量、最低销售量和最高销售量分别按 0.50、0.20 和 0.30 的概率加权平均，则预测平均销售量为：

$$570\times0.50+415\times0.20+770\times0.30=599（千件）$$

（3）中位数法。有些情况下，数据的偏态比较大，存在着一些离正常值较远的极大或极小值，一般使用中位数法，以免估计值受到个别偏大或偏小估计值的影响。

最低销售量：300　370　400　500　550
最可能销售量：410　500　600　700　750
最高销售量：600　610　650　750　800　900　1250

中间项的计算公式为：

$$\frac{n+1}{2}\ (n=项数)$$

确定中位数：

最低销售量的中位数为第三项，即 400。

最可能销售量的中位数为第三项，即 600。

最高销售量的中位数为第四项，即 750。

将最可能销售量、最低销售量和最高销售量分别按 0.50、0.20 和 0.30 的概率加权平均，则预测平均销售量为：

$$600×0.50+400×0.20+750×0.30=605（千件）$$

在实际的竞争情报分析中，如果数据分布偏态比较小，一般使用平均数，以便考虑到每个判断值的影响。就此例而言，适合于采用平均数进行评估。

二　主观概率法

1. 主观概率的概念

主观概率是人们对根据某几次经验结果所做的主观判断的量度。简单地说，主观概率是人们凭经验或预感而估算出来的概率。[①]在工商竞争情报的分析中，常常需要依靠专家对事件的发生或事物发展的可能性进行分析推测，这种情况下，通常使用主观概率法。

客观概率是根据事件发展的客观性统计出来的一种概率。例如，根据过去 50 年的统计资料，某地区每年 7 月、8 月、9 月雨天数分别为 12—15 天、10—12 天、9—12 天。这样，该地区 7 月份雨天气候的概率为 0.4—0.5，8 月份雨天气候的概率为 0.33—0.4，9 月份雨天气候的概率为 0.3—0.4。这个概率对于农业生产的安排、

---

① 徐国祥主编：《统计预测和决策》（第四版），上海财经大学出版社 2012 年版，第 10 页。

基建工程的形式安排等都具有重要参考价值。如果雨天太多，显然会给工程建设、交通运输带来不便，因此，相关人员非常需要了解和掌握各地雨天或晴天的统计概率。

主观概率与客观概率不同。在很多情况下，人们没有办法计算事情发生的客观概率，因而只能用主观概率来描述事件发生的概率。主观概率是凭人们某一次或几次经验的特定结果所持的个人信念的量度，因此，主观概率与个人知识水平、工作经验、判断能力等都有着相当密切的关系。例如，某一公司的销售人员根据今年的个人情况做出判断，认为某一商品明年销售增长的速度可能是6%。主观概率是用数值来表明个人对事件发生可能程度的判断。

主观概率必须符合概率论的基本原理：

$$0<P_i<1 \quad \sum P_i=1 \quad (i=1,2,3,\cdots,n)$$

2. 应用主观概率法需注意的问题

由于主观概率是个人的主观判断，反映个人对某事物的信念程度，因此，在竞争情报分析中应用主观概率法时，必须注意以下两点：

（1）由于每个人的主观认识不同，对同一事件在同一条件下出现的概率，不同的人可能会提出不同的数值。

（2）主观概率是否正确通常无法核对、确认。例如，对于企业的某个开拓能力强的销售人员来说，下一年度销售量上升的可能性是90%；但对于另一位工作积极性不高的销售人员来说，其估计的下一年度销售量上升的可能性只有10%。在这种情况下，是无法判断谁提出的概率是正确的。假如明年销售量确实上升了，也无法证明上升的概率是90%还是10%。正是由于存在着不同的人有可能提出不同的主观概率，以及主观概率的正确程度的情况，在竞争情报分析实践中，就很有必要寻求合理的甚至是最佳的估计概率。

3. 主观概率与客观概率的差别

主观概率和客观概率的差别在于，它们反映客观实际的程度不同。但事实上，这种差别只有相对的意义。因为我们并不能求得绝对反映客观实际的概率数字，即使是根据过去大量统计资料或实验数据计算出来的概率数字，也总是有限的、相对的，不可能包括所反映的全部事实。并且,作为计算根据的统计资料总是过去情况的反映,而企业所面对的市场却在时时发生变化,过去的资料并不能完全反映现在和将来,只能作为过去的演变规律用来推测和判断未来。基于这些原因,一方面主观概率和客观概率在其反映客观实际的程度上的确有着差异;另一方面,这种差异只是相对的,并非主观认识与客观事实之间的本来差异。

即使主观概率与客观概率之间存在着上述差异,但事物之间总是有联系的。许多研究者认为,客观概率和主观概率是不确定程度由小到大连续排列的一个连续状态的两个部分。考虑到情报分析中得到竞争对手和竞争环境精确的统计数据常常有着各种困难,因此,估计主观概率的方法在竞争情报分析中有着极大的应用空间。

4. 主观概率法应用实例

【例3—2】 某地产公司情报人员打算分析预测某区2015年的房产需求量,从公司业务的需要出发,要求预测误差不超过±67套。

操作流程:

(1) 准备相关资料。情报人员需要广泛采集关于当地房地产行业的基本状况、本公司在过去若干年中的房地产销售额等相关信息资源,经过整理汇集后,形成竞争情报分析的背景资料,供专家参考。

(2) 编制主观概率调查表。编制主观概率调查表(见表3—2)的目的在于对2015年房地产需求量的数量进行判断,并获得未来需求量增长趋势的主观概率。在调查表中要列出不同需求量可能发生的不同概率。概率要在0与1之间分出多个层次,如0.1,0.2,0.3,…,0.99等。一般用累计概率。在具体的竞争情报分析课题确定后,邀请相关专业人员或专家填写事件可能发生的概率。在本例中,要求所邀请的专家根据情报人员提供的背景资料,并结合各自的知识和经验,填写该地区需求量的概率。

表 3—2　　　　　　　　　　主观概率调查表

被调查人姓名：_____　编号_____

累计概率	0.010 (1)	0.125 (2)	0.250 (3)	0.375 (4)	0.500 (5)	0.625 (6)	0.750 (7)	0.875 (8)	0.990 (9)
房产需求量（套）									

表 3—2 中第 1 列累计概率为 0.010，其对应的调查数字被调查人认为表示房地产需求的最小数据。即被调查人认为，该公司 2015 年房地产需求小于该数字的可能性只有 1%。与此相对应，表 3—2 中第 9 列表明，被调查人认为，该公司 2015 年房地产需求量数字大于该数字的可能性只有 1%。即被调查人认为，有 99% 的可能性该公司 2015 年的需求量数字会小于该数字。再如，表 3—2 中第 5 列表示被调查人所判断的累计概率为 0.500 的需求量数字，这是需求量最大值和最小值之间的中间值，说明该公司 2015 年房地产需求量大于或小于该数值的可能性都是 50%。

（3）邀请专家进行调查。在主观概率调查表制作完成后，邀请熟悉本方面情况的专家进行调查后，情报人员收回调查表，并对其进行汇总整理，以备进一步分析。

（4）根据竞争情报课题目标进行分析判断，得出相关结论。根据主观概率法的汇总结果，情报分析人员至少可以形成如下方面的结论：

● 关于某事件（如房地产需求量）的最低数值。
● 关于某事件（如房地产需求量）的最高数值。
● 关于某事件（如房地产需求量）的期望值的估计数。
● 预测的误差区间。
● 事件发生于某一区间的可能性。

分析过程：

（1）进行信息采集和组织，以备向专家提供相关背景资料。

（2）编制主观概率表（见表3—3）。

（3）邀请10位专家进行调查，收回主观概率调查表10份。特别注意的是，在本环节，情报人员需要向专家解释主观概率表的构成及其填写方法，特别是确保不太熟悉这种方法的专家正确理解表3—2的调查意图和填写方法。

（4）对收回的主观概率调查表进行汇总整理。

主观概率调查表收回后，情报人员需要进行汇总，并计算出在各个累计概率下，被调查人所估计的需求量平均数。本例的汇总数据如表3—3所示。

表3—3　　　　　　　　　主观概率汇总

被调查人编号	累计概率								
	0.010 (1)	0.125 (2)	0.250 (3)	0.375 (4)	0.500 (5)	0.625 (6)	0.750 (7)	0.875 (8)	0.990 (9)
	房产需求量（套）								
1	2111	2144	2156	2200	2222	2244	2267	2278	2311
2	1978	2100	2133	2156	2200	2222	2267	2278	2500
3	2044	2100	2133	2144	2244	2267	2289	2311	2444
4	2156	2167	2178	2189	2200	2211	2222	2233	2244
5	2200	2211	2222	2244	2278	2311	2333	2356	2400
6	1867	1989	2000	2044	2111	2133	2156	2178	2200
7	2156	2200	2222	2289	2311	2356	2400	2433	2489
8	2000	2056	2067	2100	2133	2167	2200	2222	2278
9	2089	2100	2111	2122	2133	2144	2156	2167	2178
10	2222	2244	2244	2278	2300	2322	2356	2367	2444
平均数	2082.3	2131.1	2146.6	2176.6	2213.2	2237.7	2264.6	2282.3	2348.8

（5）数据分析。分析表3—3，可以得出如下结论：

第一，预计2015年某地区房产需求量最低可到2083套，小于这个需求数值的可能性只有1%。

第二，预计2015年某地区房产需求量最高可达到2349套，超过这个需求数值的可能性只有1%。

第三，可以用2214套作为该公司对该区2015年房产需求量的预测值。这是最大值与最小值之间的中间值。其累计概率为50%，是需求量期望值的估计数。

第四，取预测误差为67套，则预测区间为（2213-67）—（2213+67），即该地区2015年房产销售额的预测值在2146—2280套之间。

第五，当预测需求量在2146—2280套之间，在第3列到第8列的范围之内，其发生概率相当于$0.875-0.250=0.625$。也就是说，该地区房产需求量在2146—2280套之间的可能性为62.5%。与此类似，在表3—3第9列与第1列的范围之内，其相应概率为$0.99-0.01=0.98$，即该地区房产需求在2083—2349套之间的可能性达到98%。

三 领先指标法

1. 领先指标法的概念

在竞争情报分析实践中，有些情况下需要情报人员通过对某一指标与其他指标之间关系的分析，预测当某种情况发生时，另一种情况发生的"时间差"。这种分析之所以可能，是因为在工商企业面临的各种现象之间，存在着各种各样的联系。这些指标之间相互制约，从而使一种情况的发生常常预示着另一种或几种情况的发生。最典型的例子是，原材料价格的变动先于制成品价格的变动，两者之间总存在着一个"时间差"。

所谓领先指标法，就是根据经济现象或经济指标之间的联系，通过领先指标预测同步指标或滞后指标的方法。领先分析法的一个重要优势在于，这种方法不仅能通过领先指标预测同步指标和滞后指标的变化趋势，而且能发现重大的转折点，而后者对于决策常常具有更大的意义。

2. 领先指标法的分析步骤

领先指标法的分析一般需要经过以下过程：

首先，在对拟进行竞争情报分析课题各类信息资料进行分析的基础上，分解出领先指标、同步指标和滞后指标。例如，原材料价格变动先于制成品，因此原材料价格是领先指标，而制成品价格是同步指标。由于库存等因素的影响，制成品价格通常在数日甚至数月后才能对市场价格产生影响，因此市场价格是滞后指标。

其次，画出领先指标、同步指标、滞后指标的时间序列图。

最后，计算领先时间，预测同步指标或滞后指标。

3. 领先指标法应用实例

【例 3—3】为了在竞争中获得优势，某零售商想通过原材料价格预测某种商品的市场行情，以便合理安排进货数量。

操作流程：

（1）通过广泛分析现有信息资料，确定以某种主要原材料价格为领先指标，以制成品价格为同步指标，以该产品的零售价格为滞后指标。

（2）根据历史统计资料，绘制领先指标走势图（见图 3—1）。

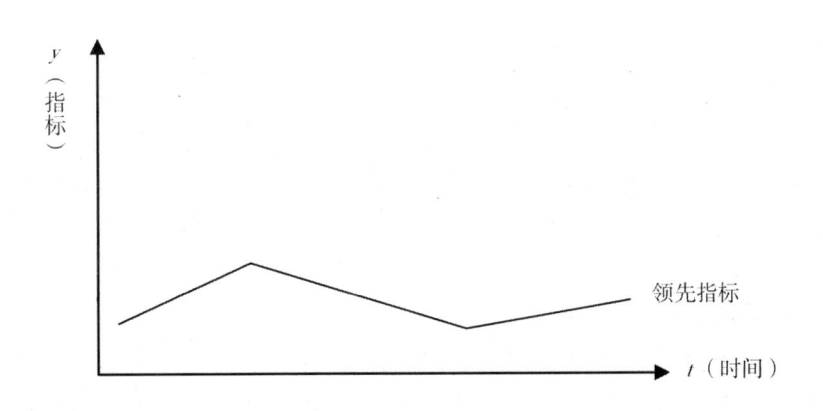

图 3—1　领先指标走势

（3）绘制各类指标时间序列图（见图 3—2）。

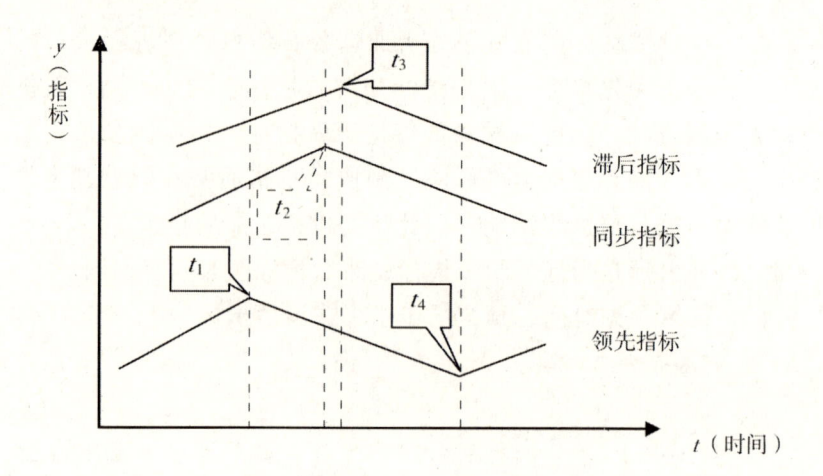

图 3—2　各类指标时间序列

（4）计算领先时间。由图 3—2 可见，t_1 为领先指标最高点，t_2 为同步指标最高点，t_3 为滞后指标最高点，t_4 为领先指标最低点。

领先指标对于同步指标的领先时间（τ_1）的计算方法为：

$$\tau_1 = t_2 - t_1$$

同步指标对于滞后指标的领先时间（τ_2）的计算方法为：

$$\tau_2 = t_3 - t_2$$

（5）进行预测。由图 3—2 可见，领先指标之于同步指标的领先时间为 τ_1，若领先指标于 t_4 时到达最低点，则可预测同步指标将于 $\tau_1 + t_4$ 时达到最低点，可预测滞后指标将于 $\tau_1 + \tau_2 + t_4$ 时达到最低点。

分析过程：

（1）通过分析所收集信息资料，发现该零售商所售商品的主要原料为有机玻璃。因此，决定以有机玻璃的价值为领先指标。情报人员收集了近 12 个月有机玻璃的交易价格，并绘制了原材料（领先指标）价格走势图（见图 3—3）。

图 3—3 在机玻璃（领先指标）交易价格

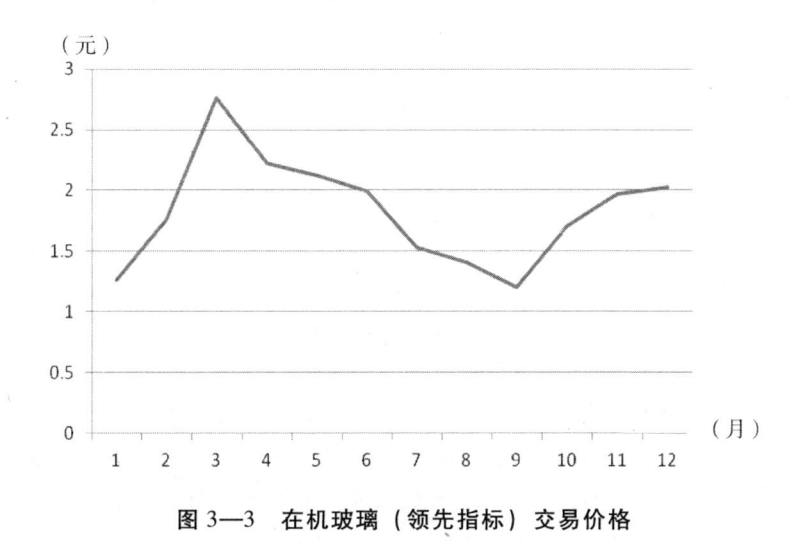

（2）绘制领先指标、同步指标和滞后指标的时间序列图（见图3—4），计算领先时间。

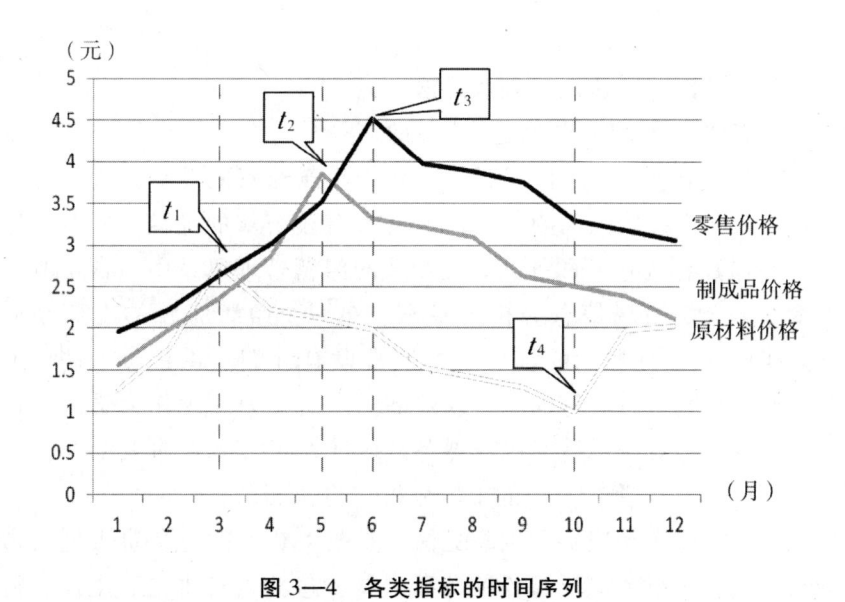

图 3—4 各类指标的时间序列

由图 3—4 可见，t_1 为领先指标最高点，t_2 为同步指标最高点，t_3 为滞后指标最高点，t_4 为领先指标最低点。

领先指标对于同步指标的领先时间（τ_1）为：
$$\tau_1 = t_2 - t_1 = 5 - 3 = 2 （月）$$
同步指标对于滞后指标的领先时间（τ_2）的计算方法为：
$$\tau_2 = t_3 - t_2 = 6 - 5 = 1 （月）$$

观察表3—4发现，在t_4时间点上（10月），原材料价格到达最低点，因此预计12月时制成品价格将达到最低点，次年1月时，零售价格将达到最低点。

当然，在真实情境下，情报人员需要搜集尽可能精确（而不是每月一次）的数据。所获取的数据越精细（如获得每天甚至每个小时的价格情况），则所计算的领先时间越精确，预测的准确度也相对越高。

另外，情报人员获得了原材料的具体价值，并计算出制成品价格和零售价格中原材料价格所占的比例。如果能确定这个比例是稳定的，则可以通过分析原材料的具体价格的领先时间来预测制成品和零售价格。

四　厂长（经理）评判意见法

1. 厂长（经理）评判意见法的概念

在工商企业中，厂长（经理）作为生产经营的总负责人，常常对市场情况掌握较全面的信息，而且有着较丰富的经验。同时，厂长（经理）作为业务领导人，在企业的经营管理体系中，常常既是决策者，又是市场信息分析的专家。在一个组织完善的工商企业中，在厂长（经理）的统领下，通常设有计划、供销、生产、财务、产品开发与研究等部门。这些部门的负责人或工作人员因工作需要，也常常对市场情况比较熟悉。因此，工商企业事实上存在着一个以厂长（经理）为首的市场分析"专家团队"。

所谓厂长（经理）评判意见法，是指由企业的总负责人把与市场相关或熟悉市场情况的各种负责人员（包括主管供销、生产、财务、产品开发或研究等领导人员）和中层部门的负责人（包括计划科、销售科、财务科、采购供应科等部门的管理决策人员）召集起来，让他们对未来的市场发展形势或某一重大市场问题发表意见，做出判断。然后把各种意见汇总起来，进行分析研究和综合处理，最后得出市场预测结论。

需要注意的是，尽管厂长（经理）评判意见法的参与者主要是企业的管理人员，但这不同于形成决策的"领导班子会议"。换言之，厂长（经理）评判意见法不做出任何形式的决策。其目的仅仅在于获取关于竞争环境或竞争对手的一种判断。

厂长（经理）评判意见法是一种非常重要的竞争情报分析方法。据美国协商委员会对161家公司使用的预测方法进行的调查结果显示，采用这种方法进行预测的公司占54%。其中生产资料生产公司中有50%，消费品公司中有64%，服务性公司中有72%。[①]

2. 厂长（经理）评判意见法的优缺点

综合而言，厂长（经理）评判意见法具有如下优点：

（1）预测迅速、及时，成本很低，基本不需要预测费用。

（2）这种方法集中了各方面熟悉市场情况的高中级经营管理人员的意见，因此可以集思广益，发挥集体的智慧，使预测结果具有一定的准确性。

（3）对于情报分析人员而言，操作简单，不需要经过复杂的计算。而且这一方法不需要事先占有大量的统计资料，较适于对难以获得准确统计资料而且不可控制因素较多的产品进行相关情报分析。

（4）具有因变而变的特征，能够根据市场的变化及时进行修正。

尽管具有如此多的优点，但这种方法也有一些明显的不足：[②]

（1）预测结果受主观因素的影响，特别是企业主要领导人的意志常常会有意无意地对预测结果产生影响。

（2）对市场变化、顾客的愿望等问题常常存在了解不细、针对性不强的情况，因此，预测结果比较一般化。

由于有这些不足的存在，采用这种方法进行竞争情报分析的一个重要前提是：厂长（经理）及参与分析的有关人员具有较高的知识、较丰富的经验以及对市场的洞察能力和分析能力。如果不具备

[①] 徐国祥主编：《统计预测和决策》（第四版），上海财经大学出版社2012年版，第14页。

[②] 同上。

这样的条件,则常常不能得出正确的竞争情报分析结论。

3. 厂长(经理)评判意见法的应用实例

【例 3—4】 某纺织厂需要预测下一年度某种纺织品的销售前景。

操作流程:

(1)情报人员采集关于该产品销量的各种信息,提供下一年度该种纺织品销售前景的各种背景信息。

(2)厂长(经理)召集销售、财务、生产部门负责人参照背景信息进行判断,并填写销售量评估表(见表3—4)。

表 3—4 销售量评估表

评估项目	预计销售数值	达到此销售数值的可能性
最高销售量		
最可能销售量		
最低销售量		

(3)情报人员对数据进行整理汇总,并计算预期销售量。

表 3—5 各部门负责人评判表

部门	各种销售量估计	销售量(件)	概率	期望值(件)(销售量×概率)
销售部门负责人	最高销售量	3000	0.2	600
	最可能销售量	1800	0.6	1080
	最低销售量	1600	0.2	320
	总期望值		1.0	2000
财务部门负责人	最高销售量	2000	0.3	600
	最可能销售量	1800	0.5	900
	最低销售量	1500	0.2	300
	总期望值		1.0	1800

续表

部门	各种销售量估计	销售量（件）	概率	期望值（件）（销售量×概率）
生产部门负责人	最高销售量	2000	0.2	400
	最可能销售量	1700	0.5	850
	最低销售量	1200	0.3	360
	总期望值		1.0	1610

对预期销售量的最终判断有如下两种方案：

● 绝对平均数法。即求出不同部门负责人所估计的总期望值的均值。

$$\frac{2000+1800+1610}{3}=1803.3（件）$$

因此，该纺织厂下一年度的预期的销售量为1803.3件。

● 加权平均数法。

在工商竞争情报分析实践中常常会发现，针对不同类型的课题进行分析时，不同部门的人员由于对所分析课题的熟悉程度不同，其评估的精确程度也有所不同。例如在本例中，所估计的是下一年度纺织品的销售量，由于销售部门负责人更熟悉市场情况，其预测的估计数字相对而言更加权威、可靠。面对这种情况，在竞争情报分析中，常常需要对给予不同部门的负责人不同的评定等级，在综合处理时，采用不同的加权系数。本例中，销售部门负责人的系数确定为2，其余部门负责人的加权系数确定为1。通过计算三个部门负责人估计值的加权平均数，可以得到该工厂下一年度的预期销售量。

$$\frac{2000\times 2+1800+1610}{4}=1852.5（件）$$

显然，如果情报分析人员能够确定参与评估的专家对于评估事项的"权威"程度，则使用加权平均法得到的结果会更可靠。此例中，更适合使用加权平均数法。

五　推销人员估计法

1. 推销人员估计法简介

在很多情况下，工商企业竞争情报的分析目标之一，是对企业的总销售量进行预测、判断。由于产品的销售通常是在多个区域进行的，因此，推销人员估计法需要将不同区域的销售预计数汇总起来，以形成对销售量的判断。

推销人员估计法的具体操作方法是：让本企业所有的销售人员（包括代理商、经销商和分支机构的推销人员）对自己负责的销售区下一年度（或季度）的销售数量做出判断，然后将他们的估计销售额汇总起来，形成下一年度（或季度）本企业销售数量的估计值。

推销人员估计法有一些明显的优点，如它与厂长（经理）评判意见法一样，也不需要经过复杂的计算，预测速度比较快，也比较节省费用。而且由于推销人员一直在市场中活动，他们对市场情况特别是对他所在区域的市场情况非常熟悉。此外，销售人员对原有顾客的需求情况和潜在顾客的情况都比较了解，因此预测结果比较准确可靠。正是由于具备了上述优点，推销人员估计法在企业竞争情报分析中应用也非常普遍。

当然，推销人员估计法也有一些明显的缺点。例如，它同厂长（经理）评判意见法一样，容易受主观因素，特别是个人偏见的影响。例如，在有些情况下，推销人员对形势发展的态度比较乐观，他们估计的预测数字就可能偏高；反之，有些情况下推销人员对形势发展抱悲观的态度，他们估计的销售数字会偏低。特别是当有些企业把完成销售任务同评定销售人员的业绩结合在一起时，就会给销售人员的预测结果带来很大的影响。因为销售人员怕把数字估计高了，将来完不成销售任务从而得不到奖励，从而不愿意把那些经过努力可能获得的销售额估计进去。如果这种因素是存在的，销售人员对未来销售额的估计显然会存在很大的偏差。

2. 推销人员估计法的应用实例

【例3—5】某笔记本电脑公司有三个销售区域，现公司拟对下一年度某种型号笔记本的销售量做出判断。

操作流程：

（1）情报人员组织下一年度与该公司产品销售相关的背景资料，提交各销售人员。

（2）组织各区域销售负责人进行对下一年度销量进行判断。

（3）汇总数据并计算销售总量。

（4）根据实际情况，考虑对销售人员的估计进行系数的调整。

分析过程：

（1）与厂长（经理）评判意见法相类似，使用推销人员估计法也需要销售人员对本区域的下一年度的销售数量进行估计，填写销售量评估表（见表3—6）。

（2）情报人员汇总并计算下一年度预期销售量。

表3—6　　　　　　　　销售人员估计值汇总表

销售人员及所在区域	各种销售量估计	销售量（台）	概率	期望值（台）（销售量×概率）
甲区域销售负责人	最高销售量	18600	0.1	1860
	最可能销售量	11160	0.7	7812
	最低销售量	9920	0.2	1984
	总期望值		1	11656
乙区域销售负责人	最高销售量	12400	0.1	1240
	最可能销售量	11160	0.8	8928
	最低销售量	9300	0.1	930
	总期望值		1	11098
丙区域销售负责人	最高销售量	12400	0.3	3720
	最可能销售量	10540	0.6	6324
	最低销售量	7440	0.1	744
	总期望值		1	10788

把表 3—6 中各区域销售负责人所估计的销售数字汇总在一起就可以得到该电脑公司下一年度的销售数量预测值，即：

$$11656+11098+10788=33542（台）$$

（3）根据实际情况，对销售人员所估计的数据进行系数调整。

对于多数企业来说，销售量是最关键的绩效指标。因此，企业通常会存取数年甚至数十年的销售量相关数据。为提高销售人员对下一年度销售量预测的精度，情报人员可以参照今年数字，通过加权系数，对不同销售人员的估计数字的比例进行合理调整。例如，经过情报人员对照今年数据的分析，发现甲区域的销售负责人每年估计的数字都比实际销售数量高出20%左右，乙区域销售负责人每年估计的数字比实际销售数量低10%左右，而丙区域的销售负责人每年估计的则总比实际销售数量低30%左右。在这种情况下，往往需要情报分析人员对销售人员所估计出的销售数量按其各自偏差的比例进行调整。

在本例中，甲区域销售负责人的预计销售数量为11656台，去掉其高估的20%，其结果为9324.8台。即：

$$11656-11656\times0.2=9324.8（台）$$

乙区域销售负责人的预计销售数量为11098台，增加其低估的10%，其结果为12207.8台。即：

$$11098+11098\times0.1=12207.8（台）$$

丙区域销售负责人的预计销售数量为10788台，增加其低估的30%，其结果为14024.4台。即：

$$10788+10788\times0.3=14024.4（台）$$

可见，经过系数调整后，该电脑公司下一年度预计的销售总量应为35557台。

六　相互影响分析法

1. 相互影响分析法简介

工商竞争情报的分析常常需要面对许多因素交织在一起的情况。例如，企业的产量不仅与生产设备的先进程度有关，同时也与企业的管理方式、员工素质、市场环境等诸多因素有关。在这种情况下,对特定竞争情报课题(如对企业下一年度产量)进行分析,则不仅需要考虑这些相关因素本身,也需要关注这些因素之间的相互影响。

相互影响分析法就是一种通过分析各个事件之间由于相互影响而引起的变化,以及变化发生的概率来研究各个事件在未来发生的可能性的一种竞争情报分析方法。

利用相互影响分析法进行竞争情报分析的一般步骤为:

(1)通过情报分析人员基于先前发生事件的信息分析和判断,获得各种有关事件发生的概率。

(2)用矩阵形式描述各种事件相互之间的逻辑关系,用概率的变化表示各事物相互影响的强度,并分析各事件之间相互发生影响作用的时间。

(3)根据各事件之间相互影响的结果,修正各事件的发生概率,做出最终的判断。

在企业竞争情报分析实践中,有些情况下,只需要使用相互影响法进行比较简洁的分析,其目的仅仅在于了解各种相关因素之间相互影响的方向(即正向或负向的影响),而不关注影响的程度。但在有些情况下,情报人员不仅关注事件之间相互影响的方向,同时也关注影响程度的大小。因此,根据实际的竞争情报分析的要求,可以把相互影响分析法分为相互影响的方向分析和相互影响的程度分析两种类型。

2. 相互影响方向分析法应用实例

【例3—6】由于国际国内市场能源价格的变化,X公司的能源结构面临着调整。经过对前期资料的分析,X公司发现,在能源问题上存在着三种可能出现的相互关联的事件 A_1、A_2、A_3,通过对现有资料的分析发现这些事件发生的概率为 P_1、P_2、P_3。其中:

A_1 代表使用煤炭代替石油消耗,其概率 $P_1=0.8$;

A_2 代表国内石油价格降低,其概率为 $P_2=0.4$;

A_3 代表更严厉的控制环境(水源、空气)污染政策法规的出台，其概率为 $P_3 = 0.3$。

现需要对三种方案的相互影响进行评定。

操作流程：

(1) 采集关于拟分析事件的相关因素及其发生的概率。

(2) 制作三个事件（A_1、A_2、A_3）的相互关系矩阵表（见表3—7）。

表3—7　　　　　　　　三个事件相互影响方向矩阵

事件	发生概率	事件间的相互影响方向		
		A_1	A_2	A_3
A_1	P_1	—	↑	↑
A_2	P_2	↓	—	—
A_3	P_3	↓	↓	—

(3) 根据影响方向矩阵做出关于事件之间相互影响方向的判断。

在表3—7中，向上的箭头表示正向的影响，说明一事件的发生增加了另一事件发生的概率。例如，在第一行中，如事件 A_1 发生，即使用煤炭代替石油消耗，则这一事件将影响对石油的需求，使石油的需求量减少。由于石油的产量是既定的，需求量的减少（A_1 事件的发生）很可能会导致石油价格的下降，即 A_1 事件的发生增大了 A_2 事件发生的概率，因此 A_1 对 A_2 存在正向的影响。同时，事件 A_3（控制环境污染政策法规的出台）发生的概率将增加。这是因为，煤是一种相对"肮脏"的能源，与石油等其他能源产品相比，对环境污染的影响程度更大。因此，在大量企业选择使用煤作为其主要燃料时，环境将面临压力，这将促使管理部门出台更加严厉的环境污染控制政策与法规。

在表3—7中，向下的箭头表示负向的影响，说明一事件的发生降低了另一事件发生的概率。例如，若出现 A_2 事件，则 A_1 事件发生概率会降低。这是因为，当石油价格降低时，企业以石油为燃料的能源成本降低，从而使企业选择以煤为燃料的需求受到抑制。若

出现 A_3 事件,即出台更严厉的环境污染控制政策和法规,则会使企业使用煤这种相对不清洁能源的积极性降低,从而降低了 A_1 事件发生的概率,企业由于较少选择使用煤作为燃料,因此石油的需求量上升,则油价降低的可能性降低了,即 A_2 事件也因 A_3 事件的发生而降低了发生概率。

表3—7中,符号"—"表示无关或无影响。

3. 相互影响程度分析法应用实例

【例3—7】某文具制造厂通过市场调查得知,未来两年市场对本厂所产文具的需求量将比上一年度增加30%。经过分析发现,该文具厂的主要竞争对手——W文具制造公司在未来三年内将有可能实施三种方案:

(1) 进行扩建,关键工序采用高效率的自动化设备。

(2) 改进劳动组织,提高工人的技术熟练程度,提高劳动生产率。

(3) 增加工人,普遍开设两班制,关键工序实行三班倒。

为分析竞争对手对于未来生产发展策略的主要意图,该文具厂要求情报人员对竞争对手在未来两年中实施上述三种方案的可能性进行分析。

操作流程:

(1) 采集相关资料,对三种方案发生的概率进行估计。本例中,经过分析发现,W文具制造厂建厂时间仅4年,因此,对工厂进行扩建和改变关键工序上的设备的可能性不太大,估计概率为 $P_1=0.3$。W文具制造厂中1/3左右的员工系本厂在兼并其他文具企业时整体接收的,技术熟练程度高;另外2/3的员工系建厂后新招聘人员,其中部分人员技术水平尚在入门阶段。经过分析认为,通过改进劳动组织、提高工人的熟练程度而提高劳动生产率的可能性是 $P_2=0.5$。此外,W文具制造厂工人数量有限,目前采用一班生产的方式,存在着机器设备闲置的情况。因此,通过增加工人人数，开设两班制或三班制的可能性较大，$P_3 = 0.8$。

（2）绘制相互影响矩阵表（见表3—8），并请相关专业人员参与，评定影响概率和影响发生的时间。

表3—8 三个事件的相互影响方向、程度及时间矩阵

未来事件	发生概率	各事件间相互影响的方向、程度和时间								
		A_1			A_2			A_3		
		A_1	P_1	T_1	A_2	P_2	T_2	A_3	P_3	T_3
A_1	$P_1 = 0.3$	—	0	0	↑	+0.3	1	↓	-0.5	1
A_2	$P_2 = 0.5$	↑	+0.2	0	—	0	0	↓	-0.1	1
A_3	$P_3 = 0.8$	↓	-0.3	0	↓	-0.2	0	—	0	1

表3—8中列出了情报人员会同相关专业人员对上述三个事件之间相互影响的方向、影响程度和影响发生时间的判断。分析表3—8，可以得到以下初步结论：

方案一（对工厂进行扩建，并对关键工艺进行自动化改造）若被接受对于方案二（改进劳动组织，提高工人的熟练程度）存在的正向的影响，这种影响的程度被判定为0.3。即如果对扩建工厂并对关键工艺进行自动化改造，势必要求工人具有更高的操作水平。因此，如方案一被接受，则方案二被实施的可能性提高30%。分析人员认为，方案一对方案二的正向影响将在1年后发生实质作用，即先进行了工厂扩建及工艺自动化改造，约1年后提高工人的操作熟练程度问题才会比较迫切。

方案一（对工厂进行扩建，并对关键工艺进行自动化改造）若被接受对于方案三（增加工人，实施两班或三班制）有着负面的影响，这种影响的程度被判定为-0.5。即如果对关键工艺进行了自动化改造，是意味着关键工序的很多工作将由机器自动完成，因此，没有必要增加大量工人。而且，自动化改造意味着资金的投入，考虑到企业的资金是有限的，用于进行自动化改造会使投入资金增加工人的可能性降低。考虑到二者之间的实际关系，上述影响将在1年后发生实质作用。

与以上分析同理,方案二(改进劳动组织,提高工人的熟练程度)若被接受对于方案一(对工厂进行扩建,并对关键工艺进行自动化改造)有着正向的影响,影响程度为 0.2,这种影响是同时发生的。方案二的采用对方案三有着负向影响,影响程度为-0.1,影响延后一年发生。方案三的采用对方案一有着负向影响,影响程度为-0.3,影响即时发生;对方案二有着负向影响,影响程度为-0.2,影响即时发生。

根据表3—8中所列的方案之间的相互影响的方向和程度,把概率修正为:

$$P_1 = 0.3 + 0.3 - 0.5 = 0.1$$
$$P_2 = 0.5 + 0.2 - 0.1 = 0.6$$
$$P_3 = 0.8 - 0.3 - 0.2 = 0.3$$

由此可见,W文具制造厂在未来进行工厂扩建,采用自动化设备的可能性很小,只有0.1;增加工人的可能性也不大,只有0.3;该厂采用改进劳动组织、培训提高工人的熟练程度从而促进劳动生产率的提高可能性很大,达到0.6。

正如例3—7所展示的,在工商竞争情报分析中,相互影响分析法是一种识别竞争对手决策意图的有效方法。一般来说,企业的市场分析人员和销售人员不仅掌握着大量本企业的产品信息,而且对于主要竞争对手的相应情况也有所了解。为此,情报人员通过挖掘本企业中的市场部门和销售部门人员的经验和智慧,可以对竞争对手的情况进行有效的判断。

第三节 定性分析方法的综合运用

上一节介绍了各种定性分析的具体方法。一般情况下,这些方法仅针对一种情况做出分析。例如,推销人员估计法分析的目的,仅仅在于估计出某个时间段企业的销售量;而主观概率法的使用,也常常是为了评估某一具体事件发生可能性的大小。在实际的竞争情况分析项目中，情报人员不仅需要对某个单一事件做出分析和评估，更需要对某些事件或现象做出综合性的评估分析。因此，各种定性分析方法常常需要综合使用，以便使其相互结合、互为补充。在工商竞争情报分析实践中，SWOT分析法和定标比超法较典型地综合应用了各种竞争情报定性分析方法。

一　SWOT分析法

1. SWOT分析的概念

SWOT分析兴起于20世纪70年代。美国哈佛大学商学院K. R. 安德鲁斯（K. R. Andrews）于1971年在《企业战略的概念》（Concept of Corporate Strategy）一书中最早提出了战略理论及SWOT分析框架。20世纪80年代，美国旧金山大学H. W. 哈瑞克（H. W. Hrich）和哈佛商学院M. E. 波特（M. E. Portter）又极大地充实了SWOT分析的理论基础和方法，使SWOT分析具有显著的结构化和系统化的特征。[①]

所谓SWOT分析，就是将与研究对象密切关联的各种主要的内部优势因素（Strengths）、弱势因素（Weaknesses）和外部机会因素（Opportunities）、威胁因素（Threats），通过调查分析并依照一定的次序按矩阵的形式排列起来，然后运用系统分析的思想，把各种因素相互匹配起来加以分析，从中得出一系列相应的结论。

SWOT分析通常由行业环境分析、组织在行业中的优劣势分析、组织的竞争对手优劣势分析和SWOT矩阵综合分析四大流程构成，从而形成组织的竞争策略。正确理解和认识S、W、O、T这四大影响战略的基本要素，并做出合理的战略选择，是SWOT分析的精髓。它们的组合可以形成四类基本战略：SO战略，即发挥优势、抓住机遇的增长型战略；WO战略，即抓住机遇、克服劣势的扭转型战略；ST战略，即利用优势、避开威胁的多元化战略；WT战略，即重视威胁、克服劣势的防御性战略。S、W、O、T四者之间大体存在着如图3—5所示的关系。

---

① 包昌火等编：《信息分析和竞争情报案例》，清华大学出版社2012年版，第117页。

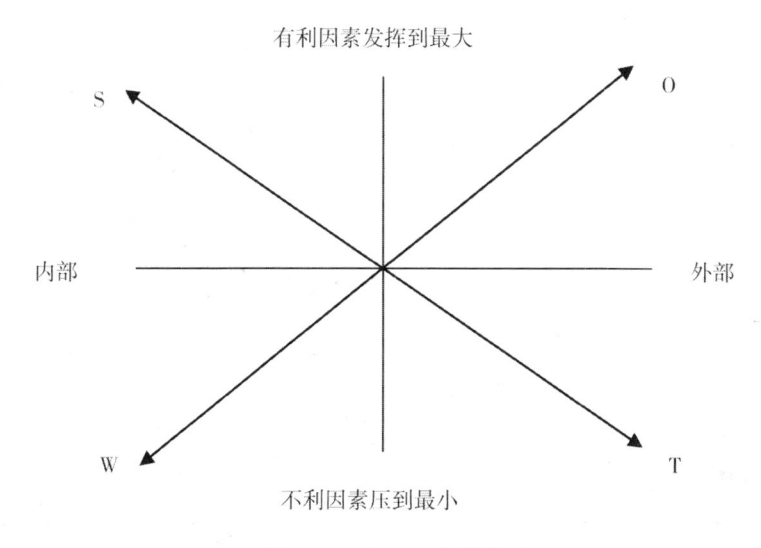

图 3—5　SWOT 之间关系

资料来源：查先进主编：《企业竞争情报》，武汉大学出版社 2012 年版，第 82 页。

2. SWOT 分析的关键环节

作为一种定性分析方法，SWOT 分析成败最关键的环节在于分析者对拟评价的事项评估的科学性和可靠性。一般来说，情报人员通过 SWOT 分析能否对具体竞争情报分析项目得出令人信服的结论，常常取决于能否建立起有效的评价指标体系，对企业在竞争过程中的优势与劣势、机会与威胁做出的评估。因此，SWOT 分析最关键的环节在于形成对企业竞争力的科学评估指标体系。

建立能够科学评估企业在竞争中面临的优势与劣势、机会与威胁的指标体系，通常需要综合使用多种竞争情报分析方法。例如，在识别企业所面临的具体竞争优势与劣势时，常常需要使用德尔菲法，通过专家判断对企业所面临的各种复杂因素进行筛查。在对指标体系中的每个项目赋予权重时，则需要使用厂长（经理）评判意见法。在对各种竞争因素的分析中，还需要使用相互影响分析法，确定事件、因素之间的相互影响方向和程度。

总之，鉴于在 SWOT 分析的关键环节——企业竞争力评估指标体系形成的关键阶段需要综合使用多种竞争情报定性分析方法，

SWOT 分析是综合使用定性分析方法的一种典型案例。

3. SWOT 分析的程序[①]

从企业生存环境出发，在部分情报分析中应用 SWOT 的一般程序如下：

（1）行业环境因素分析。

行业环境因素分析指对企业所处的各种外部环境因素和内部环境因素的分析。外部环境因素指对企业发展有着直接的有利或不利影响的因素，即机会因素和威胁因素。这些因素常常存在于政治/政策、经济、金融、技术、法律、文化、自然、用户、供应商、中介机构、竞争对手和市场等方面。内部因素指企业在发展中与竞争对手比较，自身存在的积极和消极的因素，即优势因素和劣势因素，属于主观因素，存在于企业的组织管理、生产及产品、营销、财务、技术实力、企业信誉/形象、战略和联盟等方面。

在竞争情报分析实践中，对于行业环境因素的分析是基于大量的信息采集和归纳而完成的。一般来说，情报人员积极的信息资料越全面、越精确，则对于行业环境因素的把握程度越高。但是，由于"行业环境"是一个几乎可以无所不包的笼统概念，在实际的竞争情报中，常常出现情报人员收集到了海量的信息资源。但随着信息资源量的增加，情报分析人员对企业所在的行业环境做准确描述的可能性反而下降了。一方面是由于无目的的信息搜索导致了"信息过载"，另一方面也是由于缺乏对信息资源的有效组织而导致的。为此，在收集信息资源的基础上，对信息资源进行合理有效的组织就变得至关重要。

即使对于行业环境相关的信息资源进行了有效的组织，仍然需要情报人员在实际的竞争情报工作中能够识别出大量相关因素中，哪些是关键的成功因素，哪些是存在于行业中的发展机会，行业发展环境中存在着哪些威胁。由此进入了竞争环境分析的第二个阶段。

（2）识别行业中的关键成功因素与机会威胁因素。

在了解企业所在行业环境的基础上，首先要做的就是识别企业

[①] 张翠英：《竞争情报分析》，科学出版社 2008 年版，第 65 页。

所处行业的关键成功因素，即本企业的优势。由于企业的整体性和竞争的广泛性，在识别企业的优势时，必须从行业的特点和整个价值链的每个环节上，将企业与竞争对手做详细的对比。罗列出企业和竞争对手在诸如产品是否新颖、成本是否合理、销售渠道是否畅通、价格定位是否准确等各方面各自的优势。如果一个企业在某一方面或某几个方面的优势正是该类企业应具备的关键成功因素，那么该企业的综合竞争优势将优于对手。

通过行业环境的分析，也可以有效地识别出环境中的机会与威胁因素。对于这些因素的识别需要结合行业自身的发展程度进行分析。例如，对于一个新兴行业而言，技术、资源和顾客都处于灵活性非常大的阶段，这一阶段的机会主要表现在实现技术领先、抢先获得有战略价值的资源、赢得并保持更大的市场份额、努力保持顾客的忠诚度等方面。对于成熟稳定的行业而言，资源和顾客的分配格局已基本"定型"，此时行业中的机会主要表现在产品的改良、服务的改善和创新、增加本企业产品的品牌吸引力、维持已有的竞争优势等方面。对于已处于衰退萎缩行业的企业，战术上的策略已经很难把威胁变成机会，对于处于"夕阳"行业的企业来说，机会在于通过战略的选择（而不是战术的运用），从行业的衰退威胁中寻求和重新定位企业发展的机会。如实施集中战略、放弃战略、收割战略（即尽可能从企业经营中收回现金）等。

在竞争情报分析实践中，即使在已采集了丰富的信息资源并对其进行了有效组织的前提下，要有效地识别出行业中的各种因素，特别是准确地识别关键的成功因素和机会威胁因素常常是困难的。为此，在此阶段有必要假借于专家的判断。通常情况下，情报人员在此阶段可以使用德尔菲法，利用专家资源获取有价值的分析结论。另外，在一些具体环节上，也可以选择使用一些其他的定性分析方法。例如，当情报人员需要确定企业与竞争对手在产品的新颖性、成本、价格等方面的优劣时，厂长（经理）评判意见法、推销人员估计法等都是可以考虑选用的方法。

（3）分析本企业和竞争对手在行业中的优劣。

在竞争情报分析实践中，比较常常是分析得以深入的有效途径。通过将企业自身与竞争对手进行比较，可以有效地发现企业的优势和弱点，从而最大限度克服自身的不足并保持自身的优势。当情报人员通过使用具体的定性分析方法得到一些关于环境、自身和对手的优劣因素时，可将其填入表3—9，以便对企业自身和竞争对手的优劣进行比较，以发现机会，克服不足。

表3—9　　　　　　　　企业和竞争对手的优劣势比较

本企业　　　　竞争对手					优势（S）	劣势（W）
					S_1	W_1
					S_2	W_2
					S_3	W_3
					…	…
优势（S）	S_1	S_2	S_3	…	寻找最好的超越竞争对手的方法	发现利用机会，减免或减弱威胁
劣势（W）	W_1	W_2	W_3	…	利用优势，回避或转化威胁	尽最大努力，避免或减弱威胁

资料来源：张翠英：《竞争情报分析》，科学出版社2008年版，第67页。

通过对行业环境因素的分析，识别了行业中的关键成功因素和机会威胁因素，并对本企业和竞争对手在行业中的优劣进行了比较后，情报分析人员通常可以建立起一个比较完整的企业竞争力评价指标体系。这个指标体系旨在对企业竞争力状况的方方面面进行测量。当得到关于企业自身和竞争对手关于竞争力诸方面的测量数值后，对于这些指标的综合性对比分析就具备了坚实的基础。通常情况下，这种综合分析是通过绘制SWOT矩阵来完成的。

（4）制作SWOT矩阵，进行综合分析。

根据前面诸阶段的识别、比较、分析和测量，将最终所得的企业内部优势（S）、内部劣势（W）、外部机会（O）和外部威胁（T）填入表3—10所示的SWOT矩阵。

分析表3—10之后，情报人员得到了四种具体战略：

一是SO（优势—机会）战略。

SO 战略是将组织内部的优势与外部环境的机会相匹配，发挥企业内部优势、利用外部机会以达到企业目标的战略。这一战略的目的在于使机会与优势两种因素都趋于最大。例如，某一实力雄厚（内部资源）的企业发现某一领域的国际市场尚未饱和（外在机会），那么这一企业就有必要将自己的内部资源向外在机会的方面配置，以开拓国际市场。在企业的决策中，SO 战略是任何组织追求的目标，即任何一个组织都希望充分利用自己的优势，抓住外部环境所提供的机遇，以求得利益的最大化。而实施 SO 战略的难点，恰恰在于及时地发现外部机会，并把自己的优势与其结合起来，这正是竞争情报的价值所在。

表 3—10　　　　　　　　SWOT 综合分析矩阵

企业外部环境 \ 企业内部能力	内部优势（S）	内部劣势（W）
外部机会（O）	SO 战略 发挥自身优势 利用外部机会	WO 战略 利用外部机会 克服内部弱点
外部威胁（T）	ST 战略 依靠内部强项 避免外部威胁	WT 战略 减少内部弱点 规避外部威胁

二是 WO（劣势—机会）战略。

WO 战略是利用外部机会来改进内部劣势的战略，其目的是努力使企业的劣势趋于最小，使机会趋于最大。通常表现为企业有着一定的外部机会，但内部却存在着劣势，这种劣势妨碍了企业抓住外部机会的能力。因此，当外部环境存在企业发展所需要的机遇时，正是企业进行内部改造、优化组织形态和资源配置的契机。例如，对于一个 IT 企业而言，面对计算机服务需求的快速增长（外在机会），本企业却十分缺乏技术专家（外在威胁），此时，实施 WO 战略，扩大技术专家队伍，变革组织构架，以提高技术部门的地位，都将为该企业发展赢得重要机遇。

三是 ST（优势—威胁）战略。

ST 战略是利用企业的优势，规避或减轻外部威胁的一种战略。其目的在于努力使优势因素趋于最大，使威胁因素趋于最小。例如，某企业的优势在于完善的渠道（内部优势），但劣势在于其许可营销的产品种类的单一性（外部威胁）。此时，该企业可以考虑的营销策略是，通过完善的营销渠道，进一步巩固并扩大本企业主营产品的市场份额，保持并扩大竞争优势。

四是 WT（劣势—威胁）战略。

WT 战略旨在减少内部劣势的同时，规避外部环境的威胁。其目的是努力使劣势和威胁因素都趋于最小。例如，某一企业产品品质相对较差（内部劣势），同时营销渠道单一（外在威胁），则该企业宜于通过加强企业管理，研发新的产品，稳定营销渠道，或走联合、合并之路，以谋得本企业的生存。

以上四种战略在实际应用中并无高下之分，其关键在于该战略是否符合企业本身的情况。一般来看，SO 战略是一种主动进攻型战略，是企业本身在各方面占有优势情况下最为理想的一种对策；ST 战略和 WO 战略属于有进有退、攻防兼备型对策，是竞争双方势均力敌的情况下选用的对策；WT 战略是一种最为被动的对策，是企业本身处于极度困难情况下所采用的一种防御性对策。[①]

总之，竞争情报实践中，对企业竞争力进行 SWOT 分析大体遵循图 3—6 所列的步骤和方法。

4. SOWT 分析应用实例

【例 3—8】IT 业巨头 IBM 公司拟通过 SWOT 分析，明晰发展战略，促进企业发展。

操作流程：

(1) 采集 IT 行业的各种信息资源，进行合理组织。

(2) 基于专家判断，识别与 IBM 相关的关键成功因素、机会与威胁因素。

---

① 张翠英：《竞争情报分析》，科学出版社 2008 年版，第 68 页。

(3) 建立评估指标体系，对 IBM 与其他主要 IT 企业的竞争力进行测量。

(4) 明晰 IBM 自身所具备的优势（S）和劣势（W）及其在整个 IT 行业中面临的机会（O）和威胁（T）。

(5) 绘制 SWOT 矩阵，对 IBM 进行综合分析（见表 3—11）。

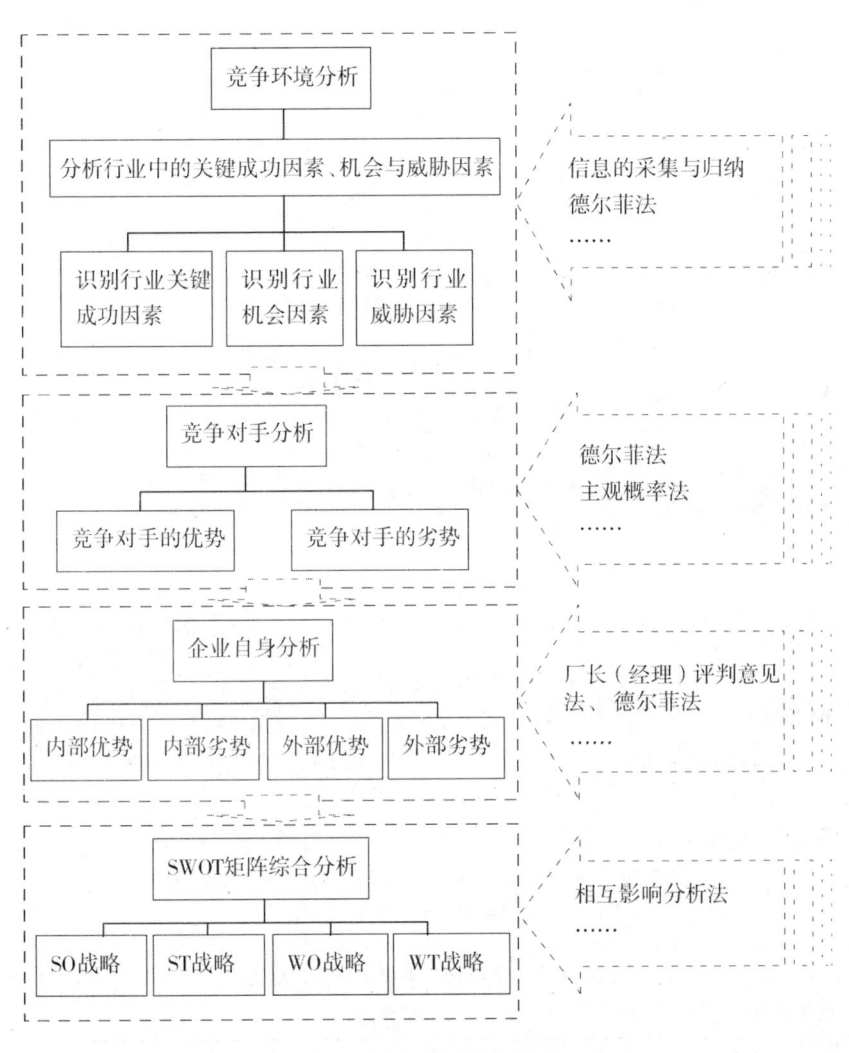

图 3—6 SWOT 分析的步骤与方法

限于篇幅，本节将不再一一列举各种定性分析方法在例3—8中的应用。表3—11展示了IBM的SWOT综合分析矩阵。这是一个结论性的矩阵，在实际分析中，情报人员将对这个矩阵中各个项目的概率、相互影响程度进行分析。

表3—11　　　　　　　IBM公司的SWOT分析

内部力量 \ 外部环境	机会（Opportunities） ● PC普遍进入家庭 ● 互联网逐步兴起并主导市场需求 ● 客户更需整体解决方案	威胁（Threats） ● 各种网络相关产品公司的兴起 ● 微软占有PC系统S/W市场 ● 硬件价格下降
优势（Strengths） ● 经深入培训过的专业人才 ● 广大的客户群 ● 优势的研发能力	优势—机会策略（SO） ● 成立全球服务事业部门，着手提供整体解决方案——系统整合 ● 创新并持续推出符合网络需求的新产品	优势—威胁策略（ST） ● 增加策略联盟与并购有潜力的公司，以增加网络与整合的能力 ● 投入研发数据库系统与NT的中间件以及配合Linux的研究投入
劣势（Weaknesses） ● 组织庞大，不易指挥 ● 对低价或PC相关产品的营销策略不太内行 ● 思想上仍难摆脱大型硬件才是最重要营收来源的窠臼	劣势—机会策略（WO） ● 将人员往有潜力的市场区域调整并配备所需人力 ● 将人员按整合模型、混合编组、区域编组来开拓市场 ● 逐渐导向以网络为基础的整体解决方案的公司	劣势—威胁策略（WT） ● 裁去数万不胜任员工，并将组织改为矩阵式 ● 强调思想教育和绩效管理 ● 积极与低阶产品的大型渠道建立联系

分析后的整体结论：定位在电子商务时代，借着提供整体解决方案和系统整合而成为电子商务时代的市场领导者

资料来源：查先进主编：《企业竞争情报》，武汉大学出版社2012年版，第85页。

需要注意的是，表3—11列出的仅仅是SWOT分析的结论，而不是SWOT分析的全部。事实上，对于情报人员来说，运用SWOT分析法最关键的环节在于对充足信息资源的占有，合理地利用专家经验并做出准确判断，形成可信的评价指标体系并对企业自身和竞争对手进行准确的竞争力测量评估，以及对各事件之间的相互影响做出正确的判断。只有这一系列工作是成功的，SWOT分析的结论才会符合企业的实际，并对企业发展起到关键作用。

二 定标比超分析法

1. 定标比超的概念

"定标比超"一词源自英文的Benchmarking，也称为基准调查、基准管理、立杆比超或标杆管理等。所谓定标比超，是指运用情报手段，将本企业的产品、服务或业务活动过程与行业内外一流企业进行对照分析，提炼出有价值的情报，以帮助本企业改进产品、服务或管理，最终赢得并保持竞争优势的一种竞争情报分析方法。

定标比超方法兴起于20世纪70年代后期的美国企业，迄今已在企业管理等相关领域得到了广泛的应用，成为目前使用最广泛的竞争情报分析方法之一。定标比超作为企业质量管理系列工具之一，可以帮助企业测算和改进其产品或服务质量，开展动态管理。[①]定标比超一般可分为战略层、操作层和管理层三个层面。战略层的定标比超主要是将本企业的战略与对照企业的战略进行比较，确定成功战略中的关键因素；操作层的定标比超主要对成本和产品的差异性进行比较，重点是进行功能分析；管理层的定标比超涉及对企业人力资源、营销规划、管理信息系统等支持功能的分析。这三个层次的具体内容如表3—12所示。

从企业竞争情报工作的角度看，定标比超有助于确定和比较有关竞争对手经营和管理战略的各组成要素，通过对这些要素的深入分

---

① Bullivant, J., *Benchmarking for Continuous Improvement in the Public Sector*, Longman, Harlow, 1994.

表 3—12　　　　　　　　不同层面定标比超的主要内容

战略层	操作层	管理层
●市场细分	●竞争性价格	●日常动作维护
●市场占有情况	☆原材料	●项目管理
●原材料供应	☆劳动力和管理	●订货发货
●生产能力	☆生产率	●新产品开发
●利润率	●竞争性差异	●合理化建议系统
●工艺技术	☆产品特性	●财务
	☆产品设计	●仓储和配销
	☆质量	
	☆售后服务	

资料来源：查先进主编：《企业竞争情报》，武汉大学出版社 2012 年版，第 76 页。

析，可以挖掘出许多对评价竞争对手竞争态势有重要参考价值的信息；可以从任何产业中的一流企业那里获得有价值的信息，这些信息可用于改进本企业的经营管理，使之再上新台阶；可以深刻认识和掌握用户的信息需求，使企业的竞争战略能够贴近目标市场和用户；可以鼓励和引导本企业的员工"从干中学"和"从用中学"，形成"比、学、赶、超"的创新热潮。①

2. 定标比超的程序和步骤

定标比超作为一种竞争情报分析方法，通常要考虑与所实施的企业的实际情况相结合，以增强实施效果。这一要求导致了一些有代表性的定标比超程序的形成。例如，美国施乐公司的定标比超通常分为规划、分析、合成、行动和成效五个环节；国际定标比超情报交流所实施的定标比超分为规划、收集数据、分析数据和修正改进四个环节。我国研究者提出，定标比超大致应包括计划的制订、分析、综合数据和实施计划四个前后相接的方面。② 也有研究者把定标比超的工作步骤总结为"5 个阶段，10 项工作"，从而形成了图 3—7 所示的流程（其中，11、12 属于定标比超的成果，因此不

---

① 查先进主编：《企业竞争情报》，武汉大学出版社 2012 年版，第 76 页。
② 陈翔宇等：《企业竞争情报研究》，兵器工业出版社 1995 年版，第 36—39 页。

计入10项工作之内）。①

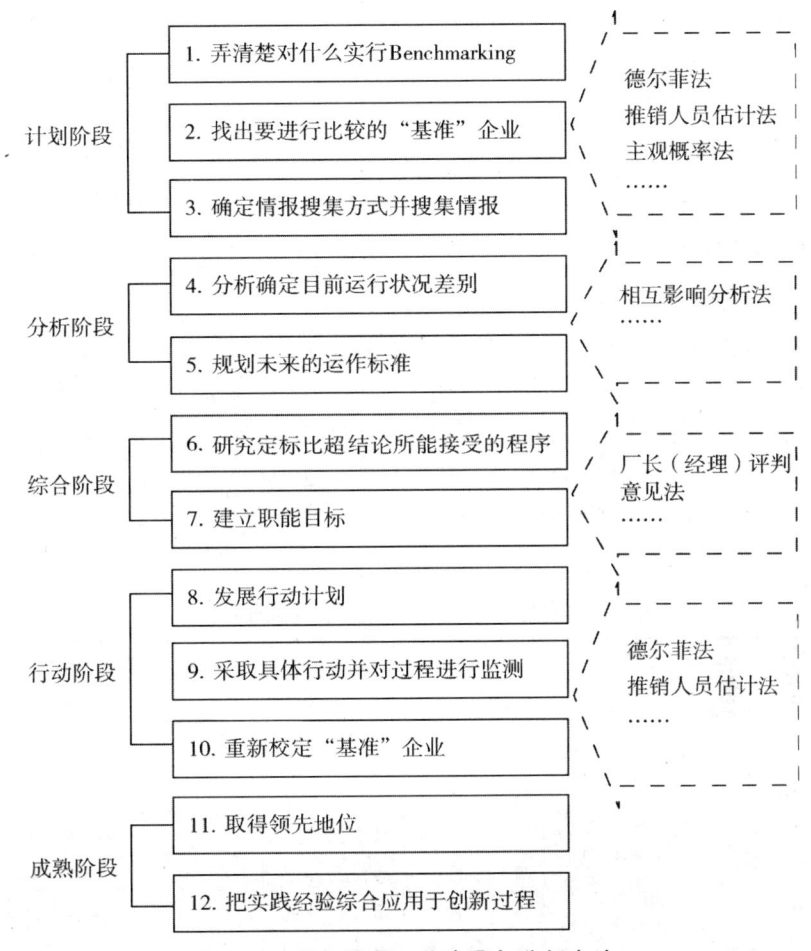

```
计划阶段 ┬ 1. 弄清楚对什么实行Benchmarking    ┐ 德尔菲法
        ├ 2. 找出要进行比较的"基准"企业       │ 推销人员估计法
        └ 3. 确定情报搜集方式并搜集情报       ┘ 主观概率法
                                              ……

分析阶段 ┬ 4. 分析确定目前运行状况差别         ┐ 相互影响分析法
        └ 5. 规划未来的运作标准              ┘ ……

综合阶段 ┬ 6. 研究定标比超结论所能接受的程序   ┐ 厂长（经理）评判
        └ 7. 建立职能目标                   ┘ 意见法
                                              ……

行动阶段 ┬ 8. 发展行动计划                   ┐ 德尔菲法
        ├ 9. 采取具体行动并对过程进行监测     │ 推销人员估计法
        └ 10. 重新校定"基准"企业             ┘ ……

成熟阶段 ┬ 11. 取得领先地位
        └ 12. 把实践经验综合应用于创新过程
```

图 3—7 定标比超工作步骤与分析方法

资料来源：本图中关于定标比超的工作步骤部分资料来源于汪伟全《论定标比超分析法及其在政府竞争实践中的运用》，《经济论坛》2007年第12期，第8—10页。转引自包昌火等编《信息分析和竞争情报案例》，清华大学出版社2012年版，第149页。

作为一种重要的竞争情报分析方法，定标比超通常需要经过严密的规划，形成相对完善的行动方案。大体而言，定标比超包括如

---

① 包昌火等编：《信息分析和竞争情报案例》，清华大学出版社2012年版，第149页。

下五个步骤：①

第一步，选择定标比超的内容和标杆。

定标比超的内容指企业需要改善和希望改善的方面。具体而言，定标比超所涉及的内容恰恰也是竞争情报分析所要服务的决策对象。对于定标比超内容的选择，需要根据具体企业的具体情况而确定。一般来说，行业的管理标准、规程、评估方案等都是确定定标比超内容的重要参照。为使定标比超内容选择过程更加严谨，也可在此过程中以专家判断的形式，对定标比超的具体内容予以取舍。

在各种类型的定标比超分析项目中，对于企业业绩的比较是最重要的内容之一。表3—13展示了国外学者总结的10种常见的定标比超业绩度量指标。② 在国内，我国国家质量监督检验检疫总局和国家标准化管理委员会发布的《卓越绩效评价准则》（GB/Z 19579—2004）及其细则（GB/Z 1958—2004）是企业选择定标比超内容的重要参考文献。

表3—13　　10种常见的定标比超业绩度量指标

顾客服务业绩		产品/服务业绩		核心业务流程业绩	
总体满意度	送货及时性	精确度	安装和使用难易度	顾客价值	生产率及资源利用率
● 对销售和服务代表的评估 ● 理解顾客需求满意度 ● 解决顾客难题满意度	● 对组织产品和服务的文档单据印象 ● 与本组织进行业务往来难易程度 ● 产品和服务价值	● 可靠性 ● 及时性 ● 订货难易度送货 ● 包装	● 文档单据 ● 结账 ● 今后服务 ● 顾客意见处理 ● 保修和退回	● 产品成本 ● 反应灵敏度/业务流程周期 ● 次品、失误、废品、问题或故障率	● 事故发生率 ● 员工缺勤率 ● 员工违规次数 ● 诉讼率

---

① 张翠英：《竞争情报分析》，科学出版社2008年版，第79页。
② [美] 克里斯托弗·博根等：《竞争性标杆管理》，滕新凤、吕波译，经济科学出版社2004年版。

续表

支持性流程/服务的业绩					
会计	信息服务	营销	产品工程	采购	质量控制
● 延期付账百分比 ● 响应顾客需求的时间 ● 账单处理失误的数量 ● 不正确的会计分录数量 ● 工资支付失误的数量	● 每行代码的平均出错数量 ● 按期收到报告的百分比 ● 重写的次数 ● 在系统被顾客接受后发现的失误数量 ● 成功完成需要的试运行天数	● 需求预测的精确度 ● 错误订单录入数量 ● 供货的积压量 ● 合同的失误数	● 项目完成周期 ● 每份文件的工程变更数量 ● 设计检查时发现的错误数量 ● 设计评估中发现的错误数量	● 采购订单失误数量 ● 因缺货导致停工的时间 ● 过剩库存量 ● 业务周期（从开始采购到仓库接货）	● 不合格年终奖的比例 ● 设计检查之后发现的工程变更数量 ● 报告中的失误数量 ● 纠正行为的时间周期

员工业绩		供应商业绩		技术业绩	
● 员工开发 ● 员工教育 ● 员工授权 ● 员工奖励 ● 员工招聘 ● 员工缺勤 ● 员工流动率	● 员工抱怨 ● 员工安全/事故 ● 员工参与 ● 员工士气 ● 员工业绩评估 ● 员工升迁 ● 员工继任计划	● 成本 ● 质量 ● 可靠度	● 速度或响应率 ● 一致同意的服务水平 ● 产品规格	● 处理速度 ● 配置比例	● 网络中止时间 ● 失误率

新产品/服务开发及创新业绩		成本业绩		财务业绩	
● 新产品开发次数 ● 员工建设率	● 新产品销售在总销售中的百分比	● 产品成本 ● 服务成本 ● 流程处理成本	● 投入成本 ● 人力资源成本	● 总收入 ● 毛利润 ● 运营收入 ● 净利润 ● 每股收益 ● 长期负债	● 账面价值 ● 现金流 ● 资产负债比率 ● 应收账款周转率 ● 流动比率

资料来源：[美] 克里斯托弗·博根等：《竞争性标杆管理》，滕新凤、吕波译，经济科学出版社 2004 年版。

定标比超内容确定后，需要确定目标企业（即"标杆"）。一般来说，目标企业能够为本企业或单位提供值得借鉴的信息，它们既可以是竞争对手、本行业的领袖企业，也可以是其他行业中的优秀企业。

第二步，建立定标比超的指标体系并计算权重。

在参照相关行业标准、规程及评估方案选择定标比超内容选择过程中，情报人员需要会同企业的管理者拟定定标比超的指标体系。定标比超指标体系是对企业产品、服务和管理等方面进行比较的基础。在确定指标体系的内容时，应在力求反映并影响企业及产品、服务和管理竞争力要素全貌的基础上突出重点，尽量精简，减少工作量和复杂程度。选择保留的指标至少应涵盖产品、服务和管理的所有关键成功因素。一般情况下，需要将定标比超的内容分解为一级指标、二级指标等多级指标。指标体系确定后，情报人员需要邀请熟悉定标比超分析事项的专家就各级指标的重要程度进行评估，以确定各级指标的权重。

目前，国内外提出的指标体系相当多，如瑞士洛桑国际管理学院评价国家和地区间的科技竞争力就使用了多套指标体系；我国学者在经济、管理、科技领域普遍使用指标体系评估地区或企业的竞争力；国内竞争情报学界根据本学科实践的需要，也提出了多套企业竞争力评价指标体系并应用于实践。

第三步，收集数据，计算指标。

指标体系内容确定后，便开始收集关于本企业及目标企业的数据信息，以支持指标体系现有内容的比较。对于信息的采集源，本书第二章已有详述。数据信息的采集途径主要有：

（1）实地调查。发调查表、开座谈会、进行重点访问、现场观察等都是行之有效的信息获取方法。在现实中，进行目标企业调查难度较大，需要一定的技巧。要解决此问题，一方面需要情报人员广泛开拓信息源，大量采集目标企业的相关信息，挖掘其中有价值的成分；另一方面，可以运用统计预测等手段，对目标企业的相关信息进行推断。

（2）文献资料的检索。查阅公开和非公开的文献资料是收集目标企业数据的可行办法。对于竞争情报机构及情报人员而言，对目标企业进行分析时,要倡导"公开信息源解决方案"。通过查阅学术文献、年鉴、行业报告等,占有相对丰富的资料,然后去粗取精,获取所需要的信息。

(3) 网络信息搜索。随着社会信息化程度的加深,网络信息源逐渐成为情报人员的主要信息来源之一。通过检索各类商情数据库及目标企业的网页,情报人员可以得到大量有价值的信息。

数据采集完成后,情报分析人员正式进入对所选定定标比超内容的比较与分析阶段。一般来说,这一阶段至少需要进行如下三个方面的评估:

(1) 与目标企业相比,本企业在拟对比方面存在问题的等级;

(2) 改进的机会;

(3) 产生的影响。

第四步,分析比较。

在上述工作的基础上,对拟进行定标比超的产品、服务或管理项目进行分析和比较。比较分析既可以提出战术方面的赶超措施,也需要针对比较重要的项目进行比较分析,提出企业赶超目标企业的竞争策略。

第五步,提出对策。

在对指标体系计分结果进行比较分析的基础上,分析本企业与目标企业之间在关键成功因素方面的差距,提出本企业的发展战略、竞争战略和提高本企业竞争力的具体措施。

3. 定标比超应用实例

【例3—9】某汽车板簧生产企业 X 公司经过多年的发展,已经具备了一定的生产规模。为了解企业发展现状、确定今后发展方向,该企业拟对本公司的竞争力进行一次定标比超分析。

操作流程:

(1) 确定定标比超的内容。本阶段主要采用了德尔菲法,通过专家提名确定影响汽车板簧业竞争力的主要因素。

经过对 X 公司的现状进行分析，并对照我国汽车板簧行业的发展状况进行分析后发现，我国汽车板簧行业的竞争力主要体现在：

● 生产规模。通过对我国汽车板簧生产厂商产量进行分析发现，规模效应在很大程度上影响着这些厂商的竞争力。即规模较大的厂商竞争能力相对较强。

● 柔性生产能力。即针对客户的"小众需求"进行生产的能力。资料分析发现，厂商的工艺设备较齐备，厂内生产流程异质化程度越高，则柔性生产能力越强。

● 成本控制能力。收集到的资料表明，在汽车板簧行业，采购成本占总成本的 60% 以上，所以很强的成本控制能力是企业竞争优势的重要体现。

● 信息化水平。资料分析发现，企业信息化程度的高低与其竞争力密切相关。

● 开拓国际市场的能力。经过对采集的信息进行分析发现，汽车板簧的国内市场已趋于饱和，企业能否开拓国际市场将在未来数年对企业的经济效益产生重要影响。

● 产品开发战略的前瞻性。采集到的信息表明，国外高级大客车和重型卡车普遍采用空气悬架，而我国完全自主知识产权的空气悬架设计开发尚属空白。因此，对于空气悬架的研发将成为影响企业竞争的重要因素。

综上所述，经过对采集到的信息进行初步分析，参照相关行业标准，并咨询专家意见，上述六个方面能够较全面地反映汽车板簧生产企业的竞争力。因此，本次定标比超将对上述内容进行比较分析。

（2）确定标杆企业。

本阶段主要使用了推销人员评估法和主观概率法，请推销人员评估自身与标杆企业的市场份额。分析发现，在我国汽车板簧市场，M 公司的行业排名居第一位，其生产规模、管理水平、研发能力等在全行业都具有明显的优势。X 公司销售人员对市场本公司市场份额的分析表明，M 公司在上述各方面均领先于 X 公司，因此，M 公司值得作为 X 公司的标杆。

(3) 建立定标比超的指标体系并计算权重。

选定上述六方面内容后,情报人员拟定表 3—14,使用厂长(经理)评判意见法,邀请八位熟悉企业管理的专家对六个比较项目的重要程度进行评判。

表 3—14　　　定标比超分析项目重要程度专家评判表

比较项目	该项目的重要程度				
生产规模	1	2	3	4	5
柔性化生产能力	1	2	3	4	5
成本控制能力	1	2	3	4	5
信息化水平	1	2	3	4	5
开拓国际市场的能力	1	2	3	4	5
产品开发战略的前瞻性	1	2	3	4	5

填表说明:请在相应的项目上打"√",其中"1"表示该项目对于本企业的竞争力而言"非常不重要",重要程度随数字增大而加强,"5"表示该项目对本企业竞争力而言"非常重要"。

在定标比超分析的指标体系中,表 3—14 所列出的"比较项目"是一级指标,即表 3—15 第一列。表 3—15 第二列展示了八位专家对所选的六个比较项目评判得分,第三列是八位专家评判得分的总分。为计算一级指标的权重,需要把全部一级指标的得分转换为百分制。转换公式为:

$$T_x = \frac{100}{\sum_{i=n}^{1} Te_x} \times Te_x$$

其中,T_x 表示第 x 个指标百分制转换后的得分,Te_x 表示所有专家对第 x 项指标判断得分总和(即 $Te = \sum_{i=m}^{1} e$,e 为每位专家的评分)。n 表示参与评判的专家人数。

根据以上转换公式,计算得到一级指标"生产规模"百分制转换后的得分为:

$$T_1 = \frac{100}{\sum_{i=n}^{1} Te_1} \times Te_1 = \frac{100}{28 + 24 + 27 + 26 + 33 + 30} \times 28 = 16.7$$

以百分制转换后的得分除以100，则得到该一级指标的权重（表3—15第五列）。

表3—15　　　　　　　　一级指标权重的确定

一级指标（1）	专家评判（2）								总分（3）	百分制转换（4）	权重（5）
	1	2	3	4	5	6	7	8			
生产规模	5	2	4	2	4	2	5	4	28	16.7	0.168
柔性化生产能力	4	3	5	2	1	3	2	4	24	14.4	0.144
成本控制能力	4	3	4	5	4	3	2	2	27	16.2	0.162
信息化水平	4	3	5	5	2	2	2	3	26	15.6	0.156
开拓国际市场能力	3	3	2	5	5	5	5	5	33	19.8	0.198
产品开发战略的前瞻性	3	5	4	3	4	3	4	4	30	18	0.18
合计									168	100.8	1

同理，以前述公式进行计算，得到二级指标的权重（表3—16第六列），将其与一级指标的权重（表3—16第七列）相乘，得到该二级指标的最终权重（表3—16第八列）。

表3—16　　　　　　　　二级指标权重的确定

一级指标（1）	二级指标（2）	专家评判（3）								总分（4）	百分制转换（5）	二级指标权重（6）	一级指标权重（7）	最终权重（8）
		1	2	3	4	5	6	7	8					
生产规模	设计生产能力	3	2	4	2	4	2	2	4	23	30.59	0.3059		0.051391
	实际生产能力	4	3	5	2	5	3	2	4	28	37.24	0.3724	0.168	0.053626
	生产外包情况	4	3	4	2	4	3	2	2	24	31.92	0.3192		0.05171
…	…												…	

到此为止，情报分析人员用以进行定标比超的指标体系得以确立。

（4）收集 X 公司与 M 公司的数据①，并对本企业与标杆企业在各二级指标上进行对比。本阶段，情报人员主要通过所采集到的数据信息，运用上一阶段所形成的评估指标体系，对自身和标杆进行对比。如表 3—17 展示了情报人员对 X 公司和 M 公司在各二级指标上的比较。

需要注意的是，情报人员在此阶段的工作仅仅是收集尽量全面、客观的数据，并不对这些数据做出判断和进行计算。

表 3—17　　　　　　　X 公司与 M 公司竞争要素对比

一级指标	二级指标	M 公司	X 公司
生产规模	设计生产能力	8.5 万吨/年	5 万吨/年
	实际生产能力	7.2 万吨/年	5.8 万吨/年
	生产外包情况	无外包	外包 0.8 万吨/年
柔性化生产能力	总装线数量	3 条	3 条
	热处理线数量	6 条	5 条
	工艺装备台数	498 台	380 台
	产品多样性	三个各具特色的钢板弹簧生产车间	生产线布置缺乏差异化，产品类同程度高
成本控制能力	截面产品定价	6500 元/吨	6500 元/吨
	变截面产品定价	8000 元/吨	9000 元/吨
	物流条件	交通便利，物流成本低	交通闭塞，物流成本高
信息化水平	管理信息系统	施行 ERP 管理	实现了财务、人事、销售等单一的管理信息系统，但缺乏系统集成
	知识共享效率	新产品从设计到交付使用 7—15 天	设计人员之间缺乏交流，新品设计到交付的时间因人而异，具有很大不确定性

---

① 查先进主编：《企业竞争情报》，武汉大学出版社 2012 年版，第 80—81 页。

续表

一级指标	二级指标	M公司	X公司
国际市场开拓能力	外贸收入	1000万元	160万元
	质量标准	通过德国莱茵公司对QS 9000和VDA 6.1汽车行业国际质量认证	通过ISO/TS 16949汽车产品质量认证
	外贸生产线	有专门的外贸生产线	无专门的外贸生产线
产品战略的前瞻性	技术前瞻性	开始研发空气悬架技术,并进入试验阶段	成立专门部门研究悬架技术,积极推进与国外的合资、使用

资料来源:查先进:《企业竞争情报》,武汉大学出版社2012年版,第80—81页。

(5) 评判本企业与标杆企业之间在各竞争要素上的差距并计算最终得分。

在列出了本企业与标杆企业之间在二级指标上的数据对比后,需要再次组织专家[如通过厂长(经理)评判意见法]进行判断。一般情况下,需要从"存在问题的严重程度"、"改进的机会"和"对企业竞争力的影响程度"三个方面进行评估(见表3—18)。

表3—18　　　　　三个测度维度的专家评判

一级指标	比较项目			存在问题的严重程度	改进的机会	对本公司竞争力的影响程度
	二级指标	M公司	X公司			
生产规模	设计生产能力	8.5万吨/年	5万吨/年	1 2 3 4 5	0 1 2	1 2 3 4 5
	实际生产能力	7.2万吨/年	5.8万吨/年	1 2 3 4 5	0 1 2	1 2 3 4 5
	生产外包情况	无外包	外包0.8万吨/年	1 2 3 4 5	0 1 2	1 2 3 4 5

续表

比较项目				存在问题的严重程度	改进的机会	对本公司竞争力的影响程度
一级指标	二级指标	M公司	X公司			
柔性化生产能力	总装线数量	3条	3条	1 2 3 4 5	0 1 2	1 2 3 4 5
	……	…	…	1 2 3 4 5	0 1 2	1 2 3 4 5
…	…	…	…	1 2 3 4 5	0 1 2	1 2 3 4 5

填表说明：

1. "存在问题的严重程度"指填表的专家或情报人员对二级指标中所列项目在本企业中现状的评价，"1"表示该问题不严重，严重程序随数据增大而增加，"5"表示该问题非常严重。

2. "改进的机会"指填表的专家或情报人员对二级指标所列项目改进机会的判断，"0"表示该问题已没有改进的机会，"1"表示"有一些"改正机会，"2"表示"有许多"改正机会。

3. "对本公司竞争力的影响程度"指填表专家或情报人员对二级指标中所列项目对本企业竞争力影响强弱程度的判断，"1"表示该问题对竞争力影响大，影响程度随数据增大而增加，"5"表示该问题对本企业竞争力影响非常大。

在使用表3—18进行具体评估的过程中，仍使用表3—16所示的方法，计算出两个企业在各二级指标上的最终得分（见表3—19，限于篇幅，在此仅计算了前两个一级指标和前6个二级指标）。计算的具体过程是：

首先，根据专家判断，分别计算出每个二级指标在三个测度维度（存在问题的严重程度、改进的机会和对本公司竞争力的影响程度）上的得分均值（即表3—19中的"专家判断得分"列）。

其次，以每个维度上各二级指标在三个维度上的得分分别乘以其最终权重（表3—16第八列），得到每个二级指标的最终得分。计算公式为：

$$T_s = J_s \times W_2$$
$$T_o = J_o \times W_2$$
$$T_e = J_e \times W_2$$

其中，T_s 表示本项目在本公司严重程度的最终得分，T_o 表示本项目改进机会的最终得分，T_e 表示本项目对本公司竞争力影响程度的最终得分。J_s、J_o 和 J_e 分别表示专家在"问题存在的严重程度"、"改进的机会"和"对本公司竞争力的影响程度"三个维度上的判断得分的均值。W_2 表示二级指标的权重。例如：

$$T_{s1} = J_{s1} \times W_2 = 4.8 \times 0.0514 = 0.2467$$

最后，对整体评价体系中的全部二级指标得分进行汇总、排序。

表 3—19　　　　　　　两个公司定标比超的最终得分

比较项目				专家判断得分			二级指标权重	最终得分		
一级指标	二级指标	M 公司	X 公司	严重程度	改进机会	影响程度		严重程度	改进机会	影响程度
生产规模	设计生产能力	8.5万吨/年	5万吨/年	4.8	0.6	3.9	0.0514	0.2467	0.0308	0.2004
	实际生产能力	7.2万吨/年	5.8万吨/年	3.6	3.5	4.9	0.0536	0.1931	0.1877	0.2628
	生产外包情况	无外包	外包0.8万吨/年	1.2	4.2	2	0.0517	0.0621	0.2172	0.1034
柔性化生产能力	总装线数量	3条	3条	3	2	3	0.0689	0.2067	0.1378	0.2067
	热处理线数量	6条	5条	4.9	3	4.56	0.0512	0.2509	0.1536	0.2335
	工艺装备台数	498台	380台	4.9	4.9	4.76	0.0492	0.2411	0.2411	0.2342
…	…	…	…	…	…	…	…	…	…	…

(6) 根据测量结果，得出定标比超的相关结论与建议。

根据对最终结果的排序，分别从各二级指标的三个维度（存在问题的严重程度、改进的机会和对本公司竞争力的影响程度）得分最不乐观的项目（如存在问题严重程度最高，或改进机会最小，或对本公司竞争力影响最大）开始分析，得出相应结论。

例如，通过分析表3—19发现，在前六个二级指标中，"热处理线数量"在"存在问题的严重程度"维度上得分最高，这表明，就表3—19所涉及的6个指标而言，与标杆企业（M公司）相比，热处理线的不足是X公司存在的最重要的问题（得分0.2509），这一问题存在着一定的改正机会（在六项指标中居第四位）；X公司存在最大改正机会的项目是通过装备更多的工艺装备（得分0.2411），提高自身生产能力；在这六项指标中，对于X公司竞争力影响程度最大的问题在于实际生产能力的不足（得分0.2628）。

上文展示了各二级指标最终得分的计算与分析过程。如果需要，情报人员也可以首先计算出各一级指标的最终得分，然后就一级指标进行排序、分析，得出概括性的结论。之后，计算出二级指标的最终得分，进行排序、分析后得出具体的结论。

总之，通过综合使用德尔菲法、厂长（经理）评判意见法等多种一般的定性分析方法，情报分析人员可以建立起有效的评价指标体系，对本企业和标杆企业进行全面的评估。基于评估与比较的结果，情报人员方可条分缕析，得出有针对性的结论来。由于这个分析过程的每个环节都建立在科学论证的基础上，而且对各关键因素的判断都是基于专家判断而做出的，因此，结论的可靠程度很高，也比较令人信服。

第四章

定量分析Ⅰ：数据的
描述与比较方法

在具体的工商竞争情报分析工作中，情报人员常常需要应用一定的数学模型对数值型数据（如利润、销售额、产量等）做出分析，这就是本书所称的"定量分析"。本章旨在根据分析的方式和目标，从数据的比较、分类和预测三个方面，对数值型数据在竞争情报分析实践中的应用予以介绍。本章将使用相关统计工具，介绍数值型数据的描述与比较方法。在本书关于定量分析各种方法的介绍中，所提到的"数据"通常是指"数值型数据"，这些数据大体相当于统计意义上的"定距、定比尺度"数据，即可以进行相关数学运算的数据。

考虑到企业竞争情报分析的实际需要，本书选用了SAS统计软件对定量分析的例子进行计算。之所以选用SAS软件，是因为这一软件灵活的数据处理方式及其在工商数据分析中良好的声誉和广泛的应用。考虑到SPSS在数据分析中普及程度也很高，因此，在部分例题中，本书同时演示了SPSS的操作流程和结果。

第一节 数据的描述性分析

当情报人员获得关于竞争环境和竞争对手的大量数据时，为了快速认识这些数据的概貌，首先需要对其进行描述性统计分析。一般情况下，数据的描述性统计分析是从数据的集中趋势和离散程度两个方面展开的。

一　集中趋势

集中趋势（Central Tendency）反映的是一组数据向某一中心值靠拢的倾向和程度。对集中趋势进行描述就是寻找数据一般水平的中心值或代表值。根据取得这个中心值的方法不同，把测度集中趋势的指标分为两类。

1. 数值平均数

数值平均数是统计总体内各个个体某一数量标志的具体表现在一定时间、地点、条件下所达到的一般水平，是反映现象总体综合数量特征的重要指标，又称平均指标。就具体计算方式而言，平均指标有算术平均数和几何平均数。

算术平均数（Arithmetic Mean）是总体中各个个体的某个数量标志的总和与个体总数的比值，一般用 $\bar{x}$ 表示。算术平均数是集中趋势中最主要的测度值。它的基本公式如下：

$$算术平均数 = \frac{某数量标志的总和}{对应的个体总数}$$

算术平均数可分为简单算术平均数和加权平均数。设一组数据为 $x_1, x_2, x_3, \cdots, x_n$，则其简单算术平均数的计算公式为：

$$\bar{x} = \frac{x_1 + x_2 + \cdots + x_n}{n}$$

设上述数据中，各组数值出现的次数分别为 $f_1, f_2, f_3, \cdots, f_n$，则其加权平均数的计算公式为：

$$\bar{x} = \frac{x_1 f_1 + x_2 f_2 + \cdots + x_n f_n}{f_1 + f_2 + \cdots + f_n} = \frac{\sum_{i=1}^{n} x_i f_i}{\sum_{i=1}^{n} f_i}$$

【例4—1】A 公司情报人员收集到了竞争对手 B 公司最近几个月的销售额（其中缺失值1个），计算其算术平均数。

177　215　197　97　123　159　L　194　227　141　169　124　159

SAS 过程：

（1）程序及说明。

序号	程序
1	DATA Example 4—1;
2	INPUT y@@;
3	CARDS;
4	177　215　197　97　123　159　L　194　227　141　169　124　159
5	;
6	RUN;
7	PROC　SUMMARY;
8	VAR　y;
9	OUTPUT　OUT=stat　MEAN=ymean;
10	PROC　PRINT　DATA=stat;
11	title '销售额均值';
12	RUN;

说明：

序号 1：指明数据集的名称；

序号 2：按遇空格自动换行的方式导入数据；

序号 3：读入数据；

序号 4：原始数据；

序号 7：使用 summery 函数进行统计分析；

序号 8：指名变量为 y；

序号 9：将数据输出为数据集 stat，使用函数 mean 计算均值；

序号 10：将输出结果标题定义为"销售额均值"。

（2）结果（见图 4—1）。

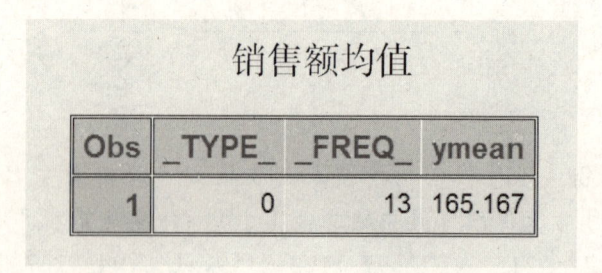

销售额均值

Obs	_TYPE_	_FREQ_	ymean
1	0	13	165.167

图 4—1　SAS 输出的"销售额均值"

（3）结论。

B 公司最近几个月平均销售额为 165.167 件。

SPSS 过程：

（1）步骤：Analyze—Descriptive Statistics—Frequencies—Statistics—Mean

（2）结果（见图 4—2）。

统计量

B 公司销售额

N	有效	13
	缺失	1
均值		165.167

图 4—2　SPSS 输出的"销售额均值"

（3）结论。

B 公司最近几个月平均销售额为 165.167 件。

2. 位置平均数

中位数（Median）是一组数据按大小顺序排列后，处于中间位置的那个数值，记作 M_e。其定义表明，中位数就是将某组数据均等地分为两半的那个值。其中，一半数值小于中位数，一半数值大于中位数。中位数是一个位置代表值，因此，它不受极端值的影响。

中位数是将统计分布从中间分成相等的两部分，与中位数性质相似的还有四分位数（Quartiles）、十分位数（Dectile）和百分位数（Percentile）。

三个数值可以将变量数列划分为项数相等的四部分，这三个数值就定义为四分位数，分别为第一四分位数（Q_1）、第二四分位数（Q_2）和第三四分位数（Q_3）。三个四分位数分别是，Q_1 在 $\frac{n+1}{4}$，Q_2 在 $\frac{2(n+1)}{4} = \frac{n+1}{2}$，$Q_3$ 在 $\frac{3(n+1)}{4}$。可见，Q_2 就是中位数。

同理，十分位数和百分位数分别是将变量数列十等分和一百等分的数。

众数是一组数值中出现次数最多的那个变量值，通常用 M_0 表示。众数具有普遍性的特征，在竞争情报分析实践中，常利用众数来近似地反映社会经济现象的一般水平。例如，以顾客的人均消费数的众数说明顾客的最普遍消费水平。

【例 4—2】数据同例 4—1（剔除了缺失值），要求计算 B 公司销售量的中位数和众数。

SAS 过程：

（1）程序及说明。

序号	程序
1	DATA Example 4—2;
2	INPUT y @ @ ;
3	CARDS;
4	177　215　197　97　123　159　194　227　141　169　124　159
5	;
6	RUN;
7	PROC MEANS DATA = ch708 N MEAN MEDIAN MODE;
8	TITLE ´Summary of Sales´;
9	RUN;

说明：

序号 1—6：同例 4—1；

序号 7：使用 means 函数进行统计分析，统计量包括样本数、均值、中位数、众数；

序号 8：将输出结果标题定义为"Summary of Sales"。

(2) 结果（见图4—3）。

Summary of Sales

The MEANS Procedure

	Analysis Variable : y		
N	Mean	Median	Mode
12	165.1666667	164.0000000	159.0000000

图4—3　SAS 输出的中位数和众数

(3) 结论。

B公司最近几个月平均销售额中位数为164件，众数为159件。

SPSS 过程：

(1) 步骤：Analyze—Descriptive Statistics—Frequencies—Statistics—Median, mode

(2) 结果（见图4—4）。

B公司销售额		
N	有效	12
	缺失	0
中值		165.167
众数		159.00

图4—4　SPSS 输出的中位数和众数

3. 众数、中位数和算术平均数的关系

大部分数据都属于单峰分布，其众数、中位数和算术平均数之间具有以下关系：

如果数据是对称的，则 $M_0 = M_e = \bar{x}$

如果数据是左偏分布，说明数据中偏小的数较多，这就必然拉动算术平均数向小的一方靠拢，而众数和中位数由于是位置代表值，不受极值的影响，因此，三者之间的关系表现为 $M_0 > M_e > \bar{x}$，又称负偏。如果数据是右偏分布，说明数据中偏大的数较多，必然拉动算术平均数向大的一方靠拢，则 $M_0 < M_e < \bar{x}$，又称正偏。具体如图 4—5 所示。

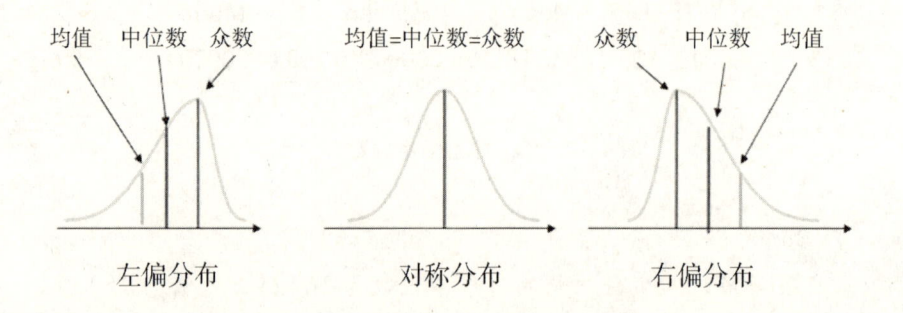

图 4—5　众数、中位数和算术平均数的关系

二　离散程度

集中趋势是一个说明同质总体各个体变量值的代表值，其代表性如何，决定于被平均变量值之间的变异程度。在竞争情报分析中，把反映现象总体中各个体的变量值之间差异程度的指标称为离散程度。反映离散程度的指标有绝对数和相对数两类。

1. 离散程度的绝对指标

（1）极差和四分位差。

极差（Range）又称全距，是一组数据的最大值和最小值的差。即：

$$R = \max(x_i) - \min(x_i)$$

式中，R 为极差，$\max(x_i)$ 和 $\min(x_i)$ 分别是一组数据的最大值和最小值。

对于组距分组数据，极差也可近似表示为：

$$R \approx 最高组的上限值 - 最低组的下限值$$

极差是描述数据离散程度最简单的测度值，它计算简单，易于理解。但它只是说明两个极端变量值的差异范围，因而不能反映各单位变量值的变异程度，易受极端值的影响。

极差在工商竞争情报分析中有着重要的应用价值。这是因为，在企业的质量控制中，极差又称为"公差"，是对产品质量制定的一个容许变化的界限。

在 SAS 中计算极差的函数是 RANGE（of x_1—x_n）或 STSERR（x_1, x_2, …, x_n）。

四分位差（Quartile Deviation）是指第三、第四分位数与第一、第四分位数之差，也称内距或四分位距，用 Q_r 表示。四分位差的计算公式为：

$$Q_r = Q_2 - Q_1$$

四分位差反映了中间 50% 数据的离散程度。其数值越小，说明中间的数据越集中；数值越大，说明中间的数据越分散。四分位差不受极端值影响，因此，在某种程度上弥补了极差的这一缺陷。

（2）平均差。

平均差（Mean Deviation），也称平均离差，是各变量值与其平均数离差绝对值的平均数，通常用 M_D 表示。由于各变量值与其平均数离差之和等于零，所以，在计算平均数时，是取绝对值形式的。平均差的计算根据掌握数据资料不同而采用两种不同形式。

一是简单式。

对未经分组的数据资料，采用简单式，计算公式如下：

$$M_D = \frac{\sum_{i=1}^{n} |x - \overline{x}|}{n}$$

二是加权式。

根据分组整理的数据计算平均差，就采用加权式，计算公式如下：

$$M_D = \frac{\sum_{i=1}^{n} |x - \overline{x}|}{\sum_{i=1}^{i} f_i}$$

在可比的情况下，一般平均差的数值越大，则其平均数的代表性越小，说明该组变量值分布越分散；反之，平均差的数值越小，则其平均数的代表性越大，说明该组变量值分布越集中。平均差由于采用绝对值的离差形式加以数学假设，在应用上有较大的局限性。

（3）标准差与方差。

标准差（Standard Deviation）又称均方差，它是各单位变量值与其平均数离差平方的平均数的方根，通常用 σ 表示。它是测度数据离散程度的最主要方法。标准差是具有量纲的，它与变量值的计量单位相同。

标准差的本质是求各变量值与其平均数的距离和，即先求出各变量值与其平均数离差的平方，再求其平均数，最后对其开方。之所以称为标准差，是因为在正态分布条件下，它和平均数有着明确的数量关系，是真正度量集中趋势的标准。

根据掌握的数据资料不同，有简单式和加权式两种。

一是简单式。

对未经分组的数据资料，采用简单式，计算公式如下：

$$\sigma = \sqrt{\frac{\sum_{i=1}^{n}(x-\bar{x})^2}{n}}$$

二是加权式。

计算公式如下：

$$\sigma = \sqrt{\frac{\sum_{i=1}^{n}(x-\bar{x})^2 f_i}{\sum_{i=1}^{i} f_i}}$$

标准差是根据全部数据计算的，它反映了每个数据与其平均数相比平均相差的数值，因此，它能准确地反映出数据的离散程度。与平均差相比，标准差消去离差的正负号，更便于数学上的处理。因此，标准差是实际应用最广泛的离散程度测度值。

方差（Variance）是各变量值与其算术平均数离差平方和的平均数，即是标准差的平方，用 σ^2（总体方差）或 s^2（样本方差）表示。

【例 4—3】数据同例 4—1（剔除了 1 个缺失值），计算其方差和标准差。

SAS 过程：

（1）程序及说明。

序号　程序

序号	程序
1	DATA;
2	X = VAR（177, 215, 197, 97, 123, 159, 194, 227, 141, 169, 124, 159）;
3	Y = STD（177, 215, 197, 97, 123, 159, 194, 227, 141, 169, 124, 159）;
4	Z = STDERR（177, 215, 197, 97, 123, 159, 194, 227, 141, 169, 124, 159）;
5	RUN;
6	PROC PRINT;
7	TITLE ´VARIANCE, STANDARD DEVIATION AND STANDARD ERROR´;
8	RUN;

说明：

序号 2：使用 VAR 函数计算方差，变量名为 X；

序号 3：使用 STD 函数计算标准差，变量名为 Y；

序号 4：使用 STDERR 函数计算标准误，变量名为 Z。

序号 7：将输出结果标题定义为 "VARIANCE, STANDARD DEVIATION AND STANDARD ERROR"。

（2）结果（见图 4—6）。

VARIANCE, STANDARD DEVIATION AND STANDARD ERROR

Obs	X	Y	Z
1	3153.24	56.1537	16.2102

图 4—6　SAS 输出的方差与标准差

SPSS 过程：

（1）步骤：Analyze—Descriptive Statistics—Frequencies—Statistics—Std. deviation, Variance

（2）结果（与 SAS 的计算结果略有出入）（见图 4—7）：

统计量

B公司的销售额

N	有效	12
	缺失	0
均值的标准误		16.21019
标准差		56.15374
方差		3153.242

图 4—7 SPSS 输出的方差与标准差

2. 离散程度的相对指标

上文所介绍的极差、平均差和标准差都是反映数据离散程度的绝对值，其数据的大小取决于原变量本身水平高低的影响。也就是与变量的平均数大小有关系：变量值绝对水平高的，离散程度的测度值自然也就大；绝对水平低的，离散程度的测度值自然也就小。

对于平均数不等或计量单位不同组别的变量值，不能直接用离散程度的绝对指标比较其离散程度。为了消除变量平均数不等和计量单位不同对离散程度测度值的影响，需要计算离散程度的相对指标，即离散系数，其一般公式如下：

$$离散系数 = \frac{离散程度的绝对指标}{对应的平均指标}$$

离散系数（Coefficient of Variation）通常是就标准差来计算的，因此，也称标准差系数。它是一组数据的标准差与其对应的平均数之比，是测度数据离散程度的相对指标，其计算公式如下：

$$V_\sigma = \frac{\sigma}{\bar{x}} \times 100\%$$

SAS 中计算离散系数的函数是 CV （of x_1-x_n） 或 STSERR （x_1, x_2, $\cdots$, x_n）。

第二节 数据差异的比较

方差分析（Analysis of Variances, ANOVA）是一种应用于数据差异检验的有效方法。这一方法在工商竞争情报分析中的主要用途是同时分析和检验不同类别在多个间距测度等级变量上是否存在显著差异。这种方法由 S. S. 威尔克（S. S. Wilk）在 1932 年创建，后来又得到了逐步发展和完善。

一 方差分析简介

1. 从 t 检验到一元方差分析

当竞争情报分析中需要比较来自两个子总体样本平均值是否有显著差异时，情报人员一般需要使用 t 检验方法。例如，在比较主要竞争对手与本企业上一年度的销售量的大小时，无差异假设为：

$$H_0 = \bar{y}_1 = \bar{y}_2$$

即两个子总体各自的平均值之间无差异。于是，情报人员可以用从两个子总体的随机样本中计算的平均值作为对两个子总体的估计，然后在考虑抽样误差的条件下进行比较，以决定接受或拒绝无差异假设。

应用 t 检验需要进行两两比较，因此在竞争情报分析实践中，如果同时有多个子总体，t 检验的方法就比较烦琐。在这种情况下，情报分析人员常常选用综合性更强的方差分析方法。方差分析将提出问题的方式进行了改进，其统计假设为，这些子总体的平均值中是否至少有一个与其他子总体的平均值存在显著差异，表示为无差异假设，即：

$$H_0 = \bar{y}_1 = \bar{y}_2 = \cdots = \bar{y}_g$$

公式中，下标 g 表示组数。

方差分析的基本思路为：将来自各子总体抽样样本汇合在一起，先假设它们来自一个总体（假设无差异），然后将这个汇合样本的总变动（用离差平方和来表示）分解为两个部分。一部分来自组内变动，代表着本组内（即某个子总体内，在多因素分析时则是按多种因素进行划分的交互分组内）各案例值相对于组平均值的分布离散程度。另一部分是组间变动，代表着各组平均值相对于总平均值的分布离散程度。实际上，组内变动代表了在汇合总体的各总变动中不能用分组因素进行解释的部分，组间变动代表了同一总变动中可能用分组因素加以解释的部分。将这两个变动部分除以它们所对应的自由度，即得到均方差。组间变动均方差除以组内变动均方差以后的统计量分布服从 F 分布，于是，分析人员可以根据统计值对应的显著性水平决定接受或拒绝当初的无差异假设。

2. 从一元方差分析到多元方差分析

多元方差分析是对方差分析方法的进一步扩展。无论是单因素方差分析，还是多因素方差分析，它们的共同点是只涉及一个因变量。它们的自变量的多少，反映了其分组的复杂程度，最终，方差分析是通过一个指标上的观测值来反映其所产生的差异和变化。从这个意义上说，方差分析和以多元回归形式进行的方差分析是完全等价的。它们数学形式的一般模型（指略去了权数的模型）为：

$$y = x_1 + x_2 + \cdots + x_k$$

其中，y 是因变量，而且必须是间距测度等级及以上的变量；x 是表示分组（或称为分类）的名义变量（在方差分析中又称为因素，即 factor）；k 是分组变量的序号。当模型中除了分类变量以外，还有其他间距等级的自变量（在方差分析中又称为协变量，即 covariate）时，这一模型被称为协方差分析（Analysis of Covariate，ANCOVA），其功能是将间距变量作为控制变量进行方差分析。

然而，当因变量不再是一个而是多个时，方差分析就不能用多元回归的形式来完成了。这种有多个因变量的方差分析被称为多元方差分析（Multivariate Analysis of Variance，MANOVA），它的一般模型如下：

$$y_1 + y_2 + \cdots + y_i = x_1 + x_2 + \cdots + x_k$$

其中，自变量 x 的定义同方差分析模型一样，也是分组变量，k 为分组变量数；而因变量 y 有多个，并且必须都是间距测试等级的变量，不能是虚拟变量。在上述模型中，因变量按序号排列，下标 i 表示最后一个因变量，因此，i 同时表示因变量的数目，i 也可以理解为指标（index）。

与多元回归（在此表示一元方差分析）的一般模型相比，多元方差分析的一般模型中的"元"具有不同的含义。多元回归的"元"指的是自变量的数目，而多元方差分析的"元"则指因变量的数目。

多元方差分析所要解决的问题与一般的方差分析一样，其用途仍然是检验不同分组是否存在显著差异。所不同的是，它的检验是建立在同时考察多个因变量的观测值上，而不是仅仅考察一个因变量。

因此，多元方差分析的统计假设需要用向量形式来表达，其无差异假设为：

$$H_0 = \begin{bmatrix} \bar{Y}_{11} \\ \bar{Y}_{21} \\ \vdots \\ \bar{Y}_{i1} \end{bmatrix} = \begin{bmatrix} \bar{Y}_{12} \\ \bar{Y}_{22} \\ \vdots \\ \bar{Y}_{i2} \end{bmatrix} = \begin{bmatrix} \bar{Y}_{13} \\ \bar{Y}_{23} \\ \vdots \\ \bar{Y}_{i3} \end{bmatrix} = \cdots = \begin{bmatrix} \bar{Y}_{1g} \\ \bar{Y}_{2g} \\ \vdots \\ \bar{Y}_{ig} \end{bmatrix}$$

式中，下标 g 代表分组数，i 代表因变量数。$\bar{Y}_{ig}$ 代表第 g 组在第 i 个指标上观测值的平均值。换言之，上述假设的含义是，总体按各个因素进行分组后，各分组在每一个因变量上的平均值均无差异。

由于多元方差分析存在多个因变量，因此对于因变量之间的关系有着一定的要求。首先，因变量之间需要存在一定程度的相关。这种相关包含着两层含义：一是因变量之间应该为线性关系，如果是非线性关系，则多元方差分析会失去发现和检验分组之间多元差异的能力。如果已知某些因变量之间存在着非线性关系，可以先对因变量进行改造，使其非线性关系线性化，然后再用改造得到的变量进行多元方差分析。二是因变量之间有一定强度的相关，否则不足以发现和检验分组之间的多元差异。其次，多元方差分析在样本规模上也有一定的要求。不仅总规模需要较大数量，而且在各分组中也要有一定数量的案例，否则不容易取得显著结果。另外，分组的样本模型不宜差别太大，尤其是注意避免出现空单元（即分组无案例）的情况。

限于篇幅，在本书中将主要介绍一元方差分析。与多元方差分析的相关内容，请读者进一步阅读相关资料（如 Bray and Maxwell, *Multivariate Analysis of Variance*, Sage Publications, 1985）。下文中未经指明情况下的"方差分析"均指一元方差分析。

二 方差分析的基本原理

如前所述，方差分析的目的，是通过数据分析找出对一个复杂事物有显著影响的因素，探查各因素之间的交互作用及显著影响因素的最佳水平等。方差分析是在可比较的数据中，把数据间的总的"变差"按各指定的变差来源进行分解的一种技术。对变差的度量，采用离差平方和。方差分析的基本思路是，从总离差平方和分解出可追溯到指定来源的部分离差平方和。

1. 自由度与平方和分解

方差是平方和除以自由度的商。要将一个竞争情报案例的总变异分解为各个变异来源的相应变异，首先需要将总平方和与总自由度分解为各个变异来源的相应部分。因此，平方和与自由度的分解是方差分析的第一步骤。

假设有 k 个处理，每个处理有 n 个观察值，则该竞争情报分析课题共有 nk 个观察值，其观察值组成参见表4—1。表4—1中，i 代表该课题数据集中的任一样本；j 代表样本中任一观测值；x_{ij} 代表任一样本的观测值；T_i 代表处理总和；$\bar{x}_i$ 代表处理平均数；T 代表全部观测值总和；$\bar{x}$ 代表总平均数。

表4—1　　　　　　有 n 个观测值的 k 组数据的符号表

处理	观察值						处理总和 T_t	处理平均数 $\bar{x}_t$
	1	2	⋯	j	⋯	n		
1	x_{11}	x_{12}	⋯	x_{1j}	⋯	x_{1n}	T_{t1}	$\bar{x}_{t1}$
2	x_{21}	x_{22}	⋯	x_{2j}	⋯	x_{2n}	T_{t2}	$\bar{x}_{t2}$
⋯	⋯	⋯	⋯	⋯	⋯	⋯	⋯	⋯
i	x_{i1}	x_{i2}	⋯	x_{ij}	⋯	x_{in}	T_{ti}	$\bar{x}_{ti}$
⋯	⋯	⋯	⋯	⋯	⋯	⋯	⋯	⋯
k	x_{k1}	x_{k2}	⋯	x_{kj}	⋯	x_{kn}	T_{tk}	$\bar{x}_{tk}$
							$T=\sum x$	$\bar{x}$

表4—1中，总变异是 nk 个观测值的变异，故其自由度为 $v=nk-1$，而其平方和 SS_T 则为：

$$SS_T = \sum_i^{nk} (x_{ij} - \bar{x})^2 = \sum x^2 - C$$

式中的 C 称为矫正数，计算方法为：

$$C = \frac{(\sum x)^2}{nk} = \frac{T^2}{nk}$$

产生总变异的原因可从两方面来分析：一是同一处理重复观测值的差异是由偶然因素影响造成的，即组内变异；二是不同处理之间平均数的差异主要是由处理的不同效应造成的，即组间差异。因此，总变异可分解为组间变异和组内变异两部分。

组间的差异即 k 个 $\bar{x}$ 的变异，其自由度为 $v=k-1$，而其平方和 SS_t 为：

$$SS_t = n\sum_1^k (\bar{x}_{ij} - \bar{x})^2 = \frac{\sum T_t^2}{n} - C$$

组内的变异即 k 个 $\bar{x}$ 的变异，因此，每组具有自由度 $v=n-1$ 和平方和 $\sum_1^n (x_{ij} - \bar{x})^2$，而数据共有 k 组，故组内自由度为 $v=k(n-1)$，而组内平方和 SS_e 为：

$$SS_e = \sum_1^k \sum_1^n (x_{ij} - \bar{x}_t)^2 = SS_T - SS_t$$

因此,得到平方和与自由度的分解式为,总平方和=组间平方和+组内平方和,即:

$$\sum_1^k \sum_1^k (x_{ij} - \bar{x})^2 = n \sum_{i=1}^k (\bar{x}_t - \bar{x})^2 + \sum_1^k \sum_1^n (x_{ij} - \bar{x}_t)^2$$

记作:

$$SS_T = SS_t + SS_e$$

由于总自由度=组间自由度+组内自由度,即:

$$nk-1 = (k-1) + k(n-1)$$

记作:

$$DF_T = DF_t + DF_e$$

将以上公式归纳如下:

总平方和: $SS_T = \sum x^2 - C$;总自由度: $DF_T = nk - 1$。

组间平方和: $SS_t = \dfrac{\sum T_t^2}{n} - C$;组间自由度: $DF_t = k - 1$。

组内平方和: $SS_e = SS_T - SS_t$;组内自由度: $DF_e = k(n-1)$。

求得各变异来源的平方和与自由度后,进而求得:

总方差: $S_T^2 = \dfrac{SS_T^2}{DF_T}$

组间方差: $S_t^2 = \dfrac{SS_t^2}{DF_t}$

组内方差: $S_e^2 = \dfrac{SS_e^2}{DF_e}$

2. F 检验

(1) F 分布。

设想在一正态总体 $N(\mu, \sigma^2)$ 中随机抽取样本容量为 n 的样本 k 个,将各样本观测值整理成表4—1的形式。此时,各组之间没有真实差异,各组也只是随机分的组。因此,由上述公式计算出的 S_t^2 和 S_e^2 都是误差方差 σ^2 的估计量。以 S_e^2 为分母, S_t^2 为分子,计算

其比值,从而形成 F 值。即:

$$F = \frac{S_t^2}{S_e^2}$$

F 具有两个自由度:$v_1 = DF_t = k - 1$,$v_2 = DF_e = k(n-1)$。F 值所具有的概率分布称为 F 分布。

F 分布的取值范围是 $(0, +\infty)$,其平均值 $\mu_F = 1$。用 $f(F)$ 表示 F 分布的概率密度函数,则其分布函数 $F(F_\alpha)$ 为:

$$F(F_\alpha) = P(F < F_\alpha) = \int_0^{F_\alpha} f(F) dF$$

因而,F 分布右尾从 $F_\alpha \backsim +\infty$ 的概率为 $P(F \geqslant F_\alpha) = 1 - F(F_\alpha) = \int_0^{+\infty} f(F) dF$。

(2) F 检验。

F 值表是专门为检验 S_t^2 代表的总体方差是否比 S_e^2 代表的总体方差大而设计的。若实际计算的 F 值大于 $F_{0.05}$,则 F 值在 $\alpha = 0.05$ 水平上显著,以 95% 的可靠性推断 S_t^2 代表的总体方差大于 S_e^2 代表的总体方差。这种用 F 值出现概率的大小推断两个总体方差是否相等的方法称为 F 检验。

在竞争情报分析实践中,实际进行 F 检验时,是根据所采集的数据计算得到的 F 值与根据 $v_1 = DF_t$(大均方,即分子均方的自由度)、$v_2 = DF_e$(小均方,即分母均方的自由度)查 F 值表所得到的临界 F 值与 $F_{0.05}$、$F_{0.01}$ 相比较做出统计推理的。具体如表 4—2:

表 4—2　　　　　　　　　　**F 检验的统计决断**

F 值与临界值的比较	统计决断
若 $F < F_{0.05}$,即 $P > 0.05$	不能否定 H_0,各组数据差异不显著
若 $F_{0.05} \leqslant F < F_{0.01}$,即 $0.01 < P \leqslant 0.05$	否定 H_0,接受 H_A,各组数据在 0.05 水平上存在显著的差异
若 $F \geqslant F_{0.01}$,即 $P \leqslant 0.01$	否定 H_0,接受 H_A,各组数据在 0.01 水平上存在极其显著的差异

三 单因素方差分析

在竞争情报分析中,根据所分析课题中拟比较的数据组别的多少,可分为单因素、两因素和多因素数据的方差分析。单因素方差分析(One Way ANOVA)的目的在于正确判断某个因变量在不同水平下各水平的优劣。

1. 单因素方差分析的步骤

标准的单因素方差分析模型如下:

$$x_{ij} = \mu + \alpha_i + \varepsilon_{ij}$$

式中,x_{ij} 为第 i 组的第 j 个观测值;μ 为总体的平均水平;α_i 为影响因素在 i 水平下对应变量的附加效应,所有 α_i 之和应当为 0;ε_{ij} 为一个服从正态分布 $N(0, \sigma^2)$ 的随机变量,代表随机误差。一般情况下,做假设检验实际上就是检验各个 α_i 是否均为 0,如都为 0,即各组总体均值都相等,则 x_{ij} 称为服从正态分布 $N(0, \sigma^2)$ 的一个变量。

为便于理解,可以简化模型,即:

$$x_{ij} = \mu_i + \varepsilon_{ij}$$

此时,检验的含义变成了各组均值 μ 是否相同,因此,原假设设定为 $H_0: \mu_1 = \mu_2 = \cdots = \mu_r$ 不全等。

(1) 水平的均值。

令 $\overline{x_i}$ 为第 i 种水平的样本均值,则:

$$\overline{x_i} = \frac{\sum_{j=1}^{n_i} x_{ij}}{n_i}$$

当各水平的观察值个数均相等的时候,公式变成:

$$\overline{x_i} = \frac{\sum_{j=1}^{k} x_{ij}}{k}$$

(2) 全部观察值的总均值。

令 $\overline{x}$ 为全部观察值的总均值,则:

$$\bar{x} = \frac{\sum_{i=1}^{r} \sum_{j=1}^{n_i} x_{ij}}{rn_i}$$

当各水平的观察值个数均相等的时候,公式变为:

$$\bar{x} = \frac{\sum_{i=1}^{r} \sum_{j=1}^{n_i} x_{ij}}{rk} = \frac{\sum_{i=1}^{r} \bar{x}_i}{r}$$

(3) 离差平方和。

在单因素方差分析中,离差平方和有三个:

总离差平方和(Sum of Squares for Total, SST),计算公式为:

$$SST = \sum_{i=1}^{r} \sum_{j=1}^{n_i} (x_{ij} - \bar{x})^2$$

总离差平方和反映全部观测值的离散情况,是全部观测值与总平均值的离差平方和。

误差项平方和(Sum of Squares for Error, SSE),计算公式为:

$$SSE = \sum_{i=1}^{r} \sum_{j=1}^{n_i} (x_{ij} - \bar{x}_i)^2$$

误差项离差平方和又称为组内离差平方和,它反映了水平内部观测值的离散情况,即随机因素产生的影响。

水平项离差平方和(Sum of Square for Factor A, SSA),计算公式为:

$$SSA = \sum_{i=1}^{r} n_i (\bar{x}_i - \bar{x})^2$$

水平项离差平方和又称组间离差平方和,是各组平均与总平均值的离差平方和。它既包括随机误差,也包括系统误差。

由各样本的独立性,使得变差具有可分解性,即总离差平方和等误差项平方和加上水平项离差平方和,用公式表达为:

$$SST = SSE + SSA$$

各离差平方和的大小与观测值的多少有关。为了消除观测值多少对离差平方和大小的影响，需要将其平均，这就是均方。计算方法是用离差平方和除以相应的自由度 df。

构造检验统计量 F：

$$F = \frac{\text{组间方差}}{\text{组内方差}} = \frac{MSA}{MSE}$$

2. 判断与结论

参见表4—2。

【例4—4】A公司在对全行业的营销模式进行分析后发现，在本行业内部，存在着六种营销模式。为确定这些营销模式之间的异同，A公司情报人员需要对五家公司在六种营销模式下的销售额进行比较，以确认这些营销方式有无显著差异。具体数据如表4—3所示。

表4—3　　　　　　　　不同营销模式的效果比较

营销模式	被观测公司销售额					T_t	$\overline{x_t}$
	1	2	3	4	5		
TW_1	22.9	22.3	22.2	22.5	22.7	112.6	22.48
TW_2	24	23.8	23.8	23.6	23.6	118.8	23.76
TW_3	22.6	23.2	23.4	23.4	23	115.6	23.12
TW_4	20.5	20.8	20.7	20.8	20.5	103.3	20.66
TW_5	24.6	24.6	24.4	24.4	24.4	122.4	24.48
TW_6	24	23.3	23.7	23.5	23.7	118.2	23.64
$\sum T_t$						690.9	

SAS 过程：

（1）程序及说明。

序号	程序
1	data Example 4—4;
2	input a $ x@@;
3	cards;
4	1 22.9　22.3　22.2　22.5　22.7
5	2 24.0　23.8　23.8　23.6　23.6
6	3 22.6　23.2　23.4　23.4　23.0
7	4 20.5　20.8　20.7　20.8　20.5
8	5 24.6　24.6　24.4　24.4　24.4
9	6 24.0　23.3　23.7　23.5　23.7
10	;
11	run;
12	PROC SORT;
13	BY a;
14	RUN;
15	PROC ANOVA;
16	CLASS a;
17	MODEL x=a;
18	MEANS a /SNK;
19	RUN;
20	PROC PRINT;
21	TITLE ´sales style´;
22	RUN;

说明：

序号 2：设置读入数据的名称和格式。此例中共两个变量：a 为营销模式，是一个字符变量；x 为销售额，为连续型变量；@@ 指针，表示两个变量读完后重新开始读入。

序号 3—11：读入原始数据。

序号 12—14：以 a 变量（营销模式）排序。

序号 15—17：利用 ANOVA 计算方差，以 a 变量为水平。

序号 18：对各种营销方式两两之间是否在差异进行检验。

序号 20—22：以"sales style"为标题输出数据。

(2) 结果。

图 4—8 显示了自由度及平方和分解结果。由于 $P<0.01$，因此，各种营销模式之间存在着显著差异。

sales style

The ANOVA Procedure

Source	DF	Sum of Squares	Mean Square	F Value	Pr > F
Model	5	44.46300000	8.89260000	164.17	<0.01
Error	24	1.30000000	0.05416667		
Corrected Total	29	45.76300000			

图 4—8 SAS 输出的方差分析结果

图 4—8 显示了对各种营销模式之间进行两两比较的结果。由图 4—9 可见，营销模式 2 和 6 的字母都是 "B"，因此，二者之间无显著差异。

sales style
The ANOVA Procedure
Student -Newman -Keuls Test for x

Note: This test controls the Type I experimentwise error rate under the complete null hypothesis but not under partial null hypotheses.

Alpha	0.05				
Error Degrees of Freedom	24				
Error Mean Square	0.054167				
Number of Means	2	3	4	5	6
Critical Range	0.3037973	0.3675907	0.4060563	0.4336416	0.45512

Means with the same letter are not significantly different.

SNK Grouping	Mean	N	a
A	24.4800	5	5
B	23.7600	5	2
B	23.6400	5	6
C	23.1200	5	3
D	22.5200	5	1
E	20.6600	5	4

图 4—9 SAS 输出的方差分析结果

SPSS 过程：

（1）步骤：Analyze—Compare Means—One—Way ANOVA

（2）Dependent List 对话框中选入 x（销售量），在 Factor 中选入 a（营销模式）。

（3）结果（见表4—4）。

表4—4　　　　　　　　SPSS 输出的方差分析结果

销售额

	平方和	df	均方	F	显著性
组间	44.463	5	8.893	164.171	0.000
组内	1.300	24	0.54		
总数	45.763	29			

需要注意的是，在 SPSS 中，进行单因素方差分析时，数据录入为因变量，为一个变量，而各种水平（即因素，Factor）为另一变量。如表4—4，$F=164.171$，$P<0.01$，这与 SAS 的分析结果是完全一样的。如果需要对六种营销模式之间进行两两比较，则在 SPSS 的"Compare Means"菜单下进行操作。

四　双因素方差分析

在竞争情报分析实践中，情报人员也常常会遇到两个因素同时影响结果的情况，这就需要运用双因素方差分析的方法。限于篇幅，本书不再对双因素分析的具体原理进行介绍，仅通过实际案例展示多因素方差的分析过程。

【例4—5】某公司为确定最佳技术工人培训方案，把10名工人分为两组：实验组和对照组。并在实验组利用新的培训方案，而在对照组采用传统培训方案分别进行了24天、48天、72天、96天的培训。得到其劳动效率如表4—5所示。计算：

（1）不同培训方案、不同培训时间之间有无显著差异。

（2）检验不同培训方案与培训时间之间是否存在交互作用。

表4—5　　两种培训方案下的劳动生产率

组别	编号	劳动生产率			
		24天	48天	72天	96天
对照组	1	1.431	1.519	1.477	1.364
	2	1.385	1.562	1.459	1.372
	3	1.473	1.487	1.612	1.414
	4	1.452	1.535	1.537	1.403
	5	1.371	1.469	1.268	1.296
实验组	6	1.257	0.976	0.725	0.578
	7	1.232	0.934	0.828	0.609
	8	1.298	1.036	0.813	0.512
	9	1.216	1.247	0.694	0.579
	10	1.275	0.942	0.675	0.621

SAS过程：

（1）程序及说明。

序号	程序
1	DATA Example 4—5;
2	input type $ subject time1 time2 time3 time4;
3	cards;
4	1 1 1.431 1.519 1.477 1.364
5	1 2 1.385 1.562 1.459 1.372
6	1 3 1.473 1.487 1.612 1.414
7	1 4 1.452 1.535 1.537 1.403
8	1 5 1.371 1.469 1.268 1.296
9	2 6 1.257 0.976 0.725 0.578
10	2 7 1.232 0.934 0.828 0.609
11	2 8 1.298 1.036 0.813 0.512
12	2 9 1.216 1.247 0.694 0.579
13	2 10 1.275 0.942 0.675 0.621
14	;
15	RUN;
16	PROC ANOVA;
17	CLASS type;

```
18    MODEL time1 time2 time3 time4 = type/nouni;
19    repeated time4/printe;
20    means type;
21    RUN;
```

说明：

序号 2：设置读入数据的名称和格式。此例中共六个变量：type 为两个不同的培训方案，是一个字符型变量；subject 及后面的四个 time 为工人的编号及培训天数，为连续型变量。

序号 3—15：读入原始数据。

序号 16—21：利用 ANOVA 计算方差，以 CLASS 指出了分类变量，repeated 表示这是一个重复测量的变量，means 语句列出了希望得到均值的变量。

(2) 结果。

由图 4—10 可见，卡方值为 5.6186 和 7.7034，且对应的 P 值为 0.3451 和 0.1734。这表明数据符合球形对称，不需要进行校正。

Sphericity Tests				
Variables	DF	Mauchly's Criterion	Chi-Square	Pr > ChiSq
Transformed Variates	5	0.433514	5.6186426	0.3451
Orthogonal Components	5	0.317919	7.7033893	0.1734

图 4—10 SAS 输出的球形性检验结果

由图 4—11 可见，方差分析结果显示，$P<0.01$。因此，传统培训方案与新培训方案之间、不同的培训天数之间造成了工人劳动生产率的显著差异，培训方案与培训时间存在着交互作用。

The ANOVA Procedure
Repeated Measures Analysis of Variance
Univariate Tests of Hypotheses for Within Subject Effects

Source	DF	Anova SS	Mean Square	F Value	Pr > F	Adj Pr > F G - G	Adj Pr > F H-F-L
time4	3	0.80505747	0.26835249	51.37	<.0001	<.01	<.0001
time4*type	3	0.59559688	0.19853229	38.01	<.0001	<.01	<.0001
Error(time4)	24	0.12536340	0.00522347				

Greenhouse-Geisser Epsilon	0.6115
Huynh-Feldt-Lecoutre Epsilon	0.7845

图 4—11　SAS 输出的方差分析结果

第五章

定量分析 Ⅱ：数据的分类与降维方法

在工商竞争情报分析实践中，情报人员常常需要对纷繁的数据进行分类或者将其降低维度，以便简化数据，获得对于竞争对手和竞争环境更加清晰的认识。在这种情况下，聚类分析、判别分析和因子分析都是比较实用的分类与降维方法。

第一节 聚类分析

对于工商组织的情报人员而言，通过信息采集，他们常常能够得到大量关于竞争对手和竞争环境的数据信息。高效、全面地把握数据信息中所包含的情报成分，常常需要情报人员首先对这些数据进行分类、归并，聚类分析正是这样一种方法。

一 聚类分析的原理

为了将指标进行分类，就需要研究指标之间的关系。聚类分析主要采用如下两种方法对数据进行归并、分类。

（1）相似系数法，即性质越接近的指标，它们的相似系数的绝对值越接近1；而彼此无关的指标，它们的相似系数的绝对值越接近于0。进而，可以把比较相似的指标归为一类，把不怎么相似的指标归为不同的类。

（2）距离法，即将一个指标看作 p 维空间的一个点，并在空间定义距离。距离较近的点归为一类，距离较远的点归为不同的类。

1. 距离的计算

由距离法可知，聚类分析之前首先要定义距离，把 n 个指标看成 p 维空间中的 n 个点，则两个指标之间的相似程度可用 p 维空间中两点的距离来度量。令 d_{ij} 表示指标 x_i 与 x_j 的距离，聚类分析中的常用距离有如下几种表述：

(1) 欧氏距离：$d_{ij}(2) = \left(\sum_{a=1}^{p} (x_{ia} - x_{ja})^2 \right)^{1/2}$

(2) 绝对距离：$d_{ij}(1) = \sum_{a=1}^{p} |x_{ia} - x_{ja}|$

(3) 切比雪夫距离：$d_{ij}(\infty) = \max_{1 \le a \le p} |x_{ia} - x_{ja}|$

(4) 闵科夫斯基距离：$d_{ij}q = \left(\sum_{a=1}^{p} |x_{ia} - x_{ja}|^q \right)$

(5) 兰氏距离：$d_{ij}(L) = \frac{1}{p} \sum_{a=1}^{p} \frac{|x_{ia} - x_{ja}|}{x_{ia} + x_{ja}}$　$(i, j = 1, \cdots, n,)$

需要特别注意的是，以上所定义的距离适用于间距尺度及以上的变量，如果变量是定序或名义尺度的变量时，需要定义其他形式的距离。

2. 聚类方法

系统聚类方法一般有：最短距离法、最长距离法、中间距离法、质心法、类平均法、可变类平均法、离差平方和法、最大似然谱系聚类法、密度估计及两阶段密度估计法。以下介绍其中几种主要方法。

(1) 最短距离法（Single Linkage）。

定义类 G_i 与 G_j 之间的距离为两类最近指标的距离，即：

$$D_{ij} = \min_{G_i \in G_i,\, G_j \in G_j} d_{ij}$$

设类 G_p 与 G_q 合并一个新类，记作 G_r，则任一类 G_k 与 G_r 的距离如下：

$$D_{kr} = \min_{G_i \in G_k,\, G_j \in G_j} d_{ij} = \min\{ \min_{G_i \in G_k,\, G_j \in G_p} d_{ij}, \min_{G_i \in G_k,\, G_j \in G_q} d_{ij} \} = min\{D_{kp}, D_{kq}\}$$

(2) 最长距离法（Complete Method）。

定义类 G_i 与 G_j 之间的距离为两类最远指标的距离，即：

$$D_{pq} = \max_{G_i \in G_p,\, G_j \in G_q} d_{ij}$$

最长距离法与最短距离法的并类步骤完全一样，也是将各指标先自成一类，然后将非对角线上的最小元素对应的两类合并，直到所有的指标全归为一类为止。设某一步将类 G_p 与 G_q 合并为新类 G_r，则任一类 G_k 与 G_r 的距离用最长距离公式为：

$$D_{kr} = \max_{G_i \in G_p,\, G_j \in G_q} d_{ij} = \max\{\max_{G_i \in G_k,\, G_j \in G_p} d_{ij},\ \max_{G_i \in G_k,\, G_j \in G_q} d_{ij}\} = \max\{D_{kp},\ D_{kq}\}$$

（3）质心法（Centroid Method）。

质心指某类指标的均值。质心法通过定义两个类质心之间的距离来定义两类的距离。设 G_p 与 G_q 的质心分别是 $\bar{X}_p$ 和 $\bar{X}_q$，则 G_p 与 G_q 之间的距离是 $D_{pq} = d_{x_p x_q}$。

质心法每合并一次类，都要重新计算新类的质心及各类与新类的距离。

（4）类平均法（Average Linkage）。

类平均法将两类之间的距离平方定义为两类元素两两之间距离平方的平均，即：

$$D_{pq}^2 = \frac{1}{n_p n_q} \sum_{x_i \in G_i} \sum_{x_i \in G_j} d_{ij}^2$$

（5）离差平均法（Ward）。

设将 n 个指标分为 k 类：$G_1, G_2, \cdots, G_k$，用 $G_i^{(t)}$ 表示 G_i 中的第 i 个指标，n_t 表示 G_t 中的指标个数，$\bar{x}^{(t)}$ 是 G_t 的质心，则 G_t 中指标的离差平方和为：

$$S_t = \sum_{i=1}^{n_t} (X_i^{(t)} - \bar{X}^{(t)})'(X_i^{(t)} - \bar{X}^{(t)})$$

k 个类的类内离差平方和为：

$$S = \sum_{t=1}^{k} \sum_{i=1}^{n_t} (X_i^{(t)} - \bar{X}^{(t)})'(X_i^{(t)} - \bar{X}^{(t)})$$

离差平均法的基本思想来自于方差分析。即如果分类正确，则同类指标之间的离差平方和应当较小，类与类的离差平方和应该较大。具体做法是先将 n 个指标各自先作为一类，然后每次缩小一类，每缩小一类离差平方和就要增大,选择使 S 增加最小的两类合并,直到所有的指标都归为一类为止。

3. 聚类数量的确定

谱系聚类最终会得到一个聚类树,可以把所有观测聚为一类。但因为分类本身没有一定标准,因此,到底应该把观测分为几类是一个比较困难的问题。一般来说,聚类个数的确定要从多方面入手。例如,可以根据经验、技术、理论等方法确定。也有些情况下,可以根据指标的散点图或设置阈值来确定,或者根据方差分析的思想来确定聚类个数等。通常使用的确定聚类数量的方法有:

(1) R^2 统计量。

$$R^2 = 1 - \frac{P_G}{T}$$

式中,P_G 为分类数为 G 个类时的总类内离差平方和,T 为所有变量的总离差平方和。R^2 越大,说明分为 G 个类时每个类内的离差平方和都比较小,也就是分为 G 个类是合理的。但是,显然分类越多,每个类越小,R^2 越大,所以,只能取 G 使得 R^2 足够大,但 G 本身比较小,而且 R^2 不再大幅度增加。

(2) 半偏相关。

在把类 C_k 和类 C_L 合并为下一水平的类 C_M 时,定义半偏相关如下:

$$R^2 = \frac{B_{KL}}{T}$$

式中,B_{KL} 为合并类引起的类内离差平方和的增量。半偏相关越大,说明这两个类越不应该合并;反之,则应该合并。所以,如果由 $G+1$ 类合并为 G 类时,如果半偏相关很大就应该取 $G+1$ 类。

(3) 双峰性系数。

$$b = (m_3^2 + 1)/\{m_4 + 3(n-1)^2/[(n-2)(n-3)]\}$$

式中,m_3 为偏度,m_4 为峰度。

大于 0.555 的 b 值指示有双峰或多峰分布,最大值 1 从仅取两值的总体中得到。

(4) 伪 F 统计量（PSF）。

$$F = \frac{\frac{(T - P_G)}{G - 1}}{\frac{P_G}{(n - G)}}$$

式中，自由度分别为 $V(G-1)$ 和 $V(G-n)$ 的伪 F 统计量评价分为 G 个类的效果。如果分为 G 个类合理，则类内离差平方和（分母）较小，类间平方和（分子）较大。所以，应该取伪 F 统计量较大而类数较小的聚类水平。

(5) 伪 t^2 统计量。

伪 t^2 统计量的公式如下：

$$t^2 = \frac{B_{KL}}{\frac{W_K + W_L}{N_K + N_L - 2}}$$

因为统计量评价合并类 C_K 和 C_L 的效果，该值大说明不应该合并这两个类，所以，应该取合并前的水平。

二 聚类分析的主要步骤

一般来说，聚类分析至少都应该包括以下四个步骤：首先，根据研究的目的选择合适的变量；其次，计算相似性程度；再次，选定聚类方法进行聚类；最后是对结果进行解释和验证。具体如下：

1. 选择变量

因为聚类分析是根据所选定的变量对研究对象进行分类，聚类的结果仅仅反映了所选定变量所定义的数据结构，所以，变量的选择在聚类分析中非常重要。一般来说，选择哪些变量应该具有一定的理论支持，但实践中往往缺乏这样强有力的理论基础。竞争情报分析人员一般是根据实际工作经验和所研究问题的特征人为地选择一些变量。

在竞争情报分析实践中，进行聚类分析所选择的变量一般就具有以下特点：

(1) 和聚类分析的目标密切相关；
(2) 反映了要分类对象的特征；
(3) 在不同研究对象上的值具有明显差异；
(4) 变量之间不应该高度相关。

选择变量时要注意克服"加入尽可能多的变量"这种错误的倾向。并不是加入的变量越多，得到的结果越客观。有时，由于加入一两个不合适的变量就会使得分类结果大相径庭。所以，聚类分析应该只根据对竞争情报对象有显著影响的变量进行分类。因此，情报人员需要对聚类结果不断进行检验，剔除在不同类之间没有显著差异的变量。

另外，需要注意的是，所选择的变量之间不应该高度相关，不加鉴别地使用高度相关的变量相当于给这些变量加权。如果情报人员所选择的变量中有三个高度相关的变量，相当于使用了这三个高度相关变量中的一个，并对其给予了三倍的权数。对于高度相关的变量有两种处理方法：一是在聚类之前，首先对变量进行聚类分析，从聚得的各类中分别挑选出一个有代表性的变量作为聚类变量；二是做主成分分析或因子分析，主成分分析和因子分析都可以用来降低数据的维度，产生新的不相关变量，然后把这些变量作为聚类变量。

2. 计算相似性

选定了聚类变量，下一步就是计算竞争情报分析对象相关因素之间的相似性。相似性是聚类分析中的一个基本概念，它反映了分析对象之间的亲疏程度，聚类分析就是根据分析对象之间的相似性来进行分类的。前文已介绍了多种相似性测度方法。

3. 聚类

选定了聚类变量、计算出相似性矩阵以后，下一步就是要对分析对象进行分类。这时主要涉及两个问题：一是选定聚类方法；二是确定形成的类数。对此，前文也已经进行了介绍。

4. 聚类结果的解释和证实

得到聚类结果后，还应该对结果进行解释和验证，以保证聚类解是可信的。

三 聚类分析应用实例

【例5—1】[①] 消费结构是在一定的社会经济条件下,人们(包括各种不同类型的消费者和社会集团)在消费过程中所消费的各种不同类型的消费资料(包括劳务)的比例关系,有实物和价值两种表现形式。目前,普遍将我国经济发展状况由地域的不同分为东部地区、东北地区、中部地区和西部地区。本例将利用聚类分析法对我国31个省(自治区、直辖市)的城镇居民的消费结构进行聚类分析,以期发现我国各区域之间城镇居民消费结构的差异,从而为引导我国区域消费结构向着协调方向发展、为各地政府根据地区间消费结构差异制定更加合理的引导性政策提供更加有效的依据。

表5—1　全国31个省(自治区、直辖市)城镇居民家庭平均每人全年消费支出

地区	食品	衣着	家庭设备用品及服务	医疗保健	交通和通信	教育文化娱乐服务	居住	杂项商品和服务
北京	4560.52	1442.42	977.47	1322.36	2173.26	2514.76	1212.89	621.74
天津	3680.22	864.89	634.39	1049.33	1092.87	1452.17	1368.2	405.99
河北	2492.26	849.58	460.27	737.43	875.43	827.72	864.92	235.88
山西	2252.5	1016.69	441.82	589.97	825.18	1007.92	830.38	206.48
内蒙古	2323.55	1168.93	464.55	555	928.48	1052.65	802.9	371.19
辽宁	3102.13	846.91	362.1	767.13	797.64	853.92	909.42	348.23
吉林	2457.21	907.61	318.65	671.44	815.02	890.22	984.95	307.56
黑龙江	2215.68	971.44	319.37	634.3	665.01	843.94	755.32	250.37

---

① 本例选编自谢龙汉、尚涛《SAS统计分析与数据挖掘》,电子工业出版社2013年版,第347—350页。

续表

地区	食品	衣着	家庭设备用品及服务	医疗保健	交通和通信	教育文化娱乐服务	居住	杂项商品和服务
上海	5248.95	1026.87	877.59	762.92	2332.83	2431.74	1435.72	645.13
江苏	3462.66	886.82	647.52	600.69	1203.45	1467.36	997.53	362.56
浙江	4393.4	1383.63	615.45	852.27	2492.01	1946.15	1229.25	436.37
安徽	3091.28	869.55	336.99	441.42	788.25	869.23	694.17	203.83
福建	3854.26	784.71	525.65	513.61	1232.7	1321.33	1233.49	341.96
江西	2636.93	725.72	451.32	357.03	600.16	894.58	742.93	236.87
山东	2711.65	1091.22	526.29	624.06	1175.57	1201.97	838.17	299.48
河南	2215.32	919.31	431.02	520.57	762.08	847.12	737	252.76
四川	2838.22	754.93	505.83	449.87	1009.35	976.33	728.43	261.85
湖北	2868.39	877.01	401.22	517.19	763.14	997.74	752.56	220.08
湖南	2850.94	868.23	513.63	632.52	965.09	1182.18	871.7	285
广东	4503.86	719.26	633.03	707.86	2394.66	1813.86	1254.69	405
广西	2857.4	477.67	360.62	401.06	785.01	850.9	826.86	232.43
海南	3097.71	375.42	405.81	369.33	1154.87	791.24	743.6	188.8
重庆	3415.92	1038.98	615.74	705.72	976.02	1449.49	954.56	242.26
贵州	2649.02	832.74	446.53	329.77	775.07	938.37	627.23	249.66
云南	3102.46	745.08	335.14	600.08	1076.93	754.69	585.35	180.07
西藏	3107.9	734.83	211.1	221.7	694.21	359.34	612.67	250.82
陕西	2588.91	768.47	478.58	612.3	824.46	1280.14	746.59	253.84
甘肃	2408.37	854	403.8	562.74	703.07	1034.42	716.35	291.46
青海	2366.42	724.96	420.31	542.93	753.07	793.72	653.04	275.66
宁夏	2444.98	874.39	480.7	578.75	774.57	846.72	890.97	314.49
新疆	2386.97	953.03	364.11	472.35	765.72	819.72	698.66	269.45

SAS 过程：
（1）程序及说明。

序号	程序
1	DATA Example 5—1;
2	INFILE ´C：\ MyRawData \ Expamle 5—1. txt´;
3	INPUT province $ area $ X_1 X_2 X_3 X_4 X_5 X_6 X_7 X_8;
4	PROC CLUSTER data = example 5—1 method = med outtree = out1 p = 7 std pseudo rsq;
5	var X_1 X_2 X_3 X_4 X_5 X_6 X_7 X_8; id province;
6	RUN;
7	PROC tree data = out1 horizontal graphics;
8	id province; run;
9	PROC CLUSTER data = example 5—1 method = ward outtree = out2 p = 7 std pseudo rsq;
10	var X_1 X_2 X_3 X_4 X_5 X_6 X_7 X_8;
11	id province;
12	RUN;
13	PROC tree data = out2 n = 5 horizontal graphics;
14	id province;
15	RUN;

说明：

序号 2：导入数据（数据存储路径）。

序号 3：设置读入数据的名称和格式。此例中共 10 个变量：province 为 31 个省（自治区、直辖市）的名称，是一个字符型变量；area 为各省（自治区、直辖市）所在的地理区位；其后的 8 个变量是表 5—1 中列出的相关项目，为连续型变量。

序号 4—6：利用中值法进行聚类分析。

序号 7—8：绘制中值法的聚类树状图。

序号 9—12：利用离差平均法进行聚类分析。

序号 13—15：绘制 Ward 的聚类树状图并输出。

（2）结果。

图 5—1 显示了中值法最后七类变量相关矩阵特征值及聚类过程。

The Cluster Procedure
Median Hierarchical Cluster Analysis
Eigenvalues of the Correlation Matrix

	Eigenvalue	Difference	Proportion	Cumulative
1	5.84397397	4.90791868	0.7305	0.7305
2	0.93605529	0.53112164	0.1170	0.8475
3	0.40493365	0.12958213	0.0506	0.8981
4	0.27535152	0.05043016	0.0344	0.9325
5	0.22492136	0.07031610	0.0281	0.9607
6	0.15460526	0.02191501	0.0193	0.9800
7	0.13269025	0.10522155	0.0166	0.9966
8	0.02746870		0.0034	1.0000

The date have been standardized to mean 0 and variance 1
Root-Mean-Square Total-Sample Standard Deviation= 1
Root-Mean-Square Distance Between Observation = 4

Cluster History

NCL	--Clusters Joined--		FREQ	SPRSQ	RSQ	PSF	PST2	Norm Median Dist	Tie
7	天津	CL9	23	0.0647	0.734	11.0	7.4	0.7808	
6	CL7	广东	24	0.0857	0.648	9.2	7.6	0.799	
5	CL6	浙江	25	0.1109	0.537	7.6	7.7	0.8167	
4	CL5	上海	26	0.1809	0.357	5.0	9.8	0.8703	
3	北京	CL4	27	0.2149	0.142	2.3	8.6	0.9213	
2	CL8	宁夏	4	0.0453	0.096	3.1	4.9	0.9625	
1	CL3	CL2	31	0.0963	0.000		3.1	1.9883	

图 5—1　SAS 输出的中值法最后七类变量相关矩阵特征值及聚类过程

图 5—2 显示了利用离差平均法最后七类的聚类过程和有关统计量。

Cluster History

NCL	--Clusters Joinde--		FREQ	SPRSQ	RSQ	PSF	PST2	Tie
7	CL11	宁夏	13	0.0221	0.824	18.7	4.3	
6	CL15	CL10	10	0.0222	0.802	20.2	4.4	
5	上海	CL8	3	0.0268	0.775	22.4	1.2	
4	北京	CL5	4	0.0490	0.726	23.8	2.0	
3	CL7	CL6	23	0.0677	0.658	27.0	10.1	
2	CL9	CL3	27	0.1171	0.541	34.2	12.0	
1	CL4	CL2	31	0.5411	0.000		34.2	

图 5—2　SAS 输出的 Ward 法最后七类的聚类过程

图 5—3 和图 5—4 是聚类结果的树状图。图 5—3 为应用中值法的聚类结果。观察图 5—3 发现，聚类结果包括：第一类：北京、上海、广东、天津、浙江；第二类：福建、江苏、重庆、山东、内蒙古、吉林、辽宁；第三类：河北、湖南、陕西、山西、黑龙江、河南、新疆、甘肃、安徽、湖北、江西、贵州、四川、青海、云南；第四类：广西、海南、西藏、宁夏。

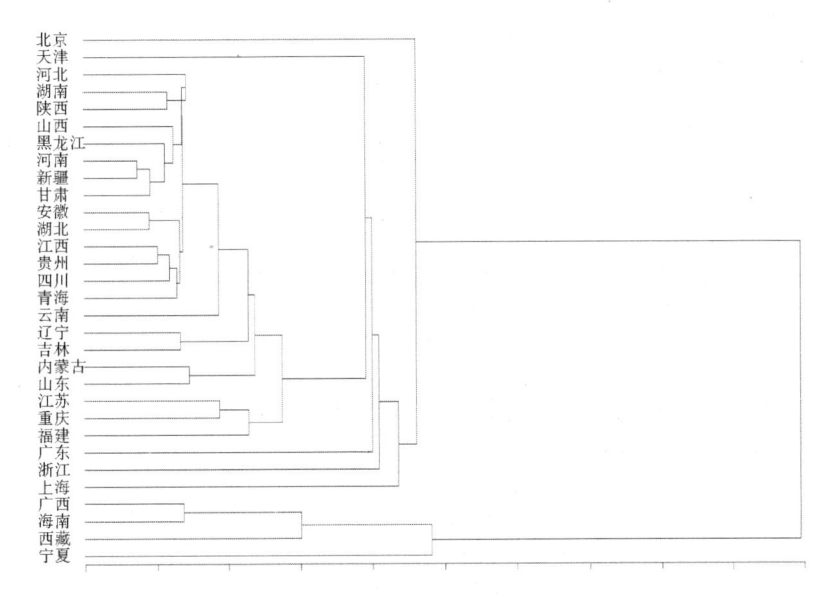

图 5—3　SAS 输出的应用中值法的聚类结果

由图 5—4 可见，应用离差平均法的聚类结果为，第一类：北京、上海、浙江、广东；第二类：福建、天津、江苏、重庆；第三类：河北、山西、湖南、山东、陕西、黑龙江、河南、新疆、甘肃、内蒙古、吉林、辽宁、宁夏；第四类：安徽、湖北、云南、江西、贵州、四川、青海、广西、海南、西藏。

SPSS 过程：

（1）步骤：Analysis—Classify—Hierarchical Cluster Analysis。Method 中选择"Ward's method"为"Cluster Method"；选择"Squared Euclidean Distance"法为"Measure/ Interval"。

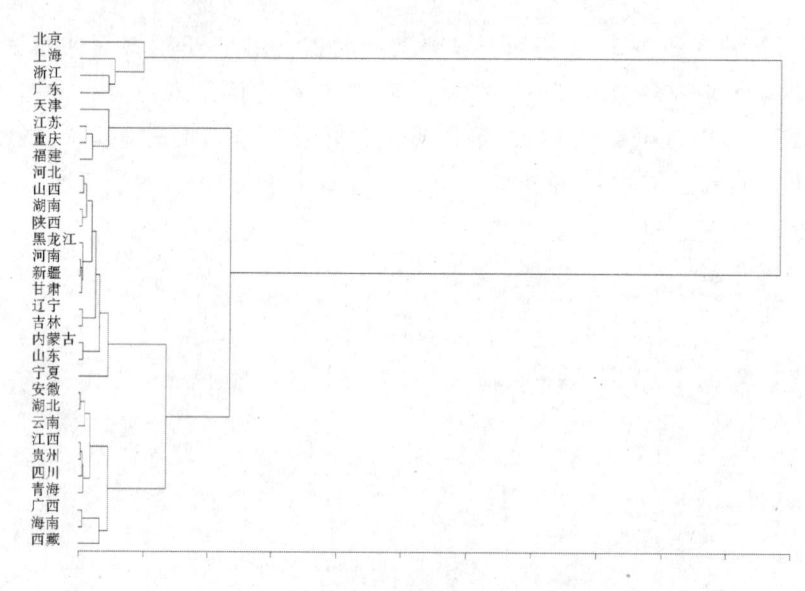

图 5—4　SAS 输出的离差平均法最终聚类结果

（2）结果。

SPSS 输出的离差平均法的聚类结果及聚类表（见图 5—5 和表 5—2）。

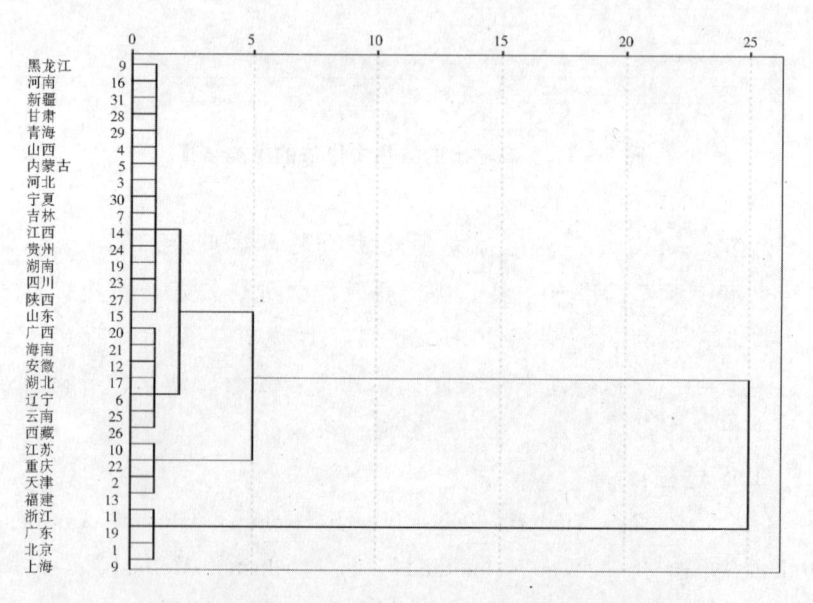

图 5—5　SPSS 输出的离差平均法的最终聚类结果

表 5—2　　　　　　SPSS 输出的离差平均法的聚类表

阶	群集组合		系数	首次出现阶群集		下一阶
	群集 1	群集 2		群集 1	群集 2	
1	8	16	18945.967	0	0	5
2	3	30	41865.735	0	0	3
3	3	7	69099.555	2	0	18
4	14	24	98312.878	0	0	23
5	8	31	129373.414	1	0	11
6	4	5	164651.642	0	0	17
7	12	17	204862.130	0	0	13
8	28	29	246747.343	0	0	11
9	10	22	299617.751	0	0	21
10	18	23	355525.719	0	0	12
11	8	28	414017.300	5	8	17
12	18	27	509577.709	10	0	15
13	6	12	615273.213	0	7	16
14	20	21	725495.426	0	0	22
15	15	18	844819.451	0	12	26
16	6	25	978426.899	13	0	22
17	4	8	1133559.330	6	11	18
18	3	4	1293388.419	3	17	23
19	2	13	1490617.029	0	0	21
20	11	19	1742297.604	0	0	27
21	2	10	2009126.116	19	9	29
22	6	20	2313233.464	16	14	24
23	3	14	2624669.404	18	4	26
24	6	26	2987731.685	22	0	28
25	1	9	3513792.685	0	0	27
26	3	15	4251697.490	23	15	28
27	1	11	5094413.485	25	20	30
28	3	6	6965435.709	26	24	29
29	2	3	11964840.326	21	28	30
30	1	2	38851665.275	27	29	0

第二节　判别分析

一　判别分析的含义

判别分析（Discriminant Analysis），又称为鉴别分析，是由 R. A. 费希尔（R. A. Fisher）于 1936 年首先提出的。[①] 判别分析属于

[①] R. A. Fisher, "The Use of Multiple Measurements in taxonomic Problems", *Annals of Eugenics*, No. 7, 1936.

分类方法的一种，与聚类分析不同的是，判别分析要求事先有明确的类别空间，是在分类确定的条件下，根据某一对象的各种特征值鉴别其类型归属问题的一种多变量统计分析方法。作为进行统计鉴别和分组的技术手段，判别分析可以就一定数量案例的一个分组变量和相应的其他多元变量的已知信息，确定分组与其他多元变量之间的数量关系，建立判别函数（Discriminant Function）。然后便可以利用这一数量关系对其他已知多元变量信息但未知分组类型所属的案例进行判别分组。在判别分析中，称分组变量为因变量，用以分组的其他特征变量称为判别变量或自变量。

判别分析与聚类分析有所不同。聚类分析是一种纯统计技术，只要有多种指标存在，它就能根据各案例的变量值近似程度排出顺序来，只是描述性的统计。判别分析不同，它在分析之前就根据理论或实际的要求对于分组的意义和分组类别加以确定。并且，判别分析要以此为标准来建立判别函数。最后，判别分析不仅停留在描述分类类型与各判别指标之间的关系上，还能够对未知分组类型进行鉴别分组。

总的来说，判别分析包括两个阶段的工作：

第一阶段是分析和解释各组的指标特征之间存在的差异，并建立判别函数。在这部分工作中，情报分析人员要处理的是已知分属性的那些案例。这时需要确定是否能在特征变量数据的基础上判别出已知的分组来，以及分组能被判别的程度和哪些特征变量是最有用的判别因素。另一个用途是为了分组的目的推导一个或多个数学方程，即判别函数。它们以某种数学形式将表示特征的判别变量与分组属性组合起来，使情报人员能够辨识一个案例最近似的分组。在第一阶段的判别分析中，用来建立判别函数的数据案例必须具有相互排斥的分组属性，即各案例的分组属性必须是确定的，每个案例必须同时具备分组信息和其他特征信息，使情报人员能够对这两部分的联系加以归纳。

第二阶段所要处理的是未知分组属性的案例。以第一阶段的分析结果为依据对这些案例进行判别分组。这相当于根据以往的经验来"预测"案例的分组属性。在分组属性能够成为一种明确的结果时，便可以作为事实来检验预测的准确性。有的时候，分组的内在属性并不是显性的，判别分析只是提供一种判断。

判别分析在工商竞争情报中应用非常广泛。例如，银行在贷款给顾客时，通常都会根据顾客的基本资料，如学历、收入、借贷记录等，将顾客区分为具有信息的顾客和不具有信用的顾客，并且当有顾客进来时，也可以比照同样的准则将新顾客的资料与这些已经存在的资料比较，看是否应该借钱给这位新的顾客；在对竞争环境进行分析时，常常根据人均国民收入、人均产值、人均消费水平等多种指标判定一个国家或地区的经济发展程度和市场前景；在市场预测中，工商情报分析人员常常需要根据以往调查所得到的种种指标，判别下一季度产品的是畅销、平常还是滞销等。

判别分析常常和聚类分析联合使用。例如，判别分析是要求先知道各类总体情况才能判断新指标的归类。当总体分类不清楚时，可先用聚类分析对原来的一批指标进行分类，然后再用判别分析建立判别式，以对新指标进行判别。

二 判别分析的数学模型与判别方法

已知某事物有 K 个状态（即 K 个类），这 K 个状态可以看作 K 个总体 G_1, G_2, $\cdots$, G_k，该事物的特性可以由 P 个指标 X_1, X_2, $\cdots$ X_p 来刻画，并在分析前已经观察到了总体 G_1, G_2, $\cdots$, G_k 的 n_1, n_2, $\cdots$, n_k 个指标。判别分析就是根据观测数据，依据某种判别标准建立一个判别函数，并根据该函数对新指标进行判别归类。判别分析的目的在于，通过掌握的样本资料，建立判别函数，进而对给定的新观测，判定它来自哪个总体。例如，企业是否陷入财务困境、上市公司是 ST 或 PT 类公司还是非 ST 或 PT 类公司等。

判别分析的关键在于确定判断的依据，通常使用的判断依据有距离差别法、Fisher 判别法和 Bayes 判别法。

1. 距离差别法

距离差别法的基本思想是根据已知分类的数据，分别计算各类的质心（即分组的均值）。差别准则是对任意的一次观测，若它与第 i 类的质心距离最近，就认为它来自第 i 类。需要注意的是，距离判别法对各类的分布并没有特别的要求。

设有两个总体 G_1、G_2，从第一个总体中抽取 n_1 个样品，从第二个总体中抽取 n_2 个样品，每个样品测量 p 个指标。令取任意一个样品，实测指标为 $X = (x_1, \cdots, x_p)'$，问 X 应判归哪一类？

首先，计算 X 到 G_1、G_2 总体的距离，分别记为 $D(X, G_1)$ 和 $D(X, G_2)$，按距离最近准则判别归类，则：

$$\begin{cases} X \in G_1, & \text{当 } D(X, G_1) < D(X, G_2) \\ X \in G_2, & \text{当 } D(X, G_1) > D(X, G_2) \\ \text{待判}, & D(X, G_1) = D(X, G_2) \end{cases}$$

记 $\overline{X}^{(i)} = (\overline{x}_1^{(i)}, \cdots, \overline{x}_p^{(i)})$，$i = 1, 2$，如果距离定义采用欧氏距离，则：

$$D(X, G_1) = \sqrt{(X - \overline{X}^{(1)})'(X - \overline{X}^{(1)})'} = \sqrt{(x_a - x_a^{(1)})^2}$$

$$D(X, G_2) = \sqrt{(X - \overline{X}^{(2)})'(X - \overline{X}^{(2)})'} = \sqrt{(x_a - x_a^{(2)})^2}$$

然后比较 $D(X, G_1)$ 和 $D(X, G_2)$ 的大小，按距离最近准则判别归类。

值得注意的是，当两总体靠得很近（$|\mu_1 - \mu_2|$ 很小），则无论用何种方法，错判的概率都很大，这时做判别分析是没有意义的。因此，只有当两个总体的均值有显著差异时，做判别分析才有意义。

2. Fisher 判别法

Fisher 判别法的核心思想是投影，是把多维问题简化为一维问题来处理。该法对总体的分布并没有特定的要求。

其具体判别方法是：从两个总体中抽取具有 p 个指标的样品观测数据，借助方差分析的思想构造一个判别函数或判别式：

$$y = c_1 x_1 + c_2 x_2 + \cdots + c_p x_p$$

其中，系数 $c_1, c_2, \cdots, c_p$ 确定的原则是使两组间的区别最大，而使每个组内部的离差最小。有了差别式后，对于一个新的样本，将它的 p 个指标值代入判别式中，然后与差别临界值进行比较，就可以判别它应属于哪一个总体。

3. Bayes 判别法

Bayes 判别法的基本思想是：首先，根据先验概率求出后验概率；然后，根据后验概率做出统计判断。

设有 k 个总体 G_1, G_2, $\cdots$, G_k，它们的先验概率分别为 q_1, q_2, $\cdots$, q_k（它们可以由经验给出，也可以估计得到）。各总体的密度函数分别为 $f_1(x)$, $f_2(x)$, $\cdots$, $f_k(x)$，在观测到一个样品 x 的情况下，可以用 Bayes 公式计算它来自第 g 个总体的后验概率。即：

$$P\left(\frac{g}{x}\right) = \frac{q_g f_g(x)}{\sum_{i=1}^{k} q_i f_i(x)}$$

其中，$g = 1, 2, \cdots, k$，并且当 $P\left(\frac{h}{x}\right) = \max\limits_{1 \leq g \leq k} P\left(\frac{g}{x}\right)$ 时，则判别 x 来自第 h 个总体。

三　判别分析应用实例

【例 5—2】[①] 关于上市公司财务危机预警系统的研究在竞争情报领域具有重要的地位。本例以沪深两市为研究对象，通过判别分析，用财务指标研究我国上市公司财务困境的预测模型。数据见表 5—3。

表 5—3　　　　　　　　上市公司财务数据

公司类型	公司	流动比率	总资产周转率	资产净利率	总资产增长率
ST 公司	ST 成百	0.6	0.03	0	-0.01
	ST 黎明	2	0.03	-0.02	-0.28
	ST 棱光	1.3	0.03	-0.13	-0.11
	ST 高斯达	1.8	0	0	0.13
	ST 生态	0.9	0.26	0.06	0.19
	ST 康赛	1.1	0.01	-0.03	0
	ST 中燕	0.2	0	-0.23	-0.26
	ST 鞍一工	0.7	0.02	-0.03	-0.1

---

① 本例选编自谢龙汉、尚涛编著《SAS 统计分析与数据挖掘》，电子工业出版社 2013 年版，第 330 页。

续表

公司类型	公司	流动比率	总资产周转率	资产净利率	总资产增长率
ST公司	ST自仪	0.8	0.27	0	-0.3
	ST达声	0.7	0.01	-0.73	-0.12
	ST中华A	0.7	0.01	-0.02	-0.03
	ST英达A	0.8	0.21	0	-0.07
	ST中桥A	1	0.01	-0.03	-0.07
	ST吉发	1.1	0.4	-0.11	-0.08
	ST猴王	0.4	0.04	-0.07	-0.47
	ST金马	0.5	0.12	-0.09	0.08
	ST海洋	0	0	0	0.15
	ST银山	0.5	0.21	-0.02	-0.09
	ST合成	1.3	0.12	-0.02	-0.06
非ST公司	贵华旅业	0.7	0.13	-0.14	-0.21
	江苏吴中	2.1	0.49	0.06	0.17
	浙江东日	1	0.1	0.02	0.15
	国际大厦	1.4	0.12	-0.02	0.1
	农产品	0.7	0.3	0.02	0.62
	浙江富润	1.2	0.46	0.04	0.16
	上海三毛	1.7	0.26	0.01	0
	飞彩股份	1.5	0.29	0.02	0.22
	吴中仪表	2.8	0.11	0.02	0.64
	夏新电子	1.4	0.37	-0.02	0.06
	济南轻骑	2	0.07	-0.06	0
	北大股份	1.8	0.24	0.03	0.24
	深宝恒	1.3	0.07	0.22	-0.07
	光彩建设	2.8	0.07	0	0.7
	大西洋	3.4	0.5	0.03	0
	西藏圣地	0.6	0.07	0	0.02
	洞庭水殖	3.8	0.11	0.01	0.06
	兴发集团	1.3	0.24	0.02	-0.03
	东风药业	4.7	0.25	0.04	-0.07

第五章 定量分析Ⅱ：数据的分类与降维方法

SAS 过程：

（1）程序及说明。

序号	程序
1	DATA Example 5—2；
2	INFILE ´C：\ MyRawData\ Expamle 5—2. txt´；
3	input type X_1—X_4 @ @ ；
4	proc candisc out = result ncan = 2；
5	class type；
6	var X_1—X_4；
7	run；
8	proc gplot data = result；
9	plot Can_1 * Can_2 = type；
10	run；
11	proc discrim data = result distance list；
12	class type； var Can_1 Can_2；
13	run；

说明：

序号 2：导入数据（数据存储路径）。

序号 3：设置读入数据的名称和格式。此例中共 5 个变量：type 为公司类型；其后的 4 个变量是表 5—3 中列出的相关项目，为连续型变量。

序号 4—7：利用 candisc 函数计算典型变量。

序号 8—10：两个典型变量的散点图。

序号 11—13：利用 discrim 函数进行判别分析。

（2）结果。

图 5—6 显示的是数据集的结构情况和判别分析过程中的参数设置情况。如图 5—6，观测数共 38 个，指标数 4 个，分类水平数 2 个。

Class Level Information 显示与各类别有关的信息，即分类变量水平（type）、哑变量名称（Variable Name）、各类别观测数（Frequency）、各类别权重（Weight），以及各类别所占总体的比例（Proportion）。

The CANDISC Procedure

Observations	38	DF Total	37
Variables	4	DF Within Classes	36
Classes	2	DF Between Classes	1

Class Level Information				
type	Variable Name	Frequency	Weight	Proportion
1	–1	19	19.0000	0.500000
2	–2	19	19.0000	0.500000

图 5—6　SAS 输出的数据集结构和各类别信息

图 5—7 和图 5—8 显示，似然比为 0.52648383，近似 F 统计量为 7.42，对应的显著性概率为小于 0.0002。因此，在 0.01 显著水平上认为其典型相关系数与 0 有显著差异。

The CANDISC Procedure

Multivariate Statistics and Exact F Statistics					
S=1 M=1 N=15.5					
Statistic	Value	F Value	Num DF	Den DF	Pr > F
Wilks' Lambda	0.52648383	7.42	4	33	0.0002
Pillai's Trace	0.47351617	7.42	4	33	0.0002
Hotelling-Lawley Trace	0.89939357	7.42	4	33	0.0002
Roy's Greatest Root	0.89939357	7.42	4	33	0.0002

图 5—7　SAS 输出的相关矩阵的显著性检验

第五章 定量分析Ⅱ：数据的分类与降维方法

	Canonical Correlation	Adjusted Canonical Correlation	Approximate Standard Error	Squared Canonical Correlation	Eigenvalue	Difference	Proportion	Cumulative	Likelihood Ratio	Approximate F Value	Num DF	Den DF	Pr > F
1	0.688125	0.662003	0.086553	0.473516	0.8994		1.0000	1.0000	0.52648383	7.42	4	33	0.0002

Note: The F statistic is exact.

图 5—8 SAS 输出的似然比统计量

由图 5—9 可见，两个典型变量分别为：

$Can_1 = 0.663311436X_1 + 3.480483377X_2 + 1.508407062X_3 + 2.506196067X_4$

$Can_2 = -0.330823293X_1 - 4.390897310X_2 + 1.760666210X_3 + 3.351980835X_4$

Raw Canonical Coefficients		
Variable	Can$_1$	Can$_2$
X_1	0.663311436	-0.330823293
X_2	3.480483377	-4.390897310
X_3	1.508407062	1.760666210
X_4	2.506196067	3.351980835

图 5—9 SAS 输出的判别函数

SPSS 过程：

（1）步骤：Analysis—Classify—Discriminant Analysis。在 Grouping Variale 中选择"公司类型"，在 Independent 中选择其余变量。

（2）结果（见表 5—4—表 5—8）。

表 5—4   特征值

函数	特征值	方差的 %	累积 %	正则相关性
1	0.899[a]	100.0	100.0	0.688

注：a. 分析中使用了前 1 个典型判别式函数。

表 5—5　　　　　　　　　　Wilks 的 Lambda

函数检验	Wilks 的 Lambda	卡方	df	Sig.
1	0.526	21.812	4	0.000

表 5—6　　　　　　　标准化的典型判别式函数系数

	函数
	1
流动比率	0.576
总资产周转率	0.467
资产净利率	0.195
总资产增长率	0.532

表 5—7　　　　　　　　　　结构矩阵

	函数
	1
流动比率	0.650
总资产增长率	0.572
总资产周转率	0.525
资产净利率	0.391

注：判别变量和标准化典型判别式函数之间的汇聚组间相关性按函数内相关性的绝对大小排序的变量。

表 5—8　　　　　　　　　组质心处的函数

公司类型	函数
	1
1	-0.923
2	0.923

注：在组均值处评估的非标准化典型判别式函数。

第三节 因子分析

一 因子分析的概念

因子分析（Factor Analysis）的主要目的是浓缩数据，降低维度。因子分析通过考察众多变量之间的内部依赖关系，探求所观测数据中的基本结构，并用少数几个假想变量来表示这组数据的基本结构。在因子分析中，假想变量可以反映原始众多变量中的主要信息，并且对观测变量之间的复杂的相互依存关系做出相对简括的解释，这种假想变量被称为因子（Factors）。简言之，工商竞争情报分析中的因子分析就是考察如何以最少的信息损失，把众多的观测变量浓缩为少数几个因子。

因子分析的应用主要在以下两个方面：

第一，寻求基本结构（Summarization）。在工商竞争情报分析中，经常碰到观测变量很多且变量之间存在较强的相关关系的情形，这不仅给问题的分析和描述带来了一定困难，而且也会导致某些统计分析方法出现问题。一个典型的情况是，在多元统计分析中，如果自变量之间高度相关，则会出现多重共线性现象。这是由于变量的高度相关意味着它们所反映的信息高度重合，通过因子分析我们可以找到较少的几个因子，以它们代表数据的基本结构，反映信息的本质特性。可见，因子分析可较好地克服多重共线性现象，在保持原始数据中的主要信息的前提下，化约这些数据，揭示其实质。例如，餐饮公司为了解其市场竞争能力，对消费者进行了调查，通过定性研究的方法设计了30个有关快餐店及其产品和服务的调查项目。这30个调查项目可代表性地反映该公司的餐品质量、价格、就餐环境和服务水平四个基本方面。通过因子分析，情报人员可以找出反映数据本质特征的这四个因子，并用这四个因子简括地分析原来30个观测变量以及它们之间的关系。

第二，数据化简（Data Reduction）。由于因子分析可以把一组观测变量简化为少数几个因子，因此，通过使用因子分析法，竞争情报分析人员可以进一步把原始观测变量的信息转换成这些因子的因子值，然后用这些因子值代表原来的观测变量进行其他的统计分析。例如，在回归分析、差别分析和聚类分析中，都可以利用因子值直接对样本进行分类和综合评价。

在工商竞争情报分析实践中，对于因子分析常常需要首先确定能够解释观测变量之间相关的假想因子的个数。一般来说，如果企业的情报人员事先对观测数据背后存在多少个基础变量一无所知，因子分析可被用来作为探索基础变量的维数，在这种情况下对因子分析的使用被称为探索性因子分析（Exploratory Factor Analysis）。探索性因子分析法在竞争情报领域有着广泛的应用。在某些情况下，如果情报人员根据理论或其他的先验知识对因子的个数或因子的结构做出假设，然后通过因子分析来验证这些假设，这种把因子分析作为情报人员手中用以验证假设工具的应用方法，可被称为验证性因子分析（Confirmatory Factor Analysis）。

二　因子分析的基本原理

因子分析中，每个观测变量由一组因子的组合来表示。设有 k 个观测变量，分别为 x_1，x_2，…，x_k，其中 x_i 为具有零均值、单位方差的标准化变量，则因子模型的一般表达形式为：

$$x_i = a_{i1}f_1 + a_{i2}f_2 + \cdots + a_{im}f_m + \mu_i \quad (i = 1, 2, \cdots, k),$$

在上述模型中，f_1，f_2，…，f_m 称为公因子（Common factors），它们是各个观测变量所有的因子，解释了变量之间的相关。μ_i 称为特殊因子（Unique factor），它是每个观测变量所特有的因子，表示该变量不能被公因子所解释的部分。a_{ij} 称为因子载荷（又叫因子负载，Factor loading），它是第 i 个变量在 j 个公因子上的载荷，相当于多元回归分析中的标准回归系数。

因子分析模型可以用图5—10来表示。[①]

[①] 郭志刚：《社会统计分析方法——SPSS软件应用》，中国人民大学出版社1999年版，第89页。

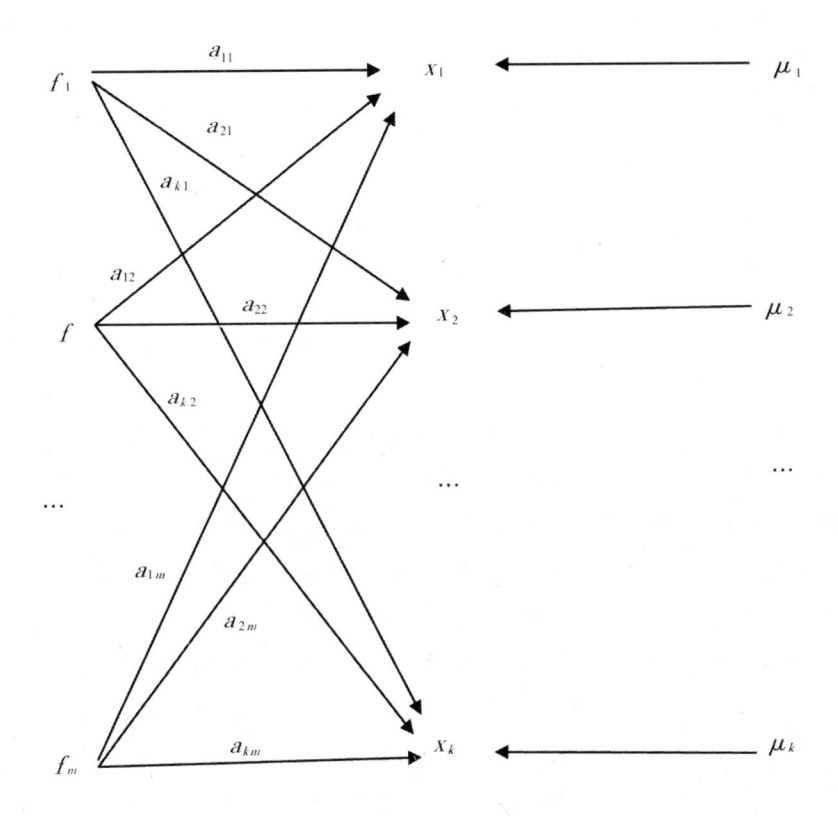

图 5—10　因子分析模型

资料来源：郭志刚：《社会统计分析方法——SPSS 软件应用》，中国人民大学出版社 1999 年版，第 89 页。

图 5—10 所示的模型假设 k 个因子之间是彼此独立的，特殊因子和公因子之间也是彼此独立的。

在因子分析模型中，每一个观测变量由 m 个公因子和一个特殊因子的线性组合来表示，情报人员感兴趣的只是这些能够代表较多信息的公因子。因此，在多数情况下，如果不加说明，"因子"一词实际上指"公因子"。公因子的个数最多可以等于观测变量数。因此在求因子解时，总是使第一个因子代表了所有变量中最多的信息，随后的因子代表性依次衰减。如果忽略最后几个因子，对原始变量的代表性的损失不大。所以，在因子分析模型中，公因子的个数往往远远小于观测变量的个数,这也恰恰是因子分析在竞争情报分析中的价值所在——降低维度、化简数据。因子分析模型中的因子是假想变量,是不可观测的,这一特征使因子分析与一般的线性模型(如回归模型)有了鲜明的区别。

三 因子分析中的几个关键概念

1. 因子载荷

因子载荷是因子分析模型中最重要的一个统计量,它是连接观测变量和公因子之间的纽带。当公因子之间完全不相关时,很容易证明因子载荷 a_{ij} 等于第 i 个变量和第 j 个因子之间的相关系数。大多数情况下,人们往往假设公因子之间是彼此正交的(Orthogonal),即彼此不相关。因此,因子载荷不仅表示了观测变量是如何由因子线性表现出的,而且反映了因子和变量之间的相关程度。a_{ij} 的绝对值越大,表示公因子 f_j 与变量 x_i 关系越密切。

假设我们得到了下面五个观测变量、两个公因子的模型[①]:

$$x_1 = 0.9562 f_1 + 0.2012 f_2 + 0.2126 \mu_1$$
$$x_2 = 0.8735 f_1 + 0.2896 f_2 + 0.3913 \mu_2$$
$$x_3 = 0.1744 f_1 + 0.8972 f_2 + 0.4057 \mu_3$$
$$x_4 = 0.5675 f_1 + 0.7586 f_2 + 0.32026 \mu_4$$
$$x_5 = 0.8562 f_1 + 0.3315 f_2 + 0.3962 \mu_5$$

可以看出,公因子 f_1 与变量 x_1、x_2、x_4、x_5 关系密切,因此,f_1 主要代表了这些变量的信息。而 f_2 与变量 x_3、x_4 关系密切,因此,f_2 主要代表了这两个变量的信息。

在部分情报分析实践中,因子载荷还可以用来估计观测变量之间的相关系数:当公因子之间彼此不相关时,由因子分析模型很容易推导出变量 x_i 和 x_j 之间的相关系数为:

$$r_{ij} = a_{i1} a_{j1} + a_{i2} a_{j2} + \cdots + a_{im} a_{jm}$$

即任何两个观测变量之间的相关系数等于对应的因子载荷乘积

[①] 此例选自郭志刚《社会统计分析方法——SPSS 软件应用》,中国人民大学出版社 1999 年版,第 89 页。

之和。这表明，因子分析模型假设观测变量之间的潜在联系通过公因子描述。由因子模型导出的变量之间的相关系数可以用来判断因子解是否合理。如果观测数据计算出的相关系数和从模型导出的变量的相关系数差别很小，说明模型很好地拟合了观测数据，因子解是合理的。公因子模型是从解释变量之间的相关关系出发的，这一模型的解最大可能地再现了观测变量之间的相关关系。

2. 公因子方差

公因子方差（Communality，又称共同度、公共方差）指观测变量方差中由公因子决定的比例。变量 x_i 的公因子方差记作 h_i^2。当公因子之间彼此正交时，公因子方差等于和该变量有关的因子载荷的平方和，用公式表示为：

$$h_i^2 = a_{i1}^2 + a_{i2}^2 + \cdots + a_{im}^2$$

变量的方差由两部分组成，一部分由公因子决定，一部分由特殊因子决定。公因子方差表示了变量方差中能被公因子所解释的部分，公因子方差越大，变量能被因子说明的程度越高。对于上面所列举的五个观测变量、两个公因子的例子，计算出每个变量的公因子方差（见表5—9）。$h_1^2 = 0.9548$，表明 f_1 和 f_2 两个因子解释了 x_1 变量信息量的 95.48%。公因子方差这个指标以观测变量为中心，它的意义在于说明用公因子替代观测变量后，原来每个变量的信息被保留的程度。

表5—9　　　　　　　　　　因子载荷与公因子方差

	f_1	f_2	h_i^2
x_1	0.9562	0.2012	0.9548
x_2	0.8735	0.2896	0.8469
x_3	0.1744	0.8972	0.8354
x_4	0.5675	0.7586	0.8975
x_5	0.8562	0.3315	0.8430

3. 因子的贡献

每个公因子对数据的解释能力可以用该因子所解释的总方差来

衡量，通常称为该因子的贡献（Contribution），记作 V_p。它等于和该因子有关的因子载荷的平方和。即：

$$V_p = \sum_{i=1}^{k} a_{ip}^2$$

所有公因子的总贡献为：

$$V = \sum_{p=1}^{m} V_p$$

在因子分析的应用实例中，通常用相对指标，即每个因子所解释的方差占所有变量总方差的比例。相对指标衡量了公因子的重要性。设 k 表示观测变量数，V_p/k 表示了第 p 个因子所解释的方差的比例，V/k 表示所有公因子累积解释方差的比例，它可以用来作为因子分析结束的判断指标。

上例中的 V 值可通过表 5—10 所示的方式判断，即 $\frac{V_1}{k}$ = 0.552574，$\frac{V_2}{k}$ = 0.322937，$\frac{V}{k}$ = 0.875511。

由此可见，第一个因子解释了所有变量总方差的 55%，第二个因子解释了上述总方差的 32%，两个因子一共解释了总方差的 87%。

表 5—10　　　　　　　　因子载荷与公因子方差

	a_{i1}	a_{i1}^2	a_{i2}	a_{i2}^2	h_i^2
x_1	0.9562	0.914318	0.2012	0.040481	0.9548
x_2	0.8735	0.763002	0.2896	0.083868	0.8469
x_3	0.1744	0.030415	0.8972	0.804968	0.8354
x_4	0.5675	0.322056	0.7586	0.575474	0.8975
x_5	0.8562	0.733078	0.3315	0.109892	0.843
$\sum a_{i1}^2$		2.762871			
$\sum a_{i2}^2$				1.614684	
$\frac{V_1}{k}$		0.552574			
$\frac{V_2}{k}$				0.322937	
$\frac{V}{k}$				0.875511	

四 因子分析的基本步骤和过程

因子分析的核心问题有两个：一个是如何构造因子变量；另一个是如何对因子变量进行命名解释。因子分析的基本步骤和解决思路就是围绕着这两个核心问题而展开的。

因子分析有以下四个基本步骤：

（1）确认待分析的原变量是否适合做因子分析；
（2）构造因子变量；
（3）利用旋转方法使因子变量更具有可解释性；
（4）计算因子变量得分。

结合上文所述的因子分析的数学模型可知，因子分析的基本计算过程如下：

（1）将原始数据标准化，以消除变量间在数量级和量纲上的不同。
（2）求标准化数据的相关矩阵。
（3）求相关矩阵的特征值和特征矢量。
（4）计算方差贡献率与累计方差贡献率。
（5）确定因子。设 F_1，F_2，…，F_p 为 p 个因子，其中前 m 个因子包含的数据信息问题不低于 80% 时，可以取前 m 个因子来反映原评价指标。
（6）因子旋转。若所得的 m 个因子无法确定或其实际意义不是很明显，这时需要将因子旋转以获得较为明显的实际含义。
（7）用原始指标的线性组合来求得各个因子的得分，采用回归估计法、Bartlett 估计法或 Thomson 估计法计算因子得分。
（8）综合得分。以各因子的方差贡献率为权重，由各因子的线性组合得到综合评价指标函数，即：

$$F = \frac{w_1 F_1 + w_2 F_2 + \cdots + w_m F_m}{w_1 + w_2 + \cdots + w_m}$$

式中，w_i 为旋转前或者旋转后因子的方差贡献率。
（9）得分排序。利用综合得分可以得到得分名次。

五 因子分析应用实例

【例 5—3】某企业拟对中国房地产市场进行一个区域分析，以合理安排各地分公司发展策略。该公司情报人员目前已获得如下指标：X_1——全国各省房地产开发企业个数（个），X_2——房地产业平均从业人数，X_3——本年完成开发土地面积（万平方米），X_4——房屋建筑面积竣工率（%），X_5——本年完成投资额，X_6——资金来源总计（千万元），X_7——房地产竣工房屋造价（万元/平方米），X_8——商品房实际销售面积（万平方米），X_9——个人购买商品房住宅面积（万平方米），X_{10}——房地产开发经营收入（千万元），X_{11}——房地产开发经营利润（百万元）。详细数据见表 5—11。[①]

表 5—11　　　　中国房地产各项经济指标数据

城市	X_1	X_2	X_3	X_4	X_5	X_6
北京	1056	52269	1084.4	28.6	12024.76	18713.89
天津	761	20126	740.4	39.4	2113.88	3224.14
河北	749	30892	559.6	41.5	2512.67	2631.7
山西	711	24967	196.4	37.3	950.74	1198.25
内蒙古	687	17594	284	52.4	907.88	839.99
辽宁	1800	49497	1062.9	40.3	4863.95	5582.99
吉林	457	15331	241.1	49.5	1392.39	1366.8
黑龙江	776	27465	416.4	46.5	1632.81	1607.98
上海	2199	73322	605.5	30.1	9012.43	12947.69
江苏	2580	65913	1600.3	35	8099.64	9604.46
浙江	2301	54035	1790.9	29.8	9800.51	13841.27
安徽	1388	40289	776.5	42.2	2406.51	3002.23

[①] 本例中的数据引自谢龙汉、尚涛《SAS 统计分析与数据挖掘》，电子工业出版社 2013 年版，第 276—277 页。

续表

城市	X_1	X_2	X_3	X_4	X_5	X_6
福建	1900	39641	1019.8	27.9	3620.66	5131.38
江西	1217	36589	772.2	40.9	1774.71	1841.08
山东	2152	83454	2010.5	37.1	5818.76	6792.94
河南	1430	43698	553.7	31.3	1855.56	2155.25
湖北	1309	59504	774.7	41	2390.41	3080.08
湖南	1157	41700	980.8	36.6	2300.32	2537.75
广东	4171	126518	2714	34.1	12335.23	16836.83
广西	749	22750	414	29	1203.11	1591.27
海南	186	5560	13.8	25	366.13	401.83
重庆	1597	54148	842.4	31.7	3278.88	4223.26
四川	2014	103331	703.9	41.9	4508.67	5432.11
贵州	1157	30160	375.2	31.1	1049.51	1313.85
云南	393	14659	426.7	43	1149.69	1553.01
西藏	4	398	7.2	72.3	20.01	45.95
陕西	622	25957	393.9	31.2	1883.08	1979.86
甘肃	721	19461	219	26.1	508.03	622.34
青海	170	5464	108.8	38.1	223.12	230.69
宁夏	217	6627	94.8	54	509.07	520.71
新疆	492	14036	382.4	57.2	1024.91	1117.66

城市	X_7	X_8	X_9	X_{10}	X_{11}
北京	1781	1895.77	1720.14	9005.23	895.9
天津	1317	786.5	709.17	2130.36	1208.6
河北	1089	939.43	779.62	1409.74	230.29
山西	1127	359.6	272.73	552.57	−140.19
内蒙古	862	547.97	432.18	701.72	12.17
辽宁	1075	1499.08	1275.55	3675.53	−301.47
吉林	1154	501.14	415.66	926.21	8.46

续表

城市	X_7	X_8	X_9	X_{10}	X_{11}
黑龙江	984	814.64	654.92	1203	-232.84
上海	2991	2376.4	2181.91	15539.53	15180.09
江苏	1045	2721.57	2342.21	6765.98	4435.66
浙江	1487	2781.84	2309.24	8317.02	6887.17
安徽	825	1093.27	884.43	1658.42	441.45
福建	1113	1250.1	1038.42	3183.22	598.61
江西	742	865.83	683.37	857.46	126.18
山东	1041	2251.52	1870.78	4350.86	1656.89
河南	854	862.71	748.1	1455.79	-321.81
湖北	1076	1073.48	929.63	1579.61	132.56
湖南	976	848.47	675.57	1330.4	-23.58
广东	1666	3061.32	2627.41	14705.88	10661.54
广西	764	505.31	443.79	995.44	283.22
海南	1673	112.64	107.43	230.18	-182.74
重庆	938	1316.83	1076.78	2469.86	561.59
四川	811	2457.85	2138.62	3801.31	1456.45
贵州	833	554.34	481.9	718.36	-1612.5
云南	1027	521.97	464.66	1031.76	391.71
西藏	1283	10.32	10.2	17.95	19.91
陕西	1214	580.05	495.23	850.47	-88.8
甘肃	988	224.77	195.68	302.31	-4.64
青海	972	83.51	65.46	117.13	-72.42
宁夏	845	232.38	187.59	414.25	113.22
新疆	1151	587.02	496.25	1075.18	71.58

第五章 定量分析 Ⅱ：数据的分类与降维方法

SAS 过程：

(1) 程序及说明。

序号	程序
1	DATA Example 5—3;
2	INFILE 'C: \ MyRawData \ Expamle 5—3. txt';
3	INPUT city $ X_1 X_2 X_3 X_4 X_5 X_6 X_7 X_8 X_9 X_{10} X_{11};
4	PROC factor out=ch130201 method=principal n=3 rotate=varimax scree all;
5	var X_1—X_{11};
6	PROC sort;
7	by factor1;
8	PROC PRINT;
9	id city;
10	var factor1 factor2 factor3 X_1 X_2 X_3 X_4 X_5 X_6 X_7 X_8 X_9 X_{10} X_{11};
11	title 2 'prov listed in order of overall econ';
12	title 3 'As determined by the first principal Component';
13	RUN;

说明：

序号 2：导入数据（数据存储路径）。

序号 3：设置读入数据的名称和格式。此例中共 12 个变量：city 为地区名称；其后的 11 个变量是表 5—11 中列出的相关项目，为连续型变量。

序号 4—5：利用 factor 函数进行因子分析，使用了主成分分析法，共三个因子，用最大方差法进行因子旋转。

序号 6—7：按 factor1 对因子得分进行排序。

序号 8—13：输出。

(2) 结果。

图 5—11 输出了 "Kaiser's Measure of Sampling Adequacy（KMO）" 抽样适度测度值。由图 5—11 可以看到，Overall MSA = 0.79626978，大于 0.5，一般认为此数值越大越适合于做因子分析。

Kaiser's Measure of Sampling Adequacy:Overall MSA=0.79626978

X_1	X_2	X_3	X_4	X_5	X_6	X_7	X_8	X_9	X_{10}	X_{11}
0.77277945	0.93375157	0.89110351	0.53170245	0.82712545	0.87840556	0.83015589	0.76148738	0.78094209	0.72131791	0.72578501

Prior Commnuality Estimates: ONE

图 5—11 SAS 输出的 KMO 检验值

图 5—12 所示的是相关系数矩阵的特征值、相邻两个特征值之间的差及每个特征值所解释的方差和累计比率。这时前两个主成分的累计解释方差的比率为 85.15%，前三个成分的累计解释方差的比率为 93.03%。

SAS 系统
The FACTOR Procedure
Intial Factor Method: Principal Components
Eigenvalues of the Correlation Matrix: Total = 11   Average = 1

	Eigenvalue	Difference	Proportion	Cumulative
1	8.02505152	6.68391107	0.7296	0.7296
2	1.34114045	0.47456389	0.1219	0.8515
3	0.86657656	0.50461958	0.0788	0.9303
4	0.36195698	0.17816095	0.0329	0.9632
5	0.18379603	0.07814183	0.0167	0.9799
6	0.10565420	0.03009195	0.0096	0.9895
7	0.07556225	0.04293159	0.0069	0.9963
8	0.03263066	0.02747300	0.0030	0.9993
9	0.00515766	0.00304773	0.0005	0.9998
10	0.00210993	0.00174617	0.0002	1.0000
11	0.00036376		0.0000	1.0000

3 factors will be retained by the NFACTOR criterion

图 5—12 SAS 输出的先验共同度

图 5—13 中的 "Factor Pattern" 显示了对应于每个变量的特征矢量和旋转前的分析结果。由图 5—13 可得到三个公因子的表达式，即：

$Factor_1 = 0.91009X_1 + 0.87903X_2 + 0.85200X_3 - 0.40841X_4 + 0.95880X_5 + 0.93356X_6 + 0.56497X_7 + 0.95759X_8 + 0.96410X_9 + 0.94839X_{10} + 0.82187X_{11}$

$Factor_2 = -0.30762X_1 - 0.32506X_2 - 0.39450X_3 + 0.02762X_4 + 0.05219X_5 + 0.12154X_6 + 0.79987X_7 - 0.19062X_8 - 0.15121X_9 + 0.28637X_{10} + 0.43122X_{11}$

Initial Factor Method Principal Components
Eigenvenctors

	1	2	3
X_1	0.32126	−0.26563	0.00175
X_2	0.31030	−0.28069	0.05028
X_3	0.30076	−0.34065	0.05244
X_4	−0.14417	0.02385	0.97821
X_5	0.33846	0.04506	0.00942
X_6	0.32955	0.10495	−0.02015
X_7	0.19943	0.69069	−0.03235
X_8	0.33803	−0.16460	0.09656
X_9	0.34033	−0.13057	0.08994
X_{10}	0.33478	0.24728	0.05900
X_{11}	0.29012	0.37236	0.12407

Factor Pattern

	$Factor_1$	$Factor_2$	$Factor_3$
X_1	0.91009	−0.30762	0.00163
X_2	0.87903	−0.32506	0.04681
X_3	0.85200	−0.39450	0.04882
X_4	−0.40841	0.02762	0.91061
X_5	0.95880	0.05219	0.00877
X_6	0.93356	0.12154	−0.01876
X_7	0.56497	0.79987	−0.03012
X_8	0.95759	−0.19062	0.08989
X_9	0.96410	0.15121	0.08372
X_{10}	0.94839	0.28637	0.05492
X_{11}	0.82187	0.43122	0.11550

Variance Explained by Each Factor

$Factor_1$	$Factor_2$	$Factor_3$
8.0250515	1.3411405	0.8665766

Final Commality: Total = 10.232769

X_1	X_2	X_3	X_4	X_5	X_6
0.92289304	0.88054660	0.88391090	0.99678190	0.92210715	0.89665876

X_7	X_8	X_9	X_{10}	X_{11}
0.95989476	0.96139076	0.95935976	0.98446854	0.87475636

图 5—13 SAS 输出的变量特征矢量与旋转前分析结果

$$Factor_3 = 0.00163X_1 + 0.04681X_2 + 0.04882X_3 + 0.91061X_4 + 0.00877X_5 - 0.01876X_6 - 0.03012X_7 + 0.08989X_8 + 0.08372X_9 + 0.05492X_{10} + 0.11550X_{11}$$

图 5—13 中的 "Variance Explained by Each Factor" 展示了每个因子解释的方差部分。三个因子共同解释的方差为 10.232769。

图 5—13 中的最后一部分显示了最终的共同度分析。

图 5—14 展示了旋转后的分析结果,本案例采用方差最大旋转法,可以得到如下因子模型:

	1	2	3
1	0.83132	0.52363	−0.18635
2	−0.52819	0.84865	0.02834
3	0.17298	0.07487	0.98208

Rotated Factor Pattern

	Factor 1	Factor 2	Factor 3
X_1	0.91934	0.21561	−0.17671
X_2	0.91054	0.18792	−0.12705
X_3	0.92510	0.11500	−0.12200
X_4	−0.19659	−0.12224	0.97118
X_5	0.77102	0.54700	−0.16858
X_6	0.70864	0.59058	−0.18894
X_7	0.04197	0.97239	−0.11219
X_8	0.91229	0.34638	−0.09557
X_9	0.89582	0.38277	−0.10172
X_{10}	0.64665	0.74374	−0.11468
X_{11}	0.47544	0.80496	−0.02750

Variance Explained bu Each Factor

Factor 1	Factor 2	Factor 3
5.9461106	3.1711189	1.1155390

Final Cammality Estimates: Total = 10.232769

X_1	X_2	X_3	X_4	X_5	X_6
0.92289304	0.88054660	0.99391090	0.99678190	0.92210715	0.88665876
X_7	X_8	X_9	X_{10}	X_{11}	
0.95989476	0.96139076	0.95935976	0.98446854	0.87475636	

图 5—14 SAS 输出的旋转后的分析结果

$$X_1 = 0.91934 Factor_1 + 0.21561 Factor_2 − 0.17671 Factor_3$$
$$X_2 = 0.91045 Factor_1 + 0.18792 Factor_2 − 0.12705 Factor_3$$
$$X_3 = 0.92510 Factor_1 + 0.11500 Factor_2 − 0.12200 Factor_3$$

$X_4 = -0.19659\text{Factor}_1 - 0.12224\text{Factor}_2 + 0.97118\text{Factor}_3$

$X_5 = 0.77102\text{Factor}_1 + 0.54700\text{Factor}_2 - 0.16858\text{Factor}_3$

$X_6 = 0.70864\text{Factor}_1 + 0.59058\text{Factor}_2 - 0.18894\text{Factor}_3$

$X_7 = 0.04197\text{Factor}_1 + 0.97239\text{Factor}_2 - 0.11219\text{Factor}_3$

$X_8 = 0.91229\text{Factor}_1 + 0.34638\text{Factor}_2 - 0.09557\text{Factor}_3$

$X_9 = 0.89582\text{Factor}_1 + 0.38277\text{Factor}_2 - 0.10172\text{Factor}_3$

$X_{10} = 0.64665\text{Factor}_1 + 0.74374\text{Factor}_2 - 0.11468\text{Factor}_3$

$X_{11} = 0.47544\text{Factor}_1 + 0.80496\text{Factor}_2 - 0.02750\text{Factor}_3$

图 5—15 展示了标准因子得分函数。

	Squared Multiple Correlations of the Variables with Each Factor		
	Factor$_1$	Factor$_2$	Factor$_3$
	1.0000000	1.0000000	1.0000000

	Standaardized Scoring Coefficimets		
	Factor$_1$	Factor$_2$	Factor$_3$
X_1	0.21575384	−0.1351311	−0.0257833
X_2	0.22842521	−0.1442942	0.02576782
X_3	0.2533717	−0.18982	0.02720593
X_4	0.12858845	0.06950288	1.0420497
X_5	0.08052065	0.09634159	−0.0112216
X_6	0.04509405	0.13620493	−0.040368
X_7	−0.2625089	0.54040814	−0.0303503
X_8	0.19221255	−0.0503724	0.07560185
X_9	0.17613718	−0.0255456	0.06929738
X_{10}	−0.0035767	0.24783618	0.04626763
X_{11}	−0.0616399	0.33647545	0.12092038

图 5—15 SAS 检出的标准因子得分函数

SPSS 过程：

（1）步骤：Analysis—Dimension Reduction—Factor Analysis。在 Descriptive 中选择 "KMO and Bartlett's test of sphericity"，在 Extraction 中选择方法为主成分分析法，固定因子个数为三个，在 Rotation 中选择 "Varimax"，在 Option 中选择 "sorted by size"。

（2）结果（见表 5—12—表 5—16）。

表 5—12　　　　　　　　KMO 和 Bartlett 的检验

取样足够度的 Kaiser—Meyer—Olkin 度量		0.796
Bartlett 的球形度检验	近似卡方	715.978
	df	55
	Sig.	0.000

表 5—13　　　　　　　　公因子方差

	初始	提取
X_1	1.000	0.923
X_2	1.000	0.881
X_3	1.000	0.884
X_4	1.000	0.997
X_5	1.000	0.922
X_6	1.000	0.887
X_7	1.000	0.960
X_8	1.000	0.961
X_9	1.000	0.959
X_{10}	1.000	0.984
X_{11}	1.000	0.875

注：提取方法：主成分分析。

表 5—14　　　　　　　　解释的总方差

成分	初始特征值			提取平方和载入			旋转平方和载入		
	合计	方差的%	累计%	合计	方差的%	累计%	合计	方差的%	累计%
1	8.025	72.955	72.955	8.025	72.955	72.955	5.946	54.056	54.056
2	1.341	12.192	85.147	1.341	12.192	85.147	3.171	28.827	82.884
3	0.867	7.878	93.025	0.867	7.878	93.025	1.116	10.141	93.025
4	0.362	3.291	96.316						
5	0.184	1.671	97.987						
6	0.106	0.960	98.947						
7	0.076	0.687	99.634						

续表

成分	初始特征值			提取平方和载入			旋转平方和载入		
	合计	方差的 %	累计 %	合计	方差的 %	累计 %	合计	方差的 %	累计 %
8	0.033	0.297	99.931						
9	0.005	0.047	99.978						
10	0.002	0.019	99.997						
11	0.000	0.003	100.000						

注：提取方法：主成分分析。

表 5—15　　　　　　　　　成分矩阵[a]

	成分		
	1	2	3
X_9	0.964	-0.151	0.084
X_5	0.959	0.052	0.009
X_8	0.958	-0.191	0.090
X_{10}	0.948	0.286	0.055
X_6	0.934	0.122	-0.019
X_1	0.910	-0.308	0.002
X_2	0.879	-0.325	0.047
X_3	0.852	-0.394	0.049
X_{11}	0.822	0.431	0.115
X_7	0.565	0.800	-0.030
X_4	-0.408	0.028	0.911

注：提取方法：主成分分析。a. 已提取了 3 个成分。

表 5—16　　　　　　　　旋转成分矩阵[a]

	成分		
	1	2	3
X_3	0.925	0.115	0.122
X_1	0.919	0.216	0.177
X_8	0.912	0.346	0.096

续表

	成分		
	1	2	3
X_2	0.911	0.188	0.127
X_9	0.896	0.383	0.102
X_5	0.771	0.547	0.169
X_6	0.709	0.591	0.189
X_7	0.042	0.972	0.112
X_{11}	0.475	0.805	0.028
X_{10}	0.647	0.744	0.115
X_4	-0.197	-0.122	-0.971

注：提取方法：主成分分析。

旋转法：具有 Kaiser 标准化的正交旋转法。

a. 旋转在 4 次迭代后收敛。

第六章

定量分析Ⅲ：利用数据进行预测

很多情况下，对于未来的预测是实现 information 的 intelligence 化的关键途径。工商企业情报分析常常需要根据现有数据信息，对其未来发展的趋势做出预测。对于数值型的数据来说，回归分析和时间序列分析是重要的预测分析方法。

第一节 回归分析

一 回归分析概述

"回归"这一概念是19世纪80年代英国统计学家弗朗西斯·高尔顿（Francis Galton）在研究父代身高与子代身高之间的关系时提出来的。如今，回归分析已成为包括竞争情报分析在内的社会科学定量分析中最基本、应用最广泛的一种数据分析技术。回归分析既可以用来探索和检验自变量和因变量之间的因果关系，也可以基于自变量的取值变化来预测因变量的取值，还可以用来描述自变量和因变量之间的关系。

情报分析人员在分析数据时，常常希望尽量准确地概括数据中的关键信息。但由于采集到的数据信息一般都比较复杂，要完全理解和表达这些数据信息几乎是不可能的。所以，前文介绍了大量对数据进行化简的技术。回归分析在某种程度上也是一种对数据化简的技术。

回归分析的目的在于：利用变量间的函数关系，用自变量对因变量进行预测，使预测值尽量接近观测值。然而，由于随机误差或其他原因，回归模型中的预测值不可能和观测值完全相同。因此，回归分析的特点就在于，它把观测值分解成两部分——结构部分和随机部分。即：①

观测值 = 结构项+随机项

观测项部分代表因变量的实际取值；结构项部分代表因变量和自变量之间的结构关系，表现为"预测值"；随机项部分代表观测项中未被结构项解释的剩余部分。一般来说，随机项又包括三部分：被忽略的结构因素（包括结构的差错）、测量误差和随机干扰。首先，在竞争情报分析中，忽略一部分结构因素是不可避免的，因为情报人员不可能完全掌握和测量出所有可能对因变量产生影响的因素。其次，测量误差是由数据测量、记录或报告过程中的不精确造成的。最后，随机干扰的存在反映了人类行为或商务活动不可避免地受到不确定性因素的影响。

如何根据回归模型的构成形式理解回归模型的现实意义呢？谢宇认为，理解回归分析有三种视角：②

因果性：观测项 = 机制项+干扰项

预测性：观测项 = 预测项+误差项

描述性：观测项 = 概括项+残差项

谢宇认为，上述三种理解方式提供了三种不同的视角。第一种方式最接近于古典计量经济学的视角。在这种视角下，研究者的目的在于确立一个模型并以此发现数据产生的机制，或者说发现"真实"的因果模型。这种方法试图找出最具有决定性的模型。但当前更多研究者认为，所谓的"真实"的模型并不存在，好的模型只是相对于其他模型而言更实用、更有意义或者更接近真实。

第二种方式更适用于工程学领域。它通常用于在已知一组自变量和因变量之间的关系后，应用新的数据给出有用的预测回答。社

---

① 谢宇：《回归分析》，社会科学文献出版社 2010 年版，第 50—51 页。
② 同上。

会科学家有时也会应用这种方法预测人类行为的发生。这一理解的特点是：我们只是通过经验规律来做预测，而对因果关系的机制不感兴趣或不在乎。

第三种方式反映了当今定量社会科学和统计学的观点。它希望在不曲解数据的情况下，利用模型概括数据的基本特征。即遵循"奥卡姆剃刀定律"，实现"简约化的目标"。在统计模型中，奥卡姆剃刀定律的具体含义是：如果许多模型对所观察事实的解释程度相当，除非有其他证据支持某一模型，否则我们将倾向于选择最简单的模型。这种方法与第一种方法的不同之处在于，它并不关注模型是否"真实"，只关注是否符合已被观察到的事实。

总的来说，上述三种视角并不互相排斥，而是需要研究者在实际运用中根据具体的情况、竞争情报分析的具体课题和目的，来决定选取哪种视角最合适。具体而言，在竞争情报分析与预测中，常常需要在精确性和简约性之间权衡。一方面精确的模型意味着我们可以保留尽可能多的信息并最大限度地降低因残差而导致的不确定性；另一方面我们又倾向于选择更为简洁的模型。

二　一元线性回归预测法

一元线性回归预测法是指成对的两个变量数据分布大体上呈直线趋势时，采用适当的计算方法，找到两者之间特定的经验公式，即一元线性回归模型，然后根据自变量的变化，来预测因变量变化的方法。

1. 建立模型

一元线性回归模型可表述为：

$$y_i = b_0 + b_1 x_i + \mu_i$$

式中，b_0、b_1 是未知参数，μ_i 为残差项或随机干扰项。引进随机项的目的，是将对因变量 y_i 的变化有影响的其他所有因素包括进来。

在运用回归预测法时，要求满足一定的假定条件，其中最重要的是关于 μ_i 须具有的五个特性：①μ_i 是一个随机变量；②μ_i 的平均值为零,即 $E(\mu_i) = 0$;③在每一个时期中,μ_i 的方差为一常量,即 $D(\mu_i) = \sigma_\mu^2$;④各个 μ_i 间相互独立;⑤μ_i 与自变量无关。

2. 估计参数

要将一元线性回归模型应用于预测,就需要估计出 b_0、b_1 这两个未知参数,建立以下一元线性回归预测式:

$$\widehat{y_i} = b_0 + b_1 x_i$$

式中,$\widehat{y_i}$ 是理论值或估计值。

线性回归模型参数估计一般有两种方法,即普通最小二乘估计和最大似然估计。通常使用最小二乘估计。

最小二乘估计的意义在于使 $\sum_{i=1}^{n} \mu_i^2 = \sum_{i=1}^{n} (y_i - \widehat{y_i})^2 = \sum_{i=1}^{n} (y_i - b_0 - b_1 x_i)^2$ 达到最小。y_i 是实际值,$\widehat{y_i}$ 是理论值或称估计值。

求得 b_1 和 b_0 的两个公式为:

$$b_1 = \frac{\sum (x - \bar{x})(y - \bar{y})}{\sum (x - \bar{x})^2}$$

$$b_0 = \bar{y} - b_1 \bar{x}$$

3. 进行检验

(1) 标准误差。标准误差是回归直线即估计值与因变量值的平均平方误差。其计算公式为:

$$SE = \sqrt{\frac{\sum (y - \widehat{y})^2}{n - 2}}$$

(2) 决定系数。决定系数是衡量因变量和自变量关系密切程度的指标,表示自变量解释因变量变动的百分比。它的取值在 0 与 1 之间,并取决于回归模型所解释的 y 方差的百分比。决定系数的计算方法为,用 1 减去 y 对回归直接的方差(未解释的离差)与 y 的总方差的比值。其公式为:

$$R^2 = 1 - \frac{\sum (y - \widehat{y})^2}{\sum (y - \bar{y})^2} = \left[\frac{\sum (x - \bar{x})(y - \bar{y})}{\sqrt{\sum (x - \bar{x})^2} \sqrt{\sum (y - \bar{y})^2}} \right]^2$$

(3) 相关系数。相关系数也是一个被广泛用来测定拟合优度的指标，其计算公式为：

$$r = \frac{\sum (x - \bar{x})(y - \bar{y})}{\sqrt{\sum (x - \bar{x})^2} \sqrt{\sum (y - \bar{y})^2}}$$

由上述公式可以看出，决定系数是相关系数的平方，但这两种度量方法提供了相互补充的信息。相关系数与决定系数的主要区别在于：相关系数有正有负：正相关系数意味着因变量与自变量以相同的方向增减。如果直线从左到右上升，则相关系数为正；如果直线从左至右下降，则相关系数为负。尽管相关系数的意义不如决定系数明显，但也有类似的意义，即相关系数越接近于1或-1，则因变量与自变量的拟合程度越好。

(4) 回归系数的显著性检验。在求出回归系数后，需要进行回归系数的显著性检验。回归系数的显著性检验是用t参数检验的：

$$t_b = \frac{b}{S_b}$$

式中，$S_b = SE/\sqrt{\sum (x - \bar{x})^2}$，$t$服从自由度为$n-2$的$t$分布，取显著性水平为$\alpha$。如果$|\alpha| > t_\alpha$，则回归系数$b$显著。

(5) F检验。将总离差$\sum (y - \bar{y})^2$分解，可以分解为回归偏差和剩余残差两部分，即：

$$\sum (y - \bar{y})^2 = \sum (\hat{y} - \bar{y})^2 + \sum (y - \hat{y})^2$$

自由度$n-1$也可以分解为两部分，即回归自由度1和残差自由度$n-2$。将回归偏差和剩余残差各自除以它们的自由度后加以比较，便可得到检验统计量F，即：

$$F = \frac{\sum (\hat{y} - \bar{y})^2/1}{\sum (y - \hat{y})^2/(n-2)}$$

F服从$F(1, n-2)$分布，取显著性水平α，如果$F > F_\alpha(1, n-2)$，则表明回归模型显著；若$F < F_\alpha(1, n-2)$，则表明回归模型不显著。回归模型不能用于预测。

（6）D-W 统计量。前文提到，回归模型的剩余项 μ_i 之间应该是相互独立的。也就是说，各个 μ_i 之间不存在自相关的问题。如果存在自相关的问题，那么用回归模型进行预测就要失真。

D-W 统计量是检验模型是否存在自相关的一种有效方法，其公式为：

$$D-W = \frac{\sum_{i=2}^{n}(\mu_i - \mu_{i-1})^2}{\sum_{i=1}^{n}\mu_i^2}$$

式中，$\mu_i = y_i - \hat{y}_i$。把上式中计算得到的 D-W 值与不同显著性水平 α 的 D-W 值之上限 D_U 和下限 D_L 进行比较，D-W 的取值域在 0—4 之间。

D-W 的检验规则如表 6—1 所示。

表 6—1　　　　　　　　　D-W 的检验法则

D-W 小于等于 2 时	若 $D-W < D_L$	μ_i 存在自相关
	若 $D-W > D_U$	μ_i 不存在自相关
	若 $D_L < D-W < D_U$	不能确定 μ_i 是否存在自相关
D-W 大于 2 时	若 $4 - D_L < D-W$	μ_i 存在自相关
	若 $4 - D_L > D-W$	μ_i 不存在自相关
	若 $4 - D_L < D-W < 4 - D_U$	不能确定 μ_i 是否存在自相关

计算表明，D-W 值等于 2 时最好。根据经验，D-W 统计量在 1.5—2.5 之间时，表示没有显著自相关问题。

在竞争情报分析与预测的实践中，如果发现存在自相关问题，就必须对数据进行调整，如选择新的自变量对因变量进行回归分析。如果调整之后仍存在自相关问题，就有必要用非线性回归或时间序列法进行模拟分析。

4. 进行预测

建立回归模型的主要目的之一是根据自变量的变化来预测或估计

因变量的变动情况。具体的估计可分为点估计和区间估计两种。

（1）点估计。这种方法非常简单，即将给定的自变量值代入所建立的一元线性回归模型，可得到因变量的一个对应估计值。

（2）区间估计。在工商竞争情报的分析中，有时需要给出精确度，这就要用到在一定概率保证程度下的区间估计方法。根据一元线性回归模型的性质可知，$\hat{y}$的抽样分布服从正态分布，但$\sigma_{\hat{y}}^2$未知，需要用它的估计值$S_{\hat{y}}^2$来代替，这样对$\hat{y}$进行区间估计时就要区分大样本和小样本。

如果要估计的是因变量的平均水平μ_i，则所估计的区间称为置信区间。计算公式为：

大样本：置信区间 = $\hat{y} \pm z_{\frac{\alpha}{2}} SE_{\hat{\mu}}$

小样本：置信区间 = $\hat{y} \pm t_{\frac{\alpha}{2}} SE_{\hat{\mu}}$

如果要估计的是某个特定的因变量y值，则所估计的区间称为预测区间。计算公式为：

大样本：预测区间 = $\hat{y} \pm z_{\frac{\alpha}{2}} SE_{\hat{y}}$

小样本：预测区间 = $\hat{y} \pm t_{\frac{\alpha}{2}} SE_{\hat{y}}$

前面各公式中，$SE_{\hat{\mu}} = SE\sqrt{\frac{1}{n} + \frac{(x_0 - \bar{x})^2}{\sum(x_i - \bar{x})^2}}$，$SE_{\hat{y}} = SE\sqrt{1 + \frac{1}{n} + \frac{(x_0 - \bar{x})^2}{\sum(x_i - \bar{x})^2}}$，$x_0$为用于预测$y$的$x$值，$t_{\frac{\alpha}{2}}$是置信度为$(1-\alpha)$、自由度为$(n-2)$ t分布的临界值。

5. 一元线性回归应用实例

【例6—1】某饮料公司发现，饮料的销售量与气温之间存在着相关关系，即气温越高，人们对饮料的需求量越大。现要求情报人员根据饮料销售与气温的历史记录（见表6—2）建立回归模型，以期今后能够通过掌握气温资料对销售量做出预测。

表 6—2　　　　　　　饮料销售量与气温的历史记录

时期	销售量（箱）	气温（℃）
1	430	30
2	335	21
3	520	35
4	490	42
5	470	37
6	210	20
7	195	8
8	270	17
9	400	35
10	480	25

SAS 过程：

（1）回归分析的程序及说明。

序号	程序
1	DATA example 6—1;
2	INPUT period $ y x @;
3	cards;
4	1　430　30
5	2　335　21
6	3　520　35
7	4　490　42
8	5　470　37
9	6　210　20
10	7　195　8
11	8　270　17
12	9　400　35
13	10　480　25
14	;

```
15    RUN;
16    PROC reg;
17    model y = x;
18    RUN;
```

说明:

序号2: 读入数据格式。period 为时期,是一个字符型变量; y 为销售量; x 为气温。

序号3—15: 读入数据。

序号16—18: 利用 reg 函数进行回归分析。

(2) 结果 (见图6—1—图6—3)。

Analysis of Variance					
Source	DF	Sum of Squares	Mean Square	F Value	Pr > F
Model	1	95969	95969	22.59	0.0014
Error	8	33981	4247.57596		
Corrected Total	9	129950			

图6—1　SAS 输出的 F 检验结果

Root MSE	65.17343	R-Square	0.7385
Dependent Mean	380.00000	Adj R-Sq	0.7058
Coeff Var	17.15090		

图6—2　SAS 输出的 MSE 与 R^2 值

Parameter Estimates					
Variable	DF	Parameter Estimate	Standard Error	t Value	Pr > |t|
Intercept	1	117.07016	59.02985	1.98	0.0826
x	1	9.73814	2.04871	4.75	0.0014

图 6—3　SAS 输出的 t 检验结果

（3）D-W 检验程序。

序号　程序
1　PROC autoreg data = example 6—1;
2　model y = x / dw = 4 dwprob;
3　RUN;

（4）D-W 检验结果。

由图 6—4 可见，D-W 在 1.5—2.5 之间。因此，此回归模型无自相关问题。

Durbin-Watson Statistics			
Order	DW	Pr < DW	Pr > DW
1	1.9380	0.4001	0.5999
2	1.2397	0.2366	0.7634
3	1.4145	0.5259	0.4741
4	2.0603	0.9122	0.0878

Note: Pr<DW is the p-value for testing positive autocorrelation, and Pr>DW is the p-value for testing negative autocorrelation.

图 6—4　SAS 输出的 D-W 检验结果

SPSS 过程：

（1）步骤：Analysis—Regression—linear。将销售量（y）选入 dependent variable，将气温（x）选入 independent variable。在 statistics 中，选中 D-W。

（2）结果（见表 6—3—表 6—5）。

表 6—3 模型汇总[b]

模型	R	R^2	调整 R^2	标准估计的误差	D-W
1	0.859[a]	0.739	0.706	65.173	1.938

注：a. 预测变量：（常量），气温（度）。
b. 因变量：销售量（箱）。

表 6—4 Anova[b]

模型		平方和	df	均方	F	Sig.
1	回归	95969.392	1	95969.392	22.594	0.001[a]
	残差	33980.608	8	4247.576		
	总计	129950.000	9			

注：a. 预测变量：（常量），气温（度）。
b. 因变量：销售量（箱）。

表 6—5 系数[a]

模型		非标准化系数		标准系数	t	Sig.
		B	标准误差	试用版		
1	（常量）	117.070	59.030		1.983	0.083
	气温（度）	9.738	2.049	0.859	4.753	0.001

注：a. 因变量：销售量（箱）。

三 多元回归预测法

客观事物的变化往往受到多种因素的影响，即使其中一个因素起着主导作用，但有时其他因素的作用也是不可忽视的。因此，在竞争情报分析实践中，大多数影响因变量的因素不止一个，这种有两个或两个以上自变量的回归称为多元回归。为方便分析，本部分将主要以两个自变量的回归分析为例。但无论自变量有多少，其原理都与二元线性回归模型是一样的。

1. 参数估计

多元线性回归模型可被表述为：

$$\bar{y} = b_0 + b_1 x_1 + b_2 x_2 + \cdots + b_n x_n$$

式中，y 是因变量，b_0、b_1、$\cdots$、b_n 是回归系数，x_1、x_2、$\cdots$、x_n 是自变量。以二元回归为例，回归模型可被表述为：

$$\hat{y} = b_0 + b_1 x + b_2 z$$

式中，y 是因变量，x 和 z 是自变量，b_0、b_1 和 b_2 是回归系数。回归系数可以通过解以下联立方程求得：

$$\begin{cases} \sum y = n b_0 + b_1 \sum x_1 + b_2 \sum x_2 \\ \sum x_1 y = b_0 \sum x_1 + b_1 \sum x_1^2 + b_2 \sum x_1 x_2 \\ \sum x_2 y = b_0 \sum x_2 + b_1 \sum x_1 x_2 + b_2 \sum x_2^2 \end{cases}$$

2. 拟合优度

（1）标准误差。同一元线性回归一样，标准误差是对 y 值与模型估计值之间离差的一种度量，它是计算置信区间估计值和其他拟合优度的基础指标。其计算公式为：

$$SE = \sqrt{\frac{(y - \hat{y})^2}{n - 3}}$$

一般来说，随着有效自变量的加入，标准误差会有所减少。因此，在准确度要求高的预测中，需要考虑这种减少标准误差的必要性。

（2）决定系数。决定系数的计算公式为：

$$R^2 = 1 - \frac{\sum (y - \hat{y})^2}{\sum (y - \bar{y})^2}$$

决定系数在多元回归模型中的含义与一元回归模型中完全一样。

（3）相关系数。对于多元回归模型来说，相关系数并不能提供任何新的信息。

3. 多元回归分析的自相关和多重共线性问题

（1）自相关检验。与一元回归一样，多元回归也通过 D-W 检验考察自相关情况。

（2）多重共线性检验。多重共线性是多元回归中出现的问题。由于各个变量所提供的是各个不同因素的信息，因此，假定各自变量之间是无关的。反之，如果自变量之间是相关的，则会导致建立错误的回归模型以及得出使人误解的结论。为避免多重共线性问题，有必要对自变量之间的相关与否进行检验。

任何两个自变量 x_1、x_2 之间的相关系数为：

$$r_{x_1 x_2} = \frac{\sum (x_1 - \bar{x}_1)(x_2 - \bar{x}_2)}{\sqrt{\sum (x_1 - \bar{x}_1)^2} \sqrt{\sum (x_2 - \bar{x}_2)^2}}$$

对于相关系数绝对值到底多大，才能确定自变量之间不存在共线性的问题，人们有着不同的看法。按照经验法则，有人提出取值应小于 0.75，也有人提出应小于 0.5。[①]

4．多元回归分析应用案例

【例 6—2】 例 6—1 中的饮料公司在许多体育比赛场地都设有零售点。该公司发现，当比赛一边倒时，观众就会比往常多喝一些饮料。但比赛的竞争激烈、比分相近时观众喝饮料较少。因此，情报人员不仅根据饮料销售与气温的历史记录，而且把比赛结束时的比分差作为第二个自变量纳入模型（见表6—6）。

表6—6　　　　　　　饮料的销售量、气温与比分差

时期	销售量（y）（箱）	气温（x）（℃）	比分差（z）（分）
1	430	30	12
2	335	21	10
3	520	35	22

---

① 徐国祥主编：《统计预测和决策》（第四版），上海财经大学出版社2012年版，第47页。

续表

时期	销售量（y）（箱）	气温（x）（℃）	比分差（z）（分）
4	490	42	6
5	470	37	8
6	210	20	2
7	195	8	9
8	270	17	8
9	400	35	6
10	480	25	17

SAS 过程：

（1）回归分析的程序及说明。

序号	程序
1	DATA example 6—2;
2	INPUT period $ y x z@ ;
3	cards;
4	1 430 30 12
5	2 335 21 10
6	3 520 35 22
7	4 490 42 6
8	5 470 37 8
9	6 210 20 2
10	7 195 8 9
11	8 270 17 8
12	9 400 35 6
13	10 480 25 17
14	;
15	RUN;
16	proc reg;
17	model y = x z;
18	run;

说明：

序号2：读入数据格式。period 为时期，是一个字符型变量；因变量 y 为销售量；自变量共两个，x 为气温，z 为比分差。

序号3—15：读入数据。

序号16—18：利用 reg 函数进行回归分析。

（2）结果。

由图6—5可以看出，此模型 F 值为 65.78，$P<0.01$。因此，拒绝零假设，即此模型的建立是有意义的。

Analysis of Variance					
Source	DF	Sum of Squares	Mean Square	F Value	Pr > F
Model	2	123385	61693	65.78	<0.01
Error	7	6564.87709	937.83958		
Corrected Total	9	129950			

图6—5 SAS 输出的 F 检验结果

由图6—6可见，本模型的 R^2 值达 0.9495，明显高于图6—2的 0.7385。同时，本模型的标准误差为 30.62417。

Root MSE	30.62417	R-Square	0.9495
Dependent Mean	380.00000	Adj R-Sq	0.9350
Coeff Var	8.05899		

图6—6 SAS 输出的标准误差及决定系数值

图6—7显示了回归系数及 t 检验结果。由 t 检验结果可见，两个自变量的回归系数均显著。根据图6—7写出回归方程为：

$y = 39.19478 + 9.06410x + 9.60745z$

Parameter Estimates

Variable	DF	Parameter Estimate	Standard Error	t Value	Pr > |t|
Intercept	1	39.19478	31.25411	1.25	0.2501
X	1	9.06410	0.97070	9.34	<0.01
Z	1	9.60745	1.77694	5.41	0.0010

图 6—7　SAS 输出的 t 检验结果

SPSS 过程：

（1）步骤：同一元线性回归。

（2）结果（见表 6—7—表 6—10）。

表 6—7　　　　　　　　　　模型汇总[b]

模型	R	R^2	调整 R^2	标准估计的误差	D-W
1	0.974[a]	0.949	0.935	30.624	2.198

注：a. 预测变量：（常量），比分差，气温（度）。

b. 因变量：销售量（箱）。

表 6—8　　　　　　　　　　Anova[b]

	模型	平方和	df	均方	F	Sig.
1	回归	123385.123	2	61692.561	65.782	0.000[a]
	残差	6564.877	7	937.840		
	总计	129950.000	9			

注：a. 预测变量：（常量），比分差，气温（度）。

b. 因变量：销售量（箱）。

表6—9　　　　　　　　　　共线性诊断[a]

模型	维数	特征值	条件索引	方差比例		
				（常量）	气温（度）	比分差
1	1	2.771	1.000	0.01	0.01	0.03
	2	0.169	4.046	0.04	0.19	0.88
	3	0.059	6.838	0.95	0.79	0.09

注：a. 因变量：销售量（箱）。

表6—10　　　　　　　　　　系数[a]

模型		非标准化系数		标准系数	t	Sig.
		B	标准误差	试用版		
1	（常量）	39.195	31.254		1.254	0.250
	气温（度）	9.064	0.971	0.800	9.338	0.000
	比分差	9.607	1.777	0.463	5.407	0.001

注：a. 因变量：销售量（箱）。

四　非线性回归预测法

在工商竞争情报分析中，有时因变量和自变量之间并不是呈线性关系。这时，需要选配适当类型的曲线，才使数据得到较好的拟合。

1. 选配曲线的步骤

选配曲线一般有两个步骤。

（1）确定变量间的函数类型。有的变量间函数类型可以根据理论或过去积累的经验，事前予以确认。当不能事先确定变量之间函数关系时，就需要根据实际采集的数据信息作散点图，从散点图中的分布形状选择适当的曲线来配合。

（2）确定相关函数中的未知参数。函数类型确定下来后，接下来就需要确定函数关系式中的未知参数。最小二乘法是确定未知参数最常用的方法。但在具体运用时，必须通过变量变换，把非线性函数转化为线性关系。

2. 一些常见的函数图形

(1) 幂函数。

幂函数的表达形式为:

$$y = ax^b$$

幂函数曲线如图6—8所示。

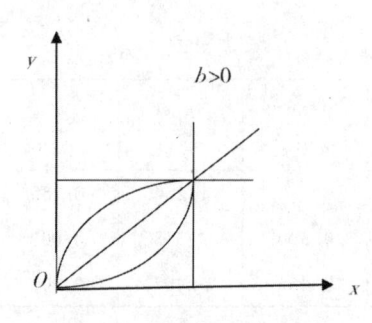

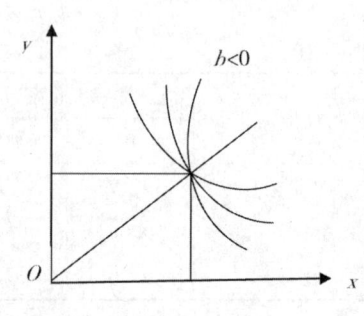

图6—8 幂函数曲线

对于幂函数曲线而言,如果把 x 与 y 的数值绘于对数坐标轴上,则成为直线。

令:

$$y' = \lg y, \quad x' = \lg x, \quad a' = \lg a$$

则:

$$y' = a' + bx'$$

(2) 指数函数。

指数函数的表达式为:

$$y = ae^{bx}$$

令:

$$y' = \ln y, \quad a' = \ln a$$

则:

$$y' = a' + bx$$

指数曲线如图6—9所示。

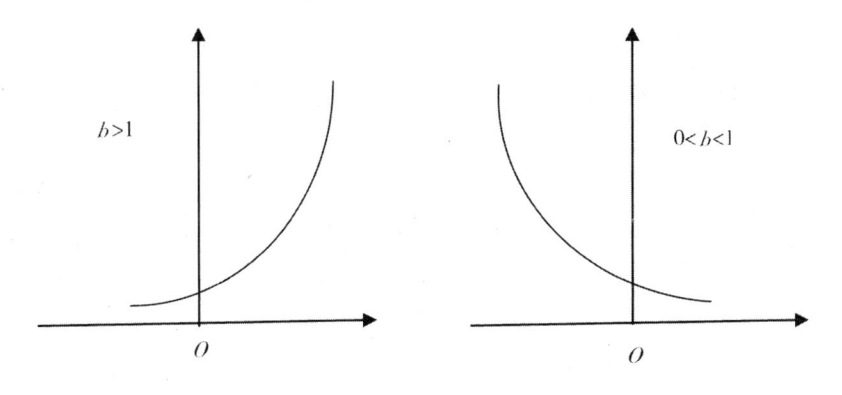

图 6—9　指数曲线

（3）抛物线曲线。

抛物线曲线的表达式为：

$$y = a + bx + cx^2$$

按最小二乘法确定 a、b、c 之值，应先解下列三个规范方程式：

$$\begin{cases} \sum y = na + b\sum x + c\sum x^2 \\ \sum xy = a\sum x + b\sum x^2 + c\sum x^3 \\ \sum x^2 y = a\sum x^2 + b\sum x^3 + c\sum x^4 \end{cases}$$

抛物线曲线如图 6—10 所示。

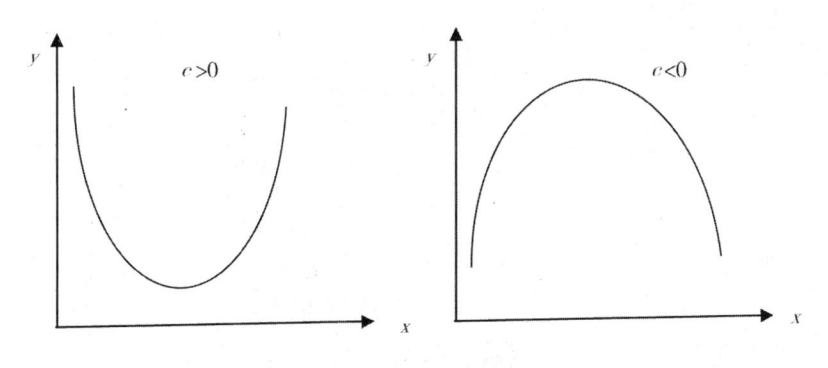

图 6—10　抛物线

(4) 对数函数。

对数函数的表达式为:

$$y = a + b\lg x$$

令:

$$x' = \lg x$$

则:

$$y = a + bx'$$

对数曲线如图 6—11 所示。

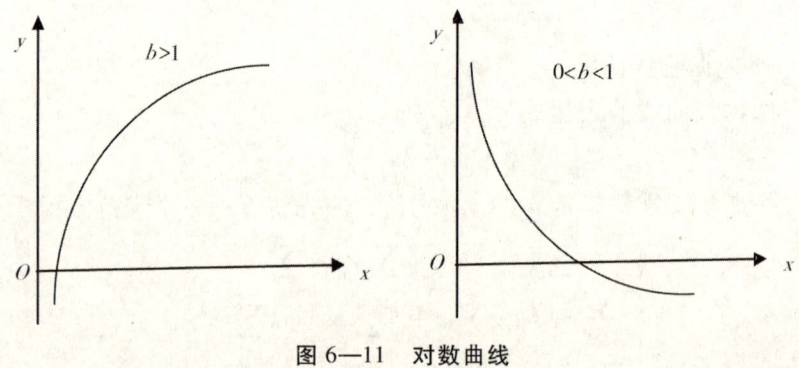

图 6—11 对数曲线

(5) S 形函数。

其表达式为:

$$y = \frac{1}{a + be^{-x}}$$

令:

$$y' = \frac{1}{y}, \quad x' = e^{-x}$$

则:

$$y' = a + bx'$$

S 形曲线如图 6—12 所示。

图 6—12　S 形曲线

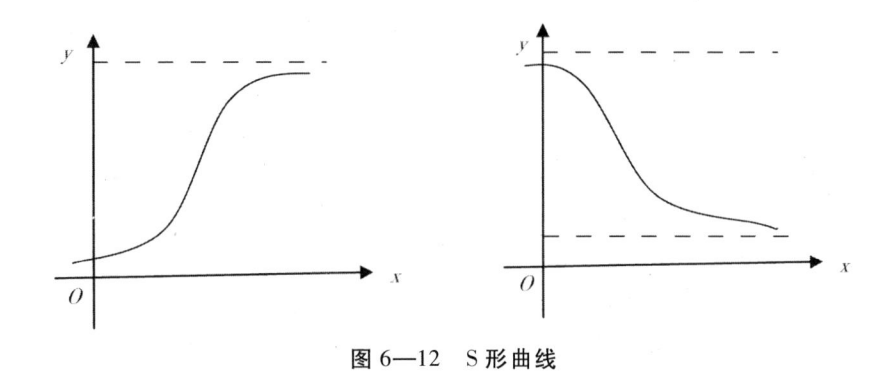

第二节　时间序列分析

一　时间序列分析的定义

在统计研究中，常用按时间顺序排列的一组随机变量 X_1，X_2，…，X_t 来表示一个随机事件的时间序列，简记为 $\{X_t, t \in T\}$ 或 $\{X_t\}$。用 x_1, x_2, …, x_n 或 $\{x_t, t = 1, 2, …, n\}$ 表示该随机序列中的 n 个有序观测值，称之为序列长度为 n 的观测值序列。进行时间序列研究的目的是揭示随机时间序列 $\{X_t\}$ 的性质。要实现这个目标，就要通过分析它的观测值序列 $\{x_t\}$ 的性质，由观测值序列的性质来推断随机时序 $\{X_t\}$ 的性质。

时间序列分析一般两种方法：

（1）描述性时序分析。描述性时序分析是通过直观的数据比较或绘图观测，寻找序列中蕴含的发展规律。这种方法操作简单、直观有效，它通常是人们进行统计时序分析的第一步。

（2）统计时序分析。随着研究的深入，人们发现，描述性时序分析有很大的局限性。20 世纪 20 年代以来，研究者的重心从总结表面现象转向分析序列值内在的相关关系，由此开创了一个新的应用统计学科——统计时间序列分析。整体而言，统计时间序列分析可分为如下两类：

一是频域分析方法。频域（Frequency Domain）分析方法也被称为"频谱分析"或"谱分析"（Spectral Analysis）方法。这种方法广泛应用于电子工程、信息工程、天文学等领域。但因分析过程复杂，结果抽象，有着一定的局限性。

二是时域分析方法。时域（Time Domain）分析方法主要是从序列自相关的角度揭示时间序列的发展规律。这种方法已广泛应用于社会科学的各个领域，成为时间序列分析的主流方法。

二　时间序列的预处理

在得到一个观测值序列后，通常先要对它进行平稳性和纯随机性的检验，这个过程被称为时间序列的预处理。

1. 平稳性检验

（1）平稳时间序列有两种定义：严平稳和宽平稳。

严平稳（Strictly Stationary）认为，只有当序列所有的统计性质都不会随着时间的推移而发生变化时，该序列才能认为平稳。由于实践中获得随机序列常常十分困难，因此，严平稳只有理论意义。

宽平稳（Weak Stationary）认为序列的统计性质主要由它的低阶决定，所以，只要保证序列低阶矩（二阶）平稳，就能保证序列的主要性质近似稳定。实践中，一般都使用宽平稳。

（2）平稳时间序列的性质。平稳时间序列一般具有如下两个性质：首先，其常数均值；其次，自协方差函数和自相关系数只依赖于时间的平移长度而与时间的起止点无关。

（3）平稳性检验的具体方法。

一是时序图检验。所谓时序图就是一个平面二维坐标图。平稳序列的时序图应该显示出该序列始终在一个常数值附近随机波动，而且波动的范围有界的特点。

二是自相关图检验。自相关图是一个平面二维坐标悬垂图，一个坐标轴表示延迟时期数，另一个坐标表示自相关系数，通常以悬垂线表示自相关系数的大小。由于平稳序列通常具有短期相关性，因此，随着延迟期数 k 的增加，平稳序列自相关系数 $\widehat{\rho_k}$ 会快速地衰减为零。反之，非平稳序列的自相关系数 $\widehat{\rho_k}$ 衰减到零的速度通常很慢。基于上述差别，情报人员可对序列的平稳性做出判断。

2. 纯随机性检验

确认了序列的平稳性之后,需要对其进一步进行纯随机性检验。对于不平稳的序列,一般需要进行进一步的检验、变换和处理后,才能确定适当的拟合模型。限于篇幅,本书基本不涉及不平稳时序模型的分析。

纯随机序列 $\{X_t\}$ 也称为白噪声(White Noise)序列[简记为 $X_t \sim WN(\mu, \sigma^2)$]。之所以称为白噪声序列是因为白光具有这种性质。

白噪声序列具有如下性质:首先,白噪声序列具有纯随机性,即各项之间没有任何相关关系;其次,白噪声序列方差齐性。

对时间序列的纯随机性的检验通常使用 LB 统计量。在得到 LB 统计量后,若 P 值显著大于显著性水平 α,则该序列不能拒绝纯随机的原假设。即该序列的波动没有任何统计规律可言,因此可以停止对该序列的统计分析。

三 平稳时间序列分析

1. ARMA 模型

为了提取平稳时间序列中的有用信息,研究者常常需要建立一个线性模型来拟合该序列。ARMA 模型是目前最常用的平稳序列拟合模型。ARMA 模型全称是自回归移动平均(Auto Regression Moving Average)模型。它又可以细分为 AR(Auto Regression)模型、MA(Moving Average)模型和 ARMA 模型三大类。

2. 平稳序列建模的步骤

如果某个序列通过预处理,判定为平稳非白噪声序列,就可以用 ARMA 模型对该序列建模。其基本步骤如图 6—13 所示。

(1)求出该观测值序列的样本自相关系数(ACF)和样本偏自相关系数(PACF)的值。

(2)根据 ACF 和 PACF 的性质,选择阶数适当的 ARMA(p, q)模型进行拟合。

(3)估计模型中的未知参数的值。

(4)检验模型的有效性。

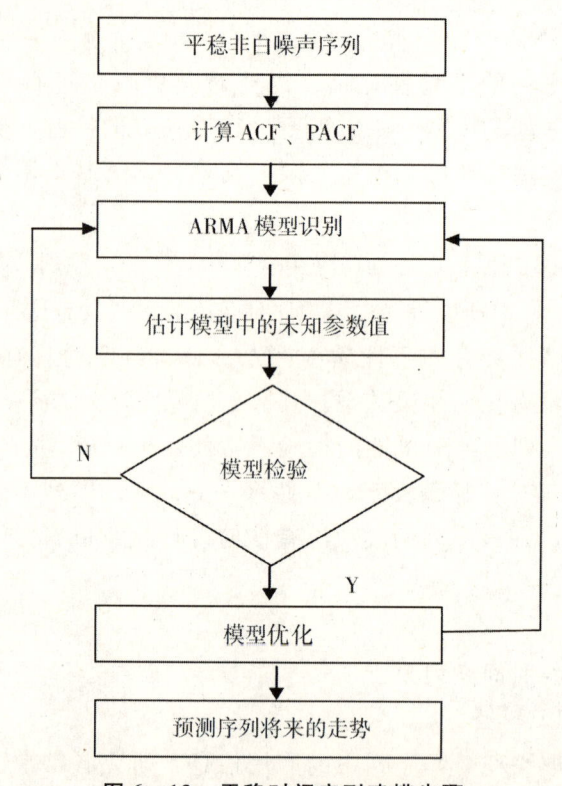

```
平稳非白噪声序列
        ↓
   计算 ACF、PACF
        ↓
    ARMA 模型识别  ←─┐
        ↓           │
   估计模型中的未知参数值  │
        ↓           │
      模型检验 ──N──┘
        │Y
        ↓
      模型优化
        ↓
   预测序列将来的走势
```

图6—13 平稳时间序列建模步骤

资料来源：王燕：《应用时间序列分析》（第三版），中国人民大学出版社2012年版，第66页。

（5）模型优化。考虑多种可能，建立多个拟合模型，从所有通过检验的拟合模型中选择最优模型。

（6）利用拟合模型对序列的走势进行预测。

四　时间序列预测应用案例

【例6—3】某公司采集了本行业销售变化的数据，形成了一个如表6—11所示的时序数据集，现要求情报人员分析这些销售数据，并做出预测。

表 6—11　　　　　　　某行业销售变化情况

0.3	-0.45	0.36	0	0.17	0.45	2.15
4.42	3.48	2.99	1.74	2.4	0.11	0.96
0.21	-0.1	-1.27	-1.45	-1.19	-1.47	-1.34
-1.02	-0.27	0.14	-0.07	0.1	-0.15	-0.36
-0.5	-1.93	-1.49	-2.35	-2.18	-0.39	-0.52
-2.24	-3.46	-3.97	-4.6	-3.09	-2.19	-1.21
0.78	0.88	2.07	1.44	1.5	0.29	-0.36
-0.97	-0.3	-0.28	0.8	0.91	1.95	1.77
1.8	0.56	-0.11	0.1	-0.56	-1.34	-2.47
0.07	-0.69	-1.96	0.04	1.59	0.2	0.39
1.06	-0.39	-0.16	2.07	1.35	1.46	1.5
0.94	-0.08	-0.66	-0.21	-0.77	-0.52	0.05

SAS 过程：

1. 读入数据并绘制时序图

（1）回归分析的程序。

序号　程序

序号	程序
1	DATA example 6—3;
2	INPUT x@@ ;
3	time=_n_ ;
4	cards;
5	0.30　-0.45　0.36　0.00　0.17　0.45　2.15
6	4.42　3.48　2.99　1.74　2.40　0.11　0.96
7	0.21　-0.10　-1.27　-1.45　-1.19　-1.47　-1.34
8	-1.02　-0.27　0.14　-0.07　0.10　-0.15　-0.36
9	-0.50　-1.93　-1.49　-2.35　-2.18　-0.39　-0.52
10	-2.24　-3.46　-3.97　-4.60　-3.09　-2.19　-1.21
11	0.78　0.88　2.07　1.44　1.50　0.29　-0.36
12	-0.97　-0.30　-0.28　0.80　0.91　1.95　1.77
13	1.80　0.56　-0.11　0.10　-0.56　-1.34　-2.47
14	0.07　-0.69　-1.96　0.04　1.59　0.20　0.39

15	1.06	−0.39	−0.16	2.07	1.35	1.46	1.50
16	0.94	−0.08	−0.66	−0.21	−0.77	−0.52	0.05
17	;						
18	PROC gplot data = example 6—3;						
19	plot x ∗ time = 1;						
20	symbol c = red v = star I = join;						
21	run;						

（2）说明。

序号 2—17：读入数据，形成时间序列数据集。

序号 18—21：绘制该序列时序图。其中 PROC gplot data = example 6—3 告诉系统将对数据集 example 6—3 绘图；plot x ∗ time = 1：要求系统绘制以 x 为纵坐标，time 为横坐标的图；symbol c = red v = star I = join：symbol 语句是专门指令绘制格式。c——颜色，v——图形（star = 星形，dot = 点形，circle = 圆形，diamond = 菱形），I——连线方式（join = 线性连接，spline = 光滑连接，needle = 作观察值到横轴的悬垂线）。

（3）结果。

图 6—14 显示，该行业销售量的变化始终围绕着 0 随机波动，没有明显的趋势或周期，基本可以视为平稳序列。

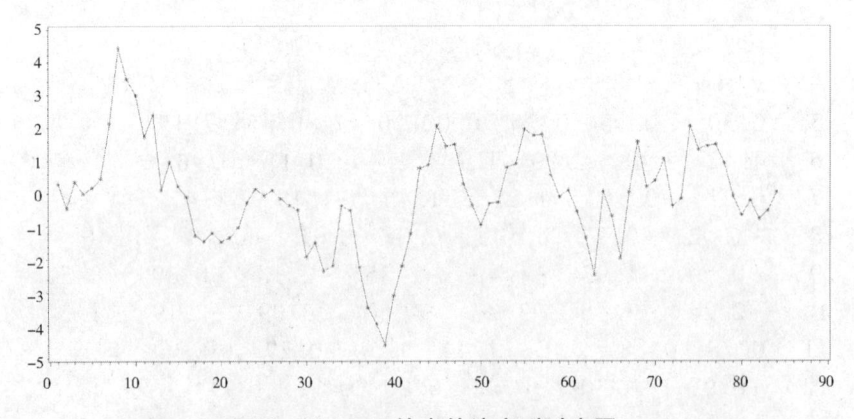

图 6—14　SAS 输出的该序列时序图

第六章 定量分析Ⅲ：利用数据进行预测

2. 平稳性和纯随机性检验

（1）程序。

序号　程序
1　　PROC arima data = example 6—3;
2　　identify var = x nlag = 8;
3　　run;

（2）说明。

序号 1—3：使用 identify 命令对该序列的平稳性和纯随机性进行检验。

（3）结果（见图 6—15—图 6—17）。

由图 6—16 可见，延迟三阶之后，自相关系数落入 2 倍标准差的范围内，而且自相关系数向零衰减的速度很快，延迟三阶后自相关系数即在零值附近波动。由此可见，这是一个比较典型的短期自相关图。由图 6—14 和图 6—16 所输出的结果可以认为，该序列平稳。

Name of Variable = x	
Mean of Working Series	-0.06595
Standard Deviation	1.561613
Number of Observations	84

图 6—15　SAS 输出的描述性统计量

Lag	Covariance	Correlation	Autocorrelations (-1 to 1)	Std Error
0	2.438636	1.00000	|********************|	0
1	1.961094	0.80418	|**************** |	0.109109
2	1.499153	0.61475	|************ |	0.165234
3	1.065607	0.43697	|********* |	0.190527
4	0.575535	0.23601	|***** |	0.202106
5	0.092313	0.03785	|* |	0.205360
6	-0.033950	-.01392	| |	0.205443
7	-0.065048	-.02667	|* |	0.205455
8	-0.162544	-.06665	|* |	0.205496

图 6—16　SAS 输出的样本自相关图

Inverse Autocorrelations		
Lag	Correlation	-1 9 8 7 6 5 4 3 2 1 0 1 2 3 4 5 6 7 8 9 1
1	-0.43319	.*********| .
2	-0.07997	. **| .
3	-0.02386	. | .
4	-0.10956	. **| .
5	0.27730	. |******
6	-0.03735	. *| .
7	-0.14756	. ***| .
8	0.07102	. |* .

图 6—17　SAS 输出的逆自相关图

逆自相关系数与偏自相关系数有着基本相同的性质。但它对于过差分有着敏感的判断。

由图 6—18 可以看出，$P<0.01$，因此拒绝原假设，认为本序列不是白噪声序列。

Partial Autocorrelations		
Lag	Correlation	-1 9 8 7 6 5 4 3 2 1 0 1 2 3 4 5 6 7 8 9 1
1	0.80418	. |****************
2	-0.09043	. **| .
3	-0.08385	. **| .
4	-0.18978	. ****| .
5	-0.15510	. ***| .
6	0.25234	. |*****
7	0.05160	. |* .
8	-0.13930	. ***| .

Autocorrelation Check for White Noise									
To Lag	Chi-Square	DF	Pr > ChiSq	Autocorrelations					
6	111.79	6	<0.01	0.804	0.615	0.437	0.236	0.038	-0.014

图 6—18　SAS 输出的偏自相关图和白噪声检验

3. 相对最优定阶

本阶段的主要目的是识别相对最优模型。

(1) 程序。

序号	程序
1	PROC arima data=example 6—3;
2	identify var=x nlag=8 minic p=（0：5）q=（0：5）;
3	run;

(2) 说明。

本次识别，是在 identify 命令的基础上增加了 minic 选项。minic 是为选取最优模型定阶的命令。minic p=（0：5）q=（0：5）是为了指定输出所有自相关延迟阶数小于等于5、移动平均延迟阶数也小于等于5的 ARMA (p, q) 模型 BIC 信息量，并指出其中 BIC 信息量达到最小的模型的阶数，因此，这实际上是模型优化的过程。

(3) 结果。

由图6—19可见，在自相关延迟阶数小于等于5、移动平均延迟阶数也小于等于5的所有 ARMA (p, q) 模型中，BIC 信息量相对最小的是 ARMA (0, 4)，即 MA (4) 模型。

	Minimum Information Criterion					
Lags	MA 0	MA 1	MA 2	MA 3	MA 4	MA 5
AR 0	0.756693	0.566331	0.345231	0.070485	-0.34069	-0.30354
AR 1	-0.2796	-0.22796	-0.18901	-0.18561	-0.3029	-0.26115
AR 2	-0.23293	-0.18092	-0.1398	-0.13454	-0.25115	-0.2096
AR 3	-0.18805	-0.1358	-0.09201	-0.08275	-0.19909	-0.15753
AR 4	-0.23786	-0.18799	-0.17594	-0.12337	-0.17314	-0.14008
AR 5	-0.23719	-0.21421	-0.21202	-0.17287	-0.13442	-0.0899

Error series model: AR(8)

Minimum Table Value: BIC(0,4) = -0.34069

图6—19 SAS输出的最小信息量结果

4. 参数估计

(1) 程序。

序号	程序
1	estimate q=4;
2	run;

(2) 说明。

使用 estimate 命令进行参数估计。

(3) 结果。

由图 6—20 可知，MU 均值不显著，因此选择 NOINT 选项去掉常数项（见图 6—21—图 6—23）。

Conditional Least Squares Estimation					
Parameter	Estimate	Standard Error	t Value	Approx Pr > |t|	Lag
MU	-0.0013871	0.34414	-0.00	0.9968	0
MA1,1	-0.91784	0.08919	-10.29	<.0001	1
MA1,2	-0.83200	0.11931	-6.97	<.0001	2
MA1,3	-0.59806	0.11906	-5.02	<.0001	3
MA1,4	-0.62317	0.08945	-6.97	<.0001	4

图 6—20　SAS 输出的未知参数估计结果

序号	程序
1	estimate q = 4 noint;
2	run;

Conditional Least Squares Estimation					
Parameter	Estimate	Standard Error	t Value	Approx Pr > |t|	Lag
MA1,1	-0.91780	0.08862	-10.36	<.0001	1
MA1,2	-0.83198	0.11833	-7.03	<.0001	2
MA1,3	-0.59789	0.11829	-5.05	<.0001	3
MA1,4	-0.62314	0.08888	-7.01	<.0001	4

图 6—21　SAS 输出的去掉常数项的未知参数估计

Constant Estimate	-0.00139
Variance Estimate	0.773431
Std Error Estimate	0.87945
AIC	221.6456
SBC	233.7996
Number of Residuals	84

图6—22　SAS输出的拟合统计量的值

Correlations of Parameter Estimates					
Parameter	MU	MA1,1	MA1,2	MA1,3	MA1,4
MU	1.000	-0.021	-0.059	-0.006	-0.025
MA1,1	-0.021	1.000	0.662	0.385	0.051
MA1,2	-0.059	0.662	1.000	0.737	0.383
MA1,3	-0.006	0.385	0.737	1.000	0.661
MA1,4	-0.025	0.051	0.383	0.661	1.000

图6—23　SAS输出的系数相关矩阵

由图6—24可见，延迟各阶的P值均显著大于α（$\alpha = 0.05$），所以该拟合模型成立。

Autocorrelation Check of Residuals									
To Lag	Chi-Square	DF	Pr > ChiSq	Autocorrelations					
6	2.00	2	0.3684	-0.021	0.002	0.103	-0.038	0.076	-0.062
12	4.70	8	0.7892	0.052	-0.141	0.006	0.059	0.042	0.018
18	11.40	14	0.6542	-0.097	0.048	-0.106	0.005	0.080	-0.182
24	14.75	20	0.7908	0.079	-0.020	0.121	-0.028	-0.082	-0.013

图6—24　SAS输出的残差自相关检验结果

拟合模型形式如图 6—25 所示。

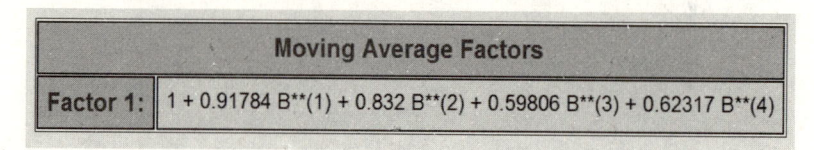

Moving Average Factors	
Factor 1:	1 + 0.91784 B**(1) + 0.832 B**(2) + 0.59806 B**(3) + 0.62317 B**(4)

图 6—25　SAS 输出的拟合模型形式

5. 预测
（1）程序。

序号	程序
1	forecast lead = 5 id = time out = results ;
2	run ;

（2）说明。
使用 forecast 命令进行序列预测。lead 是指定预测期数，id 是指定时间变量标识，out 是指定预测后结果存在的数据集。

（3）结果。
图 6—26 中，依次为序号、预测值、预测值的标准差、95% 置信区间。

Forecasts for variable x			
Obs	Forecast	Std Error	95% Confidence Limits
85	0.6185	0.8739	-1.0943　　2.3314
86	0.2725	1.1862	-2.0525　　2.5974
87	0.3923	1.3913	-2.3346　　3.1193
88	0.4696	1.4862	-2.4433　　3.3825
89	0.0000	1.5828	-3.1023　　3.1023

图 6—26　SAS 输出的预测结果

6. 绘制预测图

（1）程序。

序号	程序
1	PROC gplot data = results;
2	plot x * time = 1 forecast * time = 2 l95 * time = 3 u95 * time = 3/ overlay;
3	symbol c = black i = none v = star;
4	symbol c = red i = join v = none;
5	symbol c = green i = join v = none l = 32;
6	run;

（2）结果（见图6—27）。

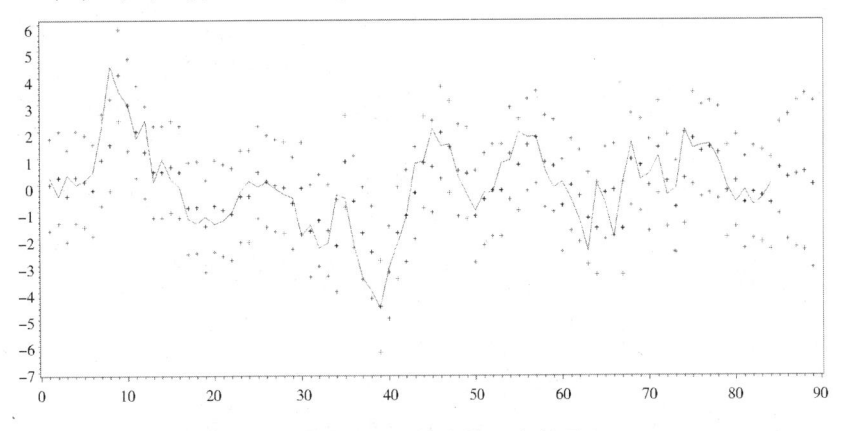

图6—27　SAS 输出的拟合效果

第七章

定性与定量结合分析

前面各章分别对定性分析和定量分析方法在工商竞争情报分析中的应用进行了介绍。由于这两种方法各有利弊，因此，在工商竞争情报分析中，常常需要将这两种方法综合运用，以便取得最佳效果。本章在对定性分析和定量分析方法之间的关系进行比较的基础上，介绍了情景分析法、博弈分析法及层次分析法等几种较典型的定性和定量结合分析方法。

第一节 定性分析与定量分析的综合运用

一 定性分析与定量分析的优劣

定量分析是建立在一个基本假设的基础上，即假设目前趋势或现象之间的关系具有延续效应，由于这个效应的存在，情报分析人员可以通过对现象与现象之间现有关系的识别，对未来进行预测和推断。定性分析的方法则依靠分析者或分析者可以依赖的具有丰富专业知识和经验的有综合能力的专家资源，通过对已掌握历史资料或直观材料，对事物的未来发展做出性质和程度上的判断。由此可见，定性分析和定量分析是两类各具特色的竞争情报分析方法，两者既各具优势，也各自有着不同的局限性。概括而言，可对两者做如下比较：

（1）二者对于精确模型或方法的选择使用有所不同。一般情况下，定量分析需要选择准确的模型和相对精确的测量数据。但是，即使有完善的模型和相对精准的测量数据，也不能保证定量分析就能取得情报分析人员满意的分析效果。有些情况下，过度依赖于统计分析反而可能使情报分析人员错过最重要的发现。而定性分析的方法则必须依赖于人的判断，因此，定性分析的质量常常取决于分析者自身分析能力和专业水平的高低。在实际的竞争情报分析中，常常出现对同一课题采用不同的定性分析方法会得到不同结论的现象。可见，就模型与方法的选择而言，定量分析与定性分析并无明显的优劣，这启示竞争情报分析人员应在具体分析中注意两者的结合。

（2）二者分析结论的客观程度不同。定量分析能够较好地根据精度标准保证方法选择上的客观性，进而保证竞争情报分析结论的客观性。定性分析则容易受到各种主观因素的影响。从表面上看，定量分析的客观性明显高于定性分析。但在实际的竞争情报分析中，在定量分析数据的获取、对现象的测度等方面事实上也具有一定程度的主观性，定量分析是无法做到完全客观的。

（3）二者对信息使用的充分程度不同。定量分析通常只使用部分数据所包含的信息（如数值型数据），其他形式的数据则常常被忽视了。与此相比，定性分析对各类信息的使用则比较灵活、充分。正是因为定性分析充分得到了各类信息，因此常常会因信息选择的主观性，出现误差或前后不一致的情况。

（4）二者的可重复程度不同。定量分析能够保证连续反复分析而得到一致的结论，而定性分析则因为主要依靠人的主观判断能力进行分析，常常不能保证反复分析得到一致的结论。

（5）二者对事物发展的转折或质变的预测能力不同。定量分析几乎无法预测事物发展的转折点或质变，而定性分析则存在发现这种转折或质变的契机。有些情况下，定性分析也有可能忽视或夸大事物发展的转折。另外，在事物发展的转折或质变产生时，定量分析对于预测结果的修正能力相对有限；而定性能力则常常可以通过对转折或质变的适时评估，对预测结果进行修正。

（6）二者的成本不同。这种不同主要表现在情报分析费用的"结构性差别"方面。就分析阶段而言，定量分析常常依靠计算机等技术手段完成，成本相对低廉；而定性分析常常需要通过组织会议或聘请专家，从而使其费用相对较高。但是，定量分析常常需要情报分析人员得到精确的数据，这不仅加大了数据获取的难度，也会增加数据信息采集的费用；而定性分析所需要的资料类型灵活多样，获取的难度与费用相对较小。

由上述比较不难看出，在工商竞争情报分析中，定量分析和定性分析各有优劣。如何发挥不同情报分析方法的优势，克服其不足，是做好竞争情报分析工作的一个重要环节。

二 定性与定量结合分析需要注意的问题[①]

在竞争情报分析实践中，需要考虑如下问题，以便综合运用定性和定量分析的方法，取得最佳情报分析效果。

1. 方法和模型的选择

方法和模型的选择是做好竞争情报工作的重要环节。尽管在竞争情报分析中，有着若干可供选择的方法和模型，但必须注意到每种方法都各有针对性和适应性，要取得良好的竞争情报分析效果，就需要按需选择适当的分析模型和方法。可见，对于模型和方法的选择，最终离不开主观判断。在选择具体的方法或模型之前，就必须全面分析这些模型和方法之于情报分析结果的影响。

2. 分析结论的客观性

定量分析最大的优点在于其具有客观性。只要选择了好的模型，确定了精度测定标准，任何人应用同样的数据都可以得到相同的分析结果。定性分析则不同，根据同样的信息，不同的人可能做出不同的分析与判断。帮助定性分析提高客观性的重要途径是辅之以定量分析，当不能使用定量分析时，就要求第三方或更多的专家资源参与定性分析与判断。

3. 信息利用的充分性

如前所述，定量分析常常无法充分运用历史数据所包含的信

[①] 本部分参阅了徐国祥主编《统计预测和决策》（第四版），上海财经大学出版社2012年版，第198—199页。

息。不同的定量分析模型对于信息运用的特点有着明显的不同，因此，对于定量分析模型的选择需要依靠定性分析，全面考虑诸方面因素。定性分析尽管可以充分利用信息，但也会出现分析的偏差，常常需要结合定量分析获取较客观的认识。

4. 对于事物发展的转折或质变的分析

定量分析方法具有不能辨识和预测事物发展趋势中的转折或质变的特点，因此，对于事物发展趋势中的转折或质变的分析与判断常常需要依赖于定性分析。定性分析由于存在较大的主观性，在预测事物发展的转折及其影响时，常常会存在偏差。减少偏差的方法是尽量减少由于人的主观因素而导致的随意性。在这种情况下，有效的办法是先假设事物发展的趋势不会变化，并用定量分析的方法进行分析预测；然后采用定性分析方法，判断事物发展的趋势转折或质变是否会发生，是以何种形式发生；最后得出分析结论。

另外，定量分析方法通常对于事物发展趋势中的转折反应比较迟钝，这就需要借助于定性分析的方法进行修正。定性分析主要依赖于分析者或相关专家的判断能力，可以辨识出事物发展趋势中的转折和质变。个人不能及时发现趋势的转折，甚至不愿意承认这种转折的发生，这就需要借助于一些预警系统，以帮助分析者或专家确认趋势发生的严重性、持续性及其影响。可见，定性分析与定量分析的综合应用是竞争情报分析中重要的思路。

5. 竞争情报分析的成本

仅仅就分析阶段而言，定量分析的成本较低，尤其是当分析人员选用了简单的定量分析方法时，成本更低。定性分析则会显著地提高分析的成本。因此，在不考虑信息采集因素的前提下，除非特殊的要求，一般应优先考虑定量分析。

总之，通过定性分析与定量分析的综合运用、合理分工，即定性分析用于分析事物发展趋势的变化及影响，定量分析用于分析事物持续发展的趋势，则可以明显提高竞争情报分析的精度，节约成本。在工商竞争情报分析实践中，情景分析法、博弈分析法和层次分析法是较典型的定性和定量相结合的方法，下面将对这些方法加以介绍。

第二节　情景分析法

一　情景分析法的概念和特点

情景（Scenario）一词最早见于卡恩和维纳于1967年的著作《2000年：关于未来三十年的思考》（*The Year 2000: A Framework for Speculation on the Next Thirty-years*）。[①] 该书将情景分析定义为：用于着重研究偶发事件及决策要点的一系列事件。情景描述的内容既包括对各种态势基本特征的定性和定量描述，也包括对各种发生可能性的描述以及对各态势发展路径的分析。[②] 情景分析是对将来的情景做出预测的一种方法，它把研究对象分为主题和环境，通过对环境的研究，识别影响主题发展的外部因素，模拟外部因素可能发生的多种交叉情景，以预测主题发展的各种可能前景。

工商竞争情报中使用情景分析法的基本思路是：首先，构造一个"无突变"的情景，即在假定当前的环境不发生重大变化的条件下研究竞争对手与竞争环境的未来情景；其次，分析情景A的环境因素，由此产生情景B和情景C，进而得到A、B、C、AB、AC、BC六种情景；最后，假设有突发事件D，它对情景A、B、C又有不同程度的影响，从而又产生了AD、BD、CD、ABD、ACD、BCD六种情景。[③]

在将情景分析法应用于工商竞争情报分析的过程中，可根据不同的情景采用不同的分析方法，使定量、定性分析相结合，由此弥补定性和定量分析各自的缺陷。

情景分析法主要有如下特点：

（1）适用范围广，不受任何假设条件限制，只要是对未来的分析均可使用。

[①] H. Kahn, A. Wienner, *The Year 2000: A Framework for Speculation on the Next Thirty-years*, New York: Mac Millan Press, 1967.
[②] 张学才、郭瑞雪：《情景分析方法综述》，《探索与争鸣》2005年第8期。
[③] 徐国祥主编：《统计预测和决策》（第四版），上海财经大学出版社2012年版，第19页。

（2）考虑问题周全，又具有灵活性。这种方法尽可能地考虑将来会出现的各种状况和各种不同的环境因素，并引入各种突出因素，将所有的可能尽可能展示出来，有利于决策者进行分析。

（3）通过定性分析和定量分析相结合，为决策者提供主、客观相结合的未来情景。它通过定性分析寻找出各种因素和各种可能，并通过定量分析提供一种尺度，使决策者能更好地进行决策。

（4）能及时发现未来可能出现的难题，以便采取行动消除或减轻它们的影响。

随着社会信息化程度的加深和网络化时代的来临，企业所面临的竞争环境越来越具有动态性，企业竞争模型更加复杂多变，竞争对手越来越难以识别。如果无法获得全面可靠的竞争情报，企业决策者就很难对竞争对手和竞争环境的情况做出准确判断。因此，企业需要一种在不确定状态下解读未来的竞争情报方法。情景分析的前提是承认未来的发展呈多样化，充满不确定性，但未来有些方面是可以预测的，其预测结果将呈多维的态势。情景分析正是在不确定因素很多的情况下，对未来可能出现的多种情况进行预测，适用于变化大且难以预测的未来趋势研究。[①]

利用情景分析法，企业能够对未来变化做多手准备，并积极采取行动，将负面影响最小化、正面影响最大化，这正是企业竞争情报工作的主要目的。因此，情景分析能很好地应用于工商企业的竞争情报分析之中。具体而言，可应用于如下几个方面：[②]

（1）监测竞争环境。情景分析通过对企业宏观竞争环境、产业竞争环境的扫描和对企业内部环境的分析，能识别出竞争环境的关键影响因素，利用专家经验和数据统计知识对这些关键因素进行排列组合，构造出竞争环境可能发生的多种交叉情景，并分析和预测多种可能的前景，提供多种可能的趋势。通过这些措施，竞争环境情景分析的结论准确性更高，而且将一般的抽象的预测推论变成了具体的描绘，能够清晰地展现各种竞争环境对企业带来的机会和威胁。

[①] 黄晓斌、马芳：《情景分析法在竞争情报研究中的应用》，《情报资料工作》2009年第6期。

[②] 查先进主编：《企业竞争情报》，武汉大学出版社2012年版，第87页。

（2）分析竞争对手。分析竞争对手时，首先需要从行业现有的竞争对手、供应商、顾客、潜在进入者、替代品生产商以及其他利益相关者中，识别出主要竞争对手，再从市场共同性和资源相似性展开分析主要竞争对手的未来目标、自我假设、现行战略、企业能力。竞争对手是动态变化的，各竞争对手在选择和执行竞争战略时相互影响、相互制约。企业利用情景分析，可以预测出竞争对手在本企业战略行为倾向和对可能发生的环境变化方面的反应。情景分析更大的优势在于对潜在竞争对手的识别方面。情景分析法是描绘事物未来前景全貌或若干历史细节的一种创造性方法，没有固定的模式和结构，不依赖于统计调查和历史数据，对各种竞争对手的各种反应行为能够做出大胆描述，更有可能识别出那些威胁巨大、隐蔽性强的潜在竞争对手。

二 情景分析法的一般步骤[①]

情景分析法的价值在于它能使企业对一个事件做好准备，并采取积极的行动，以保证企业按希望的方向发展。情景分析法首先对最可能影响企业的经营环境产生的各种因素发生的变化进行定性分析，然后构想可能出现的多种可能，并通过严密的分析和筛选将这些可能减少到最少的几种，由此制定相应的对策。

1. 确定分析主题

明确竞争情报分析的目的和主要任务，包括其涉及的时间范围、具体对象、区域等。一般而言，所选主题是企业决策的焦点，具备重要性和不确定性两个特征。确定情景分析的主题是一项综合性很强的工作。一方面，需要竞争情报分析人员深入调研，结合企业资源和能力条件、战略目标和当前竞争环境，最终提出有实际价值的竞争情报分析主题；另一方面，竞争情报分析主题的确定是一个非程序化的决策过程，直接影响分析结果，因此主题确定需要企业各组管理人员的参与和支持。

---

① 本部分参阅了查先进主编《企业竞争情报》，武汉大学出版社2012年版，第87页。

2. 识别关键影响因素

关键影响因素是指影响未来发展趋势的因素，是造成未来情景变化的主要原因。关键影响因素状态的改变决定着未来的发展趋势和方向。利用情景分析法对未来的竞争情景进行预测和描述，必须先确定已选主题的关键影响因素。关键影响因素识别通常用德尔菲法或其他专家经验判断的方法。具体过程包括：首先，通过大规模的调研和信息采集，整理出最初的影响因素列表，并选择那些未来不确定性强、影响程度大的因素。在此基础上，集中专家资源，采用有效的定性分析方法，集思广益。然后，由竞争情报分析人员整理专家讨论与判断的结果，并从中选择出较多的关键因素。为了提高情景分析结果的准确性，情报分析人员进一步利用多种方法开展专家判断，对各种影响因素进行评估和提炼，选择出专家公认的最重要的关键影响因素。

3. 核心情景的描述与选择

将关键影响因素的具体描述进行组合，形成多个初步的未来情景描述。要从这些情景描述中辨识出核心情景，需要从情景发生概率以及战略重要性两个角度进行分析。将各种情景以"发生概率"为纵坐标，以"战略重要性"为横坐标归类，分为如图7—1所示的四个大类。

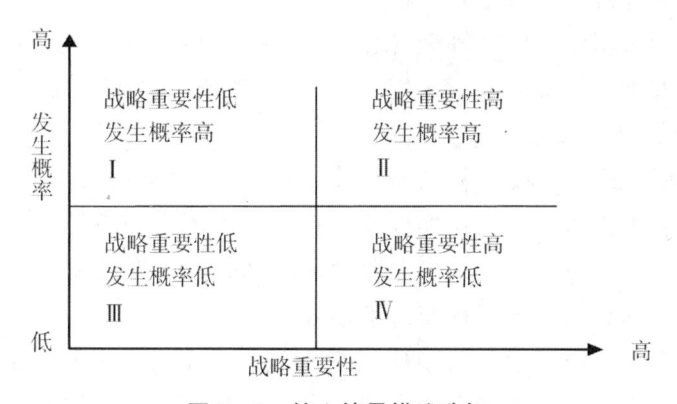

	战略重要性低 发生概率高 Ⅰ	战略重要性高 发生概率高 Ⅱ
	战略重要性低 发生概率低 Ⅲ	战略重要性高 发生概率低 Ⅳ

纵轴：发生概率（低→高）　横轴：战略重要性（→高）

图 7—1　核心情景描述选择

资料来源：查先进主编：《企业竞争情报》，武汉大学出版社2012年版，第87页。

图7—1中，状态Ⅰ所描述的情景具有相对较高的发生概率和较低的战略重要性，适合于追求发展的企业。状态Ⅱ中的情景与状态Ⅰ中的情景相比在战略重要性上明显增加，如果预测准确，该状态下的情景描述可作为企业制定竞争战略的重要依据。状态Ⅲ的发生概率低，战略重要性弱，通常可以忽略，但在某些特殊情况下也能给企业带来很好的效益。状态Ⅳ的情景与状态Ⅱ的情景都具有很强的战略重要性，但发生概率低，这种状态下的情景不如状态Ⅱ中的情景重要。在实际工商竞争情报分析中，具体哪些情景对企业来说是核心、最能反映本企业竞争态势和发展趋势，还需要竞争情报分析人员会同有关经营、管理方面的专家共同进行综合评估、全面考察，以便从中选择出几种企业核心情景的描述。

4. 量化分析

在前一阶段工作的基础上，选择相应指标，结合企业的实际状况，利用数学模型对各种竞争情报进行量化分析，计算得到各种可能情景下的预测结果，给出不同情景下的详细资料。

5. 情景预测

让企业管理者进入描述的情景中，调查他们面对情景中出现的状况或问题做出何种应对策略。首先将以上的每种核心情景详细地、形象地描述出来，列举出该情景之下可能出现的问题。如有必要，将企业各层的管理者按核心情景的数量进行分组，每组分开模拟。模拟过程中，每个管理者要逐一对所列举的可能出现的问题进行讨论并做出相应的决策，最后讨论出该情景下的竞争战略。

6. 提交决策建议

分析上述各阶段（特别是模拟时）的记录信息，以及在各阶段专家或管理人员提出的竞争战略，在更大范围开展讨论，对所有竞争战略进行汇总，找出未来企业竞争环境和竞争对手的主要变化趋势，最终向企业管理者提交决策建议。

在工商竞争情报分析中应用情景分析法具有一些明显的优势：首先，情报分析法重视发挥人的主观能动性，把企业发展中决策者的群体意图和愿望作为分析的一个重要方面纳入了分析过程。在将情景分析法应用于企业竞争情报分析的过程中，不仅能充分考虑企业管理层对情报的具体需求，还能实现专家知识共享，提高分析结论的可靠性。其次，与传统的趋势外推法相比，情景分析法在对随机因素的影响和决策者意志的处理上具有更大的灵活性和实用性。[1] 竞争情报分析法通过系统地分析假想的未来竞争情景的影响，选择研究几种有代表性的典型情景，考察突变因素对于未来竞争情景的影响，并给出了相应的预测结果，使企业在竞争策略的制定方面可以未雨绸缪，避免突发情况对本企业的发展造成重大不利影响。再次，和主观概率估计法、德尔菲法等定性分析方法相比，情景分析法更强调专家之间观点的差异，因此考虑得更周全。[2] 由于情景分析法尽可能列举了将来出现的各种状况、各种不同环境因素和多种可能的趋势，因此，更有利于决策者进行全面分析。

情景分析法虽然具有上述优势，但也有一些不足。首先，分析的过程相对比较复杂。由于涉及许多环节，而且综合使用了定性和定量分析的方法，因此，情景分析法操作起来比较困难。另外，在事物发展过程中的许多因素往往渐进地发生变化，这种变化的不显著性使人们常常难以察觉，因此，在情景分析中，同样可以忽略某些因素，从而影响分析结果。其次，情景分析预测长远，却常常对企业近期的发展情况缺乏指导性。再次，由于情景分析法常常需要投入大量的时间，因此，使用者常常经过数年时间才能对情景分析法有深入的理解和信任。[3] 最后，情景分析法易受企业管理的决策习惯的影响。在现实中，一些企业的高层管理者相信自己和外部专家知道所有问题的答案，认为未来与过去之间存在着毫无变化的连续性，因此在决策中常常习惯于用过去的经验判断将面对的未来。显然，企业管理者的这种习惯对于情景分析法的实施将是非常不利的。

---

[1] L. Fahey, R. M. Randal, *Learning Form the Future: Competitive Foresight Scenarios*, New York: Wiley, 1998.

[2] Y. Shiftan, S. Kaplan and S. Hakkert, "Senario Building as a Tool for Planning a Sustainable Transportation System", *Transportation Research*, Vol. 8, No. 5, 2003.

[3] 黄晓斌、马芳：《情景分析法在竞争情报研究中的应用》，《情报资料工作》2009 年第 6 期。

三 情景分析法应用实例

【例 7—1】 某石化企业拟利用 1980 年以来的相关数据,分析本企业的竞争力,以便为今后的决策提供依据。具体数据如表 7—1 所示。

表 7—1　　　某石化企业 1980—2011 年利润额与
　　　　　　　研发技改资金投入数据　　　　　单位:亿元

年份	利润额(y)	研发技改资金投入(x)
1980	12	0.189
1981	13.12	0.234
1982	15.09	0.299
1983	16.23	0.384
1984	18.78	0.398
1985	21.37	0.487
1986	22.09	0.589
1987	23	0.723
1988	24.67	0.8
1989	25.99	0.989
1990	27	1.036
1991	28.65	1.056
1992	27.65	1.023
1993	28.39	1.145
1994	32.6	1.189
1995	35	1.3
1996	39.46	1.498
1997	43.84	1.6

续表

年份	利润额（y）	研发技改资金投入（x）
1998	45	1.823
1999	48.67	1.99
2000	53.12	2.054
2001	54.08	2.2
2002	56.34	2.54
2003	60.98	2.4
2004	61.43	2.67
2005	65.9	3.2
2006	69.91	3.287
2007	72.34	3.434
2008	77.67	3.503
2009	80.57	3.83
2010	84	4.1
2011	87.64	4.36

操作流程：

1. 确定分析主题

企业的利润额在很大程度上可以说明企业的竞争力。一般来说，利润额数量大并保持稳定增长的势头，则说明企业一直在保持并不断增强其竞争力。因此，虽然有诸多指标可以用来衡量企业的竞争力，但考虑到利润额之于竞争力的良好表达，本例中选择利润额作为预测竞争力的变量。

2. 分析未来情景

自改革开放以来，石化市场经历了重大的变化。主要表现在：随着我国经济体制改革的深入，我国石化行业也经历了市场转型、价格机制改革等诸多变化。本企业的发展也随着石化行业的整体变革而发生了一系列变化，特别是1994年该企业上市，这一事件成为该企业发展的分水岭。概括而言，以1994年为界，该企业的发展可分为两个阶段：上市前和上市后。

为对未来情景做出相对准确的判断，情报分析人员拟通过使用厂长（经理）评判意见法和主观概率法，对企业的未来情景进行了提取和描述。具体而言，在本阶段，通过综合使用厂长（经理）评判意见法和主观概率法，请企业各级管理人员参与并以提名的方式，列出各种可能的未来情景及其发生的可能性（概率），提名的方式如表7—2所示。

表7—2　　　　　　　　　　未来情景的判定表

部门	未来情景	事件	发生的可能性
销售部门负责人	最乐观情景	事件一	…
		事件二	…
		事件三	…
	常规情景	…	…
	悲观情景	…	…
财务部门负责人	最乐观情景	…	…
	常规情景	…	…
	悲观情景	…	…
生产部门负责人	最乐观情景	…	…
	常规情景	…	…
	悲观情景	…	…
研发部门负责人	最乐观情景	…	…
	常规情景	…	…
	悲观情景	…	…
相关专家	最乐观情景	…	…
	常规情景	…	…
	悲观情景	…	…

3. 描述核心情景并选择各种影响因素

通过综合使用厂长（经理）评判意见法和主观概率法，该企业的情报分析人员最终得到各种情景及影响因素（事件）。通过汇总发现，企业管理人员认为本企业面临的情景主要包括：

（1）最乐观情景。随着我国经济的快速发展，能源需求量日益增大，石化企业将保持良好的发展态势。随着石化产品价值机制的日益完善，我国石化行业整体面临着重大的发展机遇。在此背景下，如果本企业能抓住机遇，增加融资渠道，扩大生产规模，会获得更好的经济效益。

（2）常规情景。本企业维持现有的生产规模与管理方式，继续实现本企业的稳定发展。

（3）悲观情景。世界能源市场存在风险，特别是中东等主要石油产区政局不稳，主要能源消费国以军事力量干预能源分配格局的可能性加剧，使石化产业整体面临着原油供给下降、成本上升、经营风险加大等不利因素。在这些不利因素的影响下，本企业未来的竞争力可能有所下降甚至面临被淘汰的风险。

另外，情报分析人员对管理人员和专家提名的将对本企业竞争力产生影响的因素进行了汇总，主要包括：

（1）政策环境。参与评估的管理人员和专家普遍认为，政策因素将是未来影响本企业竞争力的重要因素。如果能源行业在国家产业格局中的支柱地位得到进一步巩固，则本企业将连同整体石化行业一起，获得快速发展。

（2）融资难度。本企业的发展面临着增大生产规模、改进生产设备等一系列需求，因此对于资金投入的需求很大。参与评估的管理人员和专家认为，如果本企业能够获得更充沛的资金渠道，则企业发展将面临诸多难能可贵的机遇。

（3）产品研发能力。石化行业经过多年的发展，出现了主打产品类同的现象，这非常不利于中小型石化企业的发展。为此，本企业只有通过研制新型产品，实施与其他竞争者差异化的发展，才能赢得更大的市场份额。因此，对于新产品的研发能力将是影响本企业未来发展的一个重要因素。

（4）技术水平。这个因素与新产品的研发有着一定的关联。若要在市场竞争中实施"人无我有"的竞争策略，则需要进行技术改造，提高本企业的技术水平。

（5）人力资源。

……

4. 量化分析

本例中，为方便分析，以利润额为因变量，以研发技改资金投入为自变量，构建模型，对该企业的竞争力进行预测分析。为区分该企业发展的不同阶段，增加了一个虚拟变量，以该企业上市前为1，上市后为2。

通过使用 STATA 统计分析软件，情报分析人员获得了图7—2所示的模型相关指标输出。由图7—2可见，本模型 F 值为2197.59，P 值小于0.01；两个自变量的 t 值分别为38.1和4.7，均在0.01水平下显著；拟合度达0.9932。据此，可以构建该企业利润额的预测模型为：

$$y = 10.69236 + 16.5031x + 5.399611z$$

式中，y 为利润额，x 为研发技改投入，z 为虚拟变量。

```
. xi: reg y x i.z
i.z          _Iz_1-2           (naturally coded; _Iz_1 omitted)

   Source |    SS       df       MS           Number of obs =      33
          |                                   F(  2,    30) = 2197.59
    Model | 18628.0478    2   9314.02391       Prob > F      =  0.0000
 Residual |  127.148641  30   4.23828804       R-squared     =  0.9932
          |                                   Adj R-squared =  0.9928
    Total | 18755.1965   32   586.09989        Root MSE      =  2.0587

       y |     Coef.   Std. Err.       t    P>|t|    [95% Conf. Interval]
       x |   16.5031   .4331325    38.10   0.000     15.61853    17.38768
    _Iz_2|   5.399611  1.148615     4.70   0.000      3.053826   7.745396
    _cons|  10.69236   .6216495    17.20   0.000      9.422778   11.96193
```

图7—2　STATA 软件输出的模型相关指标

5. 情景预测

如前文所述，本例中所分析的石化企业面临着三种情景：最乐观情景、常规情景和悲观情景。情报分析人员组织本企业管理人员和专家，对三种情景下本企业研发技术投入的增减情况进行预测，并对预测进行了汇总，得到：2012年，在乐观情景下，该企业研发技术投入将上升10.9%；常规情景下，研发技术投入将增长6.3%；

悲观情景下,研发技术投入将下降2.8%。

下面对这三种情景分析进行预测:

(1) 最乐观情景。

2012年研发技改投入比2011年增长10.9%,因此,2013年投入额为:

$$4.36×(1+10.9\%)=4.83524（亿元）$$

将研发技改投资额代入模型,则:

$y=10.69236+16.5031x+5.399611z=10.69236+16.5031×4.83524+5.399611×2=101.28803$（亿元）

(2) 常规情景。

2012年研发技改投入比2011年增长6.3%,因此,2013年投入额为:

$$4.36×(1+6.3\%)=4.63468（亿元）$$

将研发技改投资额代入模型,则:

$y=10.69236+16.5031x+5.399611z=10.69236+16.5031×4.63468+5.399611×2=97.97817$（亿元）

(3) 悲观情景。

2012年研发技改投入将比2011年下降2.8%,则2013年的投入额为:

$$4.36×(1-2.8\%)=4.23792（亿元）$$

将研发技改投资额代入模型,则:

$y=10.69236+16.5031x+5.399611z=10.69236+16.5031×4.23792+5.399611×2=91.43040$（亿元）

三种预测结果见表7—3。

表7—3　　　　2012年某石化企业利润额情景预测

	最乐观情景	常规情景	悲观情景
利润额（亿元）	101.28803	97.97817	91.43040

第三节 博弈分析法

一 博弈分析法概述

博弈论（Game Theory）是一种重要的经济学研究理论与方法。这一理论起源于20世纪，1944年由数学家约翰·冯·诺依曼（John Van Nounmann）和经济学家奥斯卡·摩根斯特恩（Oscar Morgenstern）合著的《博弈论的经济行为》是系统的博弈论形成的重要标志；1950—1953年美国数学家约翰·福布斯·纳什（John Forbes Nesh）发表的《非合作博弈》把博弈论的研究与应用推向一个新阶段。由于博弈论在理解人类行为和策略选择方面的优势，使其在竞争情报应用领域有着良好的前景。

博弈论在工商竞争情报中之所以能够得到广泛应用，主要在于竞争情报的目的是对竞争环境和竞争对手相关的信息进行分析加工，以便使其知识化、智能化，从而服务于企业的决策行为。而博弈论恰恰是企业管理者或相关人员在所掌握信息的支撑下，做出决策的过程。由此可见，竞争情报分析所获取的关于竞争环境相关的分析，正是博弈分析中所需要的"自然"信息。在博弈过程中，自然因素是决定外生的随机变量的概率分布的某种机制。例如，在博弈过程中，社会政治、经济以及自然环境、条件等因素通常都作为自然处理。由于这些自然因素的变化，博弈结果也随之发生变化。因此，要在博弈中获得正确的策略选择，就需要依赖于决策者对于自然因素的充分理解。而这种理解，显然需要大量自然（即竞争环境）信息的支撑。反过来，竞争情报分析中，情报分析人员的一项重要任务是获取关于竞争环境的大量信息，然后对其进行分析、加工和提炼。情报分析人员在这一阶段工作的成果，恰恰是为了使博弈的结果有利于本企业自身。由此可见，就竞争环境而言，竞争情报分析活动与博弈过程相辅相成、互为依靠，对于一个完整的决策过程来说，竞争情报的获取和博弈过程是缺一不可的。

另外，竞争情报分析的焦点在于分析竞争对手相关信息，以便服务于本企业的决策活动。根据博弈论，信息作为参与人有关博弈的知识，是对博弈结果产生直接影响的主要因素。可见，在博弈过程中，如果决策者能够获得更多关于竞争对手的知识（信息、情报），则其掌握主动权、做出正确博弈选择的概率将大大增加。从这个意义上说，竞争情报分析通过将竞争对手的信息情报化，使情报分析人员分析得到的情报直接支撑了决策者的博弈，从而促使其做出正确的决策行动。

博弈过程中，决策者不仅需要考虑竞争环境和竞争对手的相关情报、知识、信息，而且也需要掌握竞争对手的策略选择相关的信息。显然，通过竞争情报分析，获取关于竞争对手竞争策略的相关信息，对于获得正确的博弈结果意义重大。

对于工商企业而言，在其决策中使用博弈方法通常需要具备如下条件：①有两个或两个以上的竞争主体，从而形成一个竞争环境。②参与竞争的各主体具有各自独立的目标和利益，并有能力独立做出各种行动选择。③博弈的参与者都是具有理性行为的市场主体。④各参与竞争的主体存在着利害的关联性，即各方所竞逐的资源具有稀缺性，从而使竞争结果对于竞争参与者有直接的利害影响。⑤参与竞争的各主体共同参与博弈行为。⑥竞争的参与主体依据对其他参与者的行动信息的掌握而做出最有利于自身的决策。

二　博弈分析法的一般步骤

在工商竞争情报的支撑下，博弈分析法一般需要经过如下步骤：

（1）情报分析人员大量采集关于竞争对手和竞争环境的信息。具体而言，可通过查阅文献及市场调查等途径，获取关于竞争对手和竞争环境、产品、服务、市场行为等方面的信息。

（2）将采集到的信息进行有效组织，使其形成有序的资料集合，以便使用。

（3）构建博弈模型。

（4）将所获取的关于竞争对手和竞争环境方面的信息与模型进行对接。

（5）提出决策建议。

三 博弈分析应用实例

【例 7—2】 我国证券市场内幕消息获取与利用中的信息博弈。[①]

● 按语

针对证券市场上的内幕交易，本文首次从信息博弈的角度对其进行分析，通过构建内幕信息获取和交换的博弈模型，剖析动态博弈中内幕交易者的决策过程和均衡策略。本案例以我国证券市场内幕消息获取和利用进行研究，并提出相应的策略，以期对控制内幕交易行为及其监管提供参考。

● 正文

证券市场上的内幕消息与公开消息总是同时并存，由于内幕消息对证券市场价格会产生影响，其私下披露又会产生投机和不公平，这就要求对内幕消息及其交易进行控制。国内外学者和证券监管部门对此做了不少研究，但在对内幕消息及其交易行为的差别和监管处罚上都感到存在难度。本文首次从信息博弈的角度对我国证券市场内幕消息的获取和利用进行分析，研究内幕交易者的决策过程和均衡策略，以期为证券监管部门识别及监管内幕交易行为提供参考。

一、证券市场内幕消息和内幕交易（略）
二、相关理论和研究综述（略）
三、我国证券市场内幕消息获取和利用中的信息博弈
1. 我国证券市场的内幕交易（略）
2. 我国证券市场内幕消息获取和利用中的信息博弈
（1）一般博弈模型
博弈方Ⅰ（以下简称Ⅰ）——拥有内幕消息的一方。
博弈方Ⅱ（以下简称Ⅱ）——没有内幕消息的一方。

[①] 本例节选自张艳《我国证券市场内幕消息获取与利用中的信息博弈》，《软科学》2005年第19期。本书转引自包昌火等编《信息分析和竞争情报案例》，清华大学出版社2012年版，第218—224页。

博弈的目的：

Ⅰ和Ⅱ都希望利用Ⅰ所掌握的内幕消息，在证券交易中获取最大的利益。

博弈步骤：

因为Ⅰ掌握了内幕消息，而这些消息可能是"利好"消息（以下简称"好消息"），也可能是"利空"消息（以下简称"坏消息"）。消息的"好"或"坏"只有Ⅰ知道，Ⅱ不知道，它是Ⅰ的私人信息，也是Ⅰ的类型。

博弈的第一步，是"自然"选择Ⅰ的类型。Ⅰ知道自己的类型，即知道自己所掌握的内幕消息是"好消息"还是"坏消息"，Ⅱ不知道，只知道"好"和"坏"的概率分布："好"的概率为 p，坏的概率为 $(1-p)$。

第二步，Ⅰ观测到类型后发出信号，也就是选择他的战略，买入或卖出证券。Ⅰ知道自然的选择，故Ⅰ有两个单结的信息集。

第三步，Ⅱ观测到Ⅰ发出的信号（买或卖），但Ⅱ不能观测到类型，所以Ⅱ有两个信息集，每个信息集有两个决策结，如图7—3所示。

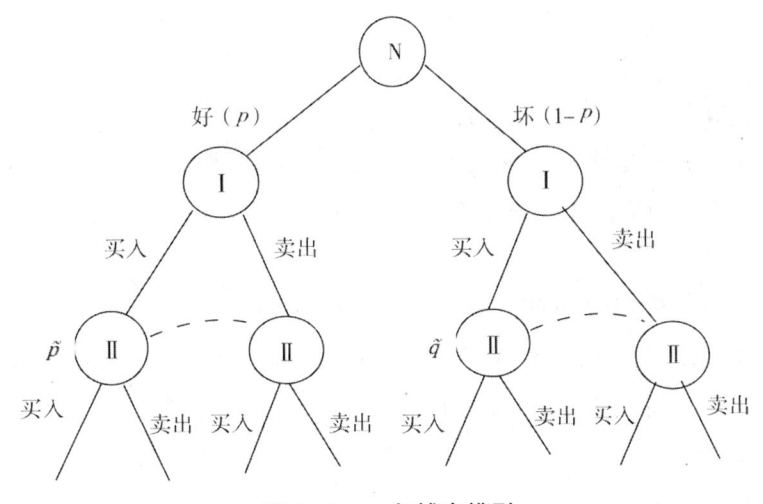

图7—3 一般博弈模型

Ⅱ根据自己的观测和条件概率的贝叶斯法则，修正对内幕消息"好"、"坏"的信念，得到后验概率。在第一个信息集的左决策结上的后验概率 $\tilde{p} = \tilde{p}$（好/买入），即Ⅱ观测到Ⅰ买入证券的情况下，对内幕消息是"好消息"的信念。第一个信息集的右决策结的后验概率为 $1-\tilde{p}$。类似地，第二个信息集的左决策结的后验概率 $\tilde{q} = \tilde{q}$（好/卖出），即Ⅱ观测到Ⅰ卖出证券的情况下，对内幕消息为"好"的消息的信念。第二个信息集的右决策结的后验概率 $1-\tilde{q}$ 是Ⅱ观测到Ⅰ卖出证券的情况下，对内幕消息是"坏"的信念。

Ⅱ根据自己的信念（后验概率）选择行动，买入或卖出。

由以上分析可知，该博弈是一个典型的不完全信息动态博弈，而且是不完全信息动态博弈中的"信号传递博弈"。

在本博弈中，Ⅰ的信号集为：$M = \{$买入（m_1），卖出（m_2）$\}$，Ⅱ的行动集 $A = \{$买入（α_1），卖出（α_2）$\}$，支付函数分别为 $U_1(m, \alpha, \theta)$ 和 $U_2(m)$。

作为信号传递博弈的特例，本博弈的精练贝叶斯均衡定义为组合 $(m^*(\theta), \alpha^*(\theta))$ 和后验概率 $\tilde{p}(\theta/m)$ 的结合，完美贝叶斯均衡的条件是：

第一，博弈方Ⅱ观测到博弈方Ⅰ发出的信号 m_1 后，必须有关于Ⅰ的类型的判断：

$U(\theta_i / m_i) \geq 0$，$U(\theta_1 / m_i) + U(\theta_2 / m_i) = 1$ （$i = 1, 2$）

第二，给定博弈方Ⅱ的判断 $U(\theta_i / m_i)$ 和博弈方Ⅰ的信号 m_j，Ⅱ的行为 $\alpha^*(m_j)$ 必须使Ⅱ的期望效用最大，$\alpha^*(m_j)$ 即是下述最大化问题的解：

$$\max_{\alpha_k} [U(\theta_1 / m_j) U_2(\theta_1, m_j, \alpha_k) + (1 - U(\theta_1 / m_j) U_2(\theta_1, m_j, \alpha_k))]$$

第三，给定博弈方Ⅱ的策略 $\alpha^*(m_j)$ 时，Ⅰ的选择 $m^*(\theta_i)$ 必须使得Ⅰ的得益最大，即 $m^*(\theta_i)$ 是以下最大化问题的解：

$$\max_{m_j} U_1(\theta_i, m_j, \alpha^*(m_j))$$

第四，对于每个 $m_j \in M$，如果存在 θ_j，使得 $m^*(\theta_i) = m_j$，博弈方Ⅱ在对应于 m_j 的信息集处的判断要符合Ⅱ的策略和贝叶斯法则。

（2）内幕交易获取与利用中的信息博弈具体模型（略）

四、结束语

我们通过信息博弈的分析，剖析了内幕交易人的决策过程和均衡策略，这将对我们识别和控制内幕交易提供帮助。总的来讲，界定内幕交易是比较复杂的，很难用几个法律条款或某个标准完成内幕交易的法律认定，这需要我国相关法律法规的进一步完善和细化，更有赖于司法水平的进一步提高。

（后文略）

第四节　层次分析法

一　层次分析法概述

层次分析法（Analytical Hierarchy Process，AHP）作为一种将定性和定量结合的系统分析方法，非常适合于解决那些难以完全用定量方法解决的多目标优化问题或决策问题。这种方法是由美国学者A. L. 萨蒂（A. L. Saaty）于20世纪70年代提出的。层次分析法的基本思路是把复杂的问题分解成若干层次，通过将低层次各因素做对比得出其权重，然后通过由低到高各层次的计算，得出各方案对目标的权重数。一方面通过多层级赋予权重的方法，把人的主观判断数字化，有助于解决多层次的复杂问题；另一方面层次分析法还简化了系统分析和计算工作，有助于保持企业决策原则的前后一致性。

就工商企业的决策活动而言，两两比较常常是比较可行的目标选择方法。由于通过两两比较可以形成判断矩阵，因此，如果求解这个判断矩阵的特征和特征向量，则可确定多个选项的权重。层次分析法假设各层次之间存在着递进的关系，通过建立层级结构模型，可有效选择最优目标。

应用层次分析法进行评价分为如下五个步骤。[1]

---

[1] 详见华守亮、杨凤娥《层次分析模型在管理工程中的应用及实例》，《安阳大学学报》2002年第4期。本书转引自包昌火等编《信息分析和竞争情报案例》，清华大学出版社2012年版，第252—256页。

1. 建立层次结构模型

在深入分析提出的问题之后，将问题中所包括的因素划分为不同层次（如目标层、准则层、指标层、方案层、措施层等），用框图形式说明层次的结构与因素从属关系。当某个层次包括的因素较多时，可将该层次进一步划分为若干子层次。

2. 构建判断矩阵

判断矩阵元素的值反映了人们对各因素相对重要程度的认识，一般采用数字 1—9 及其倒数的标度方法。当相互比较因素的重要性能够用具有实际意义的比值表明时，判断矩阵相应的值则可以取这个比值。

3. 层次单排序及一致性检验

通过判断矩阵 A 的特征的根的求解 $AW = \lambda_{max} W$ 得到特征向量 W，经过归一化后即为同一层次相应因素对于上一层次某因素相对重要性的排序权值，这一过程称为层次单排序。为进行同一层次单排序（或判断矩阵）的一致性检验，需要计算的一致性指标为：

$$CI = \frac{\lambda_{max} - n}{n - 1} \quad (n 为判断矩阵的阶)$$

对于 1—9 阶判断矩阵，平均随机一致性 RI 的值如表 7—4 所示。

表 7—4　　　　1—9 阶矩阵的平均随机一致性指标

除数	1	2	3	4	5	6	7	8	9
RI	0.00	0.00	0.58	0.90	1.12	1.24	1.32	1.41	1.45

当随机一致性比率 $CR = \frac{CI}{RI} < 0.10$ 时，认为层次单排序的结果有满意的一致性，否则需要调整判断矩阵的元素取值。

4. 层次总排序

计算同一层次所有元素对于最高层（总目标）相对重要性的排序，称为层次总排序。这一过程是从最高层次到最低层次逐层进行的，若上一层次 A 包含 m 个因素 $A_1, A_2, \cdots, A_m$，其层次总排序

权值分别为 a_1, a_2, …, a_m, 下一层次 B 包含 n 个因素 B_1, B_2, …, B_n, 它们对于因素 A_j 的层次单排序可能分别为 b_{1j}, b_{2j}, …, b_{nj}（当 B_k 与 A_j 无联系时，$b_{kj}=0$）。此时，B 层次总排序权值由表 7—5 给出。

表 7—5　　　　　　　　层次总排序权值

层次A 层次B	A_1 a_1	A_2 a_2	A_m a_m	B 层次总排序权值
B_1	b_{11}	b_{12}	b_{1m}	$\sum_{j=1}^{m} a_j b_{1j}$
B_2	b_{21}	b_{22}	b_{2m}	$\sum_{j=1}^{m} a_j b_{2j}$
…	…	…	…	…
B_n	b_{n1}	b_{n2}	b_{nm}	$\sum_{j=1}^{m} a_j b_{nj}$

5. 层次总排序的一致性检验

这一步骤也是从高到低逐层进行的。如果 B 层次某些因素对于 A_j 单排序的一致性指标为 CI_j，相应地，平均随机一致性指标为 RI_j，则 B 层次总排序随机一致性比率为：

$$CR = \frac{\sum_{j=1}^{m} a_j CI_j}{\sum_{j=1}^{m} a_j RI_j}$$

当 $CR<0.10$ 时，认为层次总排序结果具有满意的一致性，否则需要重新调整判断矩阵的元素取值。

二　层次分析法应用实例[①]

【例 7—3】某企业拟通过层次分析法分析确定今后生产经

[①] 本例参考了徐国祥主编《统计预测和决策》（第四版），上海财经大学出版社 2012 年版，第 283—286 页。

营策略。整体而言，该企业的生产经营活动中需要考虑两类因素：利润因素和企业社会责任因素。通过分析，可进一步把这些因素分析为四种具体的指标。基于上述具体指标，该企业目前有三种生产经营策略。现需要通过情报分析，从中选择一种策略作为该企业今后的生产经营策略。

操作过程：

（1）对拟分析的问题进行整理，使分析目标明确化。

通过分析发现，本例所需要进行层次分析的问题被整理成如图7—4所示的体系。

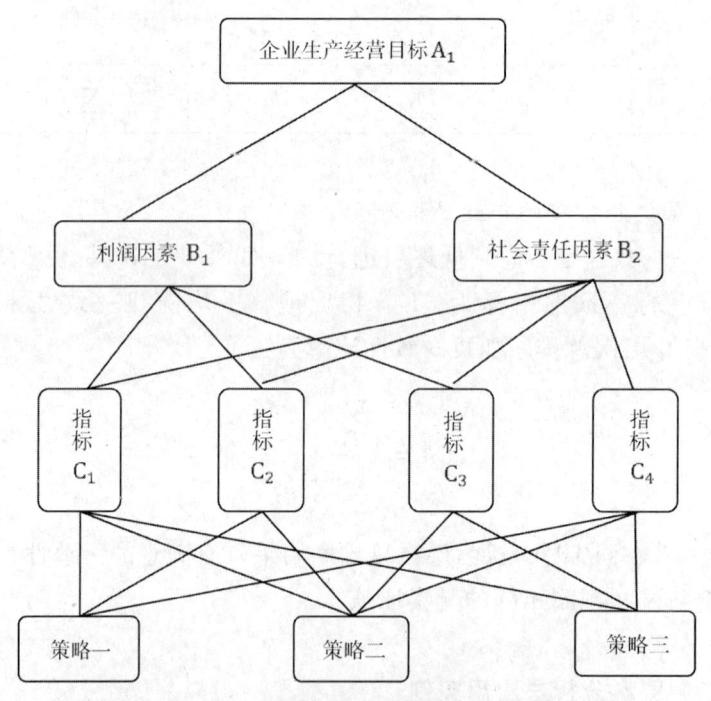

图7—4 企业生产经营策略选择体系

（2）通过德尔菲法、主观概率法或厂长（经理）评判意见法等定性分析的方法，确定第一层次的判断矩阵。判断结果如图7—5。

A	B_1	B_2
B_1	1	2
B_2	$\frac{1}{2}$	1

图 7—5 判断矩阵结果

(3) 利用特征向量法,求 WA。

将第一列加总:

$$\sum_{k=1}^{2} a_{k1} = 1 + \frac{1}{2} = \frac{3}{2}$$

$$\bar{a}_{11} = \frac{a_{11}}{\sum_{k=1}^{1} a_{k1}} = \frac{1}{\frac{3}{2}} = 0.6667$$

$$\bar{a}_{21} = \frac{a_{21}}{\sum_{k=1}^{2} a_{k2}} = \frac{\frac{1}{2}}{\frac{3}{2}} = 0.3333$$

将第二列加总:

$$\sum_{k=1}^{2} a_{k2} = 2 + 1 = 3$$

$$\bar{a}_{21} = \frac{a_{21}}{\sum_{k=1}^{1} a_{k2}} = \frac{2}{3} = 0.6667$$

$$\bar{a}_{22} = \frac{a_{22}}{\sum_{k=1}^{2} a_{k2}} = \frac{1}{3} = 0.3333$$

将所示值按顺序列成 $\bar{A}$ 矩阵:

$$\bar{A} = \begin{pmatrix} 0.6667 & 0.6667 \\ 0.3333 & 0.3333 \end{pmatrix}$$

将 $\bar{A}$ 矩阵每行相加:

$$W_1 = \sum_{j=1}^{2} a_{1j} = 0.6667 + 0.6667 = 1.3334$$

$$W_2 = \sum_{j=1}^{2} a_{2j} = 0.3333 + 0.3333 = 0.6666$$

将向量 W 做归一化处理：

$$\overline{W} = \left[\frac{W_1}{\sum W}, \frac{W_2}{\sum W} \right]^T = (0.6667, 0.3333)^T$$

上述结果即为 WA。由于是二阶矩阵，不必进行一致性检验，因此：

$$W^{(0)} = (0.6667, 0.3333)$$

(4) 求 WB。

B_1	C_1	C_2	C_3
C_1	1	$\frac{1}{4}$	2
C_2	4	1	3
C_3	$\frac{1}{2}$	$\frac{1}{3}$	1

$$WB_1 = \begin{bmatrix} 0.2443 \\ 0.6196 \\ 0.1560 \end{bmatrix}$$

$\lambda_{max} = 3.1093$
$CI = 0.05465$
$RI = 0.058$
$CR = 0.0942 < 0.1$

B_2	C_1	C_2	C_3	C_4
C_1	1	2	2	3
C_2	$\frac{1}{2}$	1	5	2
C_3	$\frac{1}{2}$	$\frac{1}{5}$	1	2
C_4	$\frac{1}{3}$	$\frac{1}{2}$	$\frac{1}{2}$	1

$$WB_2 = \begin{bmatrix} 0.3929 \\ 0.3340 \\ 0.1528 \\ 0.1149 \end{bmatrix}$$

$\lambda_{max} = 4.1386$
$CI = 0.0426$
$RI = 0.9$
$CR = 0.0513 < 0.1$

$$W^{(1)} = \begin{bmatrix} 0.2243 & 0.6196 & 0.156 & 0 \\ 0.3929 & 0.334 & 0.1582 & 0.1149 \end{bmatrix}$$

(5) 求 WC。

假使经过专家判断，并与上述过程一样的计算后，得到：

$$W^{(2)} = \begin{bmatrix} 0.5390 & 0.2972 & 0.1638 \\ 0.1429 & 0.5714 & 0.2857 \\ 0.1744 & 0.1919 & 0.6337 \\ 0.1222 & 0.6480 & 0.2299 \end{bmatrix}$$

(6) 计算各方案之于指标的权重:

$$W = W^{(0)} W^{(1)} W^{(2)} = (0.2579, 0.4376, 0.3026)$$

可见,方案二权重最大。因此,应选择方案二。

(7) 计算各指标权重:

$$W = W^{(0)} W^{(1)} = (0.2805, 0.5240, 0.2549, 0.0383)$$

可见,指标 2 的重要程度高,指标 4 的重要程度最低。因此,指标 2 所列事项应予优先考虑。

第八章

文本分析

在工商竞争情报分析领域，情报分析人员所采集的数据作为信息的载体，是分析的主要对象。通常情况下，这些数据中不仅存在着大量数值型的数据，而且也存在着相当数量的文本型数据。所谓文本型数据，是指情报分析人员所采集到的，以文本资料形式存在的与竞争分析目标相关的数据。具体而言，工商竞争情报分析中的文本数据既包括竞争对手或竞争环境的各类生产、经营及管理文本，也包括社会对某个行业、企业或产品的反馈评价、需求走向方面的文本资料等。出于全面把握竞争对手和竞争环境的情况，为本企业的决策提供支持的目的，情报分析人员对于文本信息的深入分析与挖掘无疑是十分必要的。

第一节 词频分析

一 信息计量相关学科的兴起与词频分析的渊源

对于文本信息的分析，较早进行研究并将之应用于信息分析实践的，是文献计量学、图书馆情报学及新闻传媒的相关学科。文献计量学（Bibliometrics）始于1911年俄国化学家 M. 瓦尔金对化学文献的研究。文献计量学的基本宗旨是，"让文献数据说话"。1923年，英国图书馆学家 E. W. 休姆（E. W. Hulme）提出了书目统计学（Statistical Bibliography）的称谓。1969年英国文献学家 A. 普里查德（A. Pritchard）采用了文献计量学这一术语，并将其定义为

"把数学和统计学用于图书和其他交流媒体的科学"[①]。

随着文献计量学研究的深入，研究者不断对其基础理论进行丰富。迄今为止，文献计量学已发展并建立了文献增长定律、文献老化规律、作者分布规律、文献离散定律、词频分布规律和文献引用规律等规律、定义、原理。文献计量的研究者将文献作为研究对象，以文献的统计理论作为指导，通过辨识和采集有效的文献计量单元，深入揭示文献相关信息。文献计量作为一种针对文本型数据进行分析的方法，研究者常常通过寻求研究结果的定量表达，获得令人信服的结论。另外，文献计量学具有宽松的边界和相对灵活的方法，这使其很容易与其他学科或方法相结合。

随着社会信息化程度的加深，文献服务领域出现了大量大型文献数据库。特别是20世纪80—90年代以来，网络高速地渗透到社会生活的方方面面。在此背景下，大量的文献信息开始以数字格式存在。文献信息载体的变革使文献计量自身也发生了深刻的变化。近几十年来，信息计量学（Informetrics）、网络计量学（Webometrics）、科学计量学（Scientometrics）得到了很快的发展。

在信息计量相关学科领域，词频分析方法一直是研究者最常用的分析之法之一。对于工商竞争情报的分析者而言，词频分析法不仅可以独立应用于具体的情报分析项目，也是其他一些更复杂的竞争情报分析方法（如共词分析）的基础。

二 词频分析概述

1. 词频分析的含义

词频分析是利用能反映文本型数据核心内容的关键词在情报分析课目上出现频次高低来揭示竞争对手或竞争环境内在规律及数量关系的一种竞争情报分析方法。

随着信息计量相关学科的发展，词频分析的统计单元逐渐由文本型数据的外在特征向内部特征深入，从而在很大程度上成为科学计

---

① 转引自包昌火等编《信息分析和竞争情报案例》，清华大学出版社2012年版，第401页。

量学、信息计量学、网络计量学等领域相关研究者共用的基础性方法。

2. 词频分析的相关概念

（1）词频。即词的频次，指词语在特定文本型数据中出现的次数。词频分析的一个基本共识是，在一个文本型数据源中，如不考虑其他因素（如位置、含义等），一个词出现越频繁，则这个词对该资料的代表性越强。

（2）词串。在词频分析中，分析者通常会得到大量的词及其出现频次，但在有些情况下，某些词并不能表达一个完整的意义。例如，分析者发现某文本型数据源中最高频词为"公司"，但这个词常常不能提供特别有价值的信息，因为当"公司"与"治理"联结成为"公司治理"或与"法"联系成为"公司法"时，两者之间有着明显的不同。在这种情况下，要获得对于所分析的文本型数据的完整认识，情报分析人员需要对词串（而不是词本身）进行分析。可见，在工商竞争情报分析中，词串是指可以表达一个完整意义的词语组合。

（3）词表。词表指信息资源的管理人员编制的，用以对信息资源的标识进行控制的词和词组的集合。对于信息资源的管理者而言，制定词表的目的是为信息的检索提供检索点；对于使用词频分析方法的情报分析人员而言，现有词表可帮助其分析检索并规范所得到的关于文本型数据的主题的词和词组。

（4）标题词。标题词也称标题，是指经过词汇控制，用来标引信息资源的词或词组。标题词一般是比较定型的事物名称。例如，"企业"、"知识产权"、"运营管理"等都可以作为标题词。由于标题词是文本型数据源的创作者（或信息资源的组织者）经过分析加工的词语，因此，标题词一般对文本型数据的内容有着较高的代表性。正是因为标题词具备了上述特征，因此，在词频分析中标题词常常受到情报分析者的格外重视。

（5）元词。由于信息资源数量的剧增，对于信息资源（特别是数字信息资源）的管理方式也发生了深刻的变革。其最重要的一个表现就是，信息资源管理者常常以元词为主题标识，通过字面组配的方式表达信息资源的主题。因此，所谓元词，是指用来揭示信息资源主题的最基本、字面上不能再分的语词。① 例如,"贸易"就是一个元词,而"国际金属贸易"则可分解成"国际"、"金属"和"贸易"三个元词。元词常常是在词频分析的起始环节,词频分析常常在第一步先得到文本型数据中的元词,进而对这些元词进行更完整语义单位的分析。

(6) 叙词。也叫主题词,是经过规范化处理的、以基本概念为基础的表达文本型数据主题的词和词组。叙词法作为文献主题标引的一种方式,产生于20世纪50年代末的信息组织领域。信息组织领域基于叙词而形成的叙词表因经过专业信息标识人员的分析、甄别与遴选,对于专业性的文本型数据主题有着较好的揭示。也正是因为叙词源于信息组织专业人员的编制,因此,当情报分析人员所分析的数据资源来源于专业型的大型数据库时,词频分析中对于叙词的使用较多,但对于未经"精细组织"的大量文本型数据而言,叙词的使用空间有限。

(7) 关键词。在科研论文的写作中,常常需要创作者提取最能反映其论文的词语,从而形成了关键词。竞争情报分析中的关键词的含义与其在科研论文中的含义相类似。在竞争情报分析中,关键词常常指情报分析人员提取的最能反映拟分析的文本型数据主题的词和词组。

(8) 词的搭配。在具体的文本型数据资料中,词的不同搭配方式常常反映出不同的含义来。例如,对于"金融"一词来说,当在A资料中其右侧出现频数最高的词是"危机"一词;在B资料中相同位置出现频数最高的词是"改革"。显然两则材料在关于"金融"问题方面讨论的侧重点有所不同。可见,在工商竞争情报分析中,词的搭配指情报分析人员析出的词(或词串)在文本型数据源中与其他相邻词或词组的位置关系。

(9) 词的位置分布。在工商竞争情报分析实践中,通过掌握特定词(或词串)在文本中的位置也可以获得有价值的信息。例如,在对某个金融机构报告的解读中,发现"紧缩银根"一词集中出现

---

① 马张华:《信息组织》,清华大学出版社2008年版,第186页。

于文本的最后位置，而很少出现在报告的中间位置。通常情况下，一份规范的金融报告常常在中间位置对现状进行描述和分析，而最后位置是对未来形势的判断。据此可以初步判断，该报告大致认为，紧缩银根有可能是未来一段时间的主要货币政策。

3. 高频词的识别

正确识别高频词对于词频分析来说至关重要。在信息计量相关领域，研究者常常通过"齐普夫定律"（Zipf's law）对高频词加以有效识别。

齐普夫定律是在整合了乔治·齐普夫等关于词频分析相关研究成果的基础上，于20世纪中叶形成的一条定律。这条定律的基本内容是：如果把一篇较长文章中每个词出现的频次统计起来，按照高频词在前、低频词在后的递减顺序排列，并用自然数给这些词编上等级序号，即频次最高的词等级为1，频次次之的等级为2……若用 F_r 表示频次，r 表示等级序号，则有：

$$F_r \times r = C$$

式中，C 为一常数。齐普夫指出，C 并不是绝对不变的恒量，而围绕着一个中心数值上下波动。① 周文杰通过统计分析验证了高频词中的 C 值围绕 0.1 上下波动，这表明，高频词的分布大体上遵循了齐普夫定律。② 因此，在竞争情报分析中，情报分析人员可基于齐普夫定律对高频词加以识别。其具体方法是：首先，制作词频对词序的散点图；其次，对散点图拐点处的词进行探查，确定词频与词序之积的均值与 0.1 无显著差异的词为分界点，据此确定高频词的范围。

三　词频分析的步骤

一般来说，在竞争情报分析中，运用词频分析方法对文本型数据进行分析要经过如下步骤。

1. 数据的采集

网络的普及化为竞争情报分析人员便捷地获取文本型信息资源

---

① 邱均平：《信息计量学》，武汉大学出版社 2007 年版，第 138—139 页。
② 周文杰：《探查齐普夫定律中的常数值：来自 LISTA 数据库中文献计量相关研究论文摘要的证据》，《武汉大学学报（信息科学版）》2012 年 ICSUE 专辑。

提供了便利。通常，情报分析人员可通过专业数据库、专业协会网站及同行其他公司的网站获取大量有价值的信息。本书第二章中所涉及的大部分信息源都可以提供大量的文本型数据，这使得情报分析人员可以在较低成本的情况下获取较全面的资料。相对于数值型数据的获取而言，采集文本型数据的难度通常较小，成本也较低，这种优势恰恰反映了文本型数据分析在竞争情报分析领域应用的良好前景。

2. 词频统计

在具体的竞争情报分析中，情报分析人员可自己编写程序或使用现有的词频统计软件进行词频统计。词频统计所获得的基本信息包括：词序、词频及所检出的词语。

3. 数据的整理与清洗

由于文本型数据来源复杂，存储格式多样，因此，在进行词频统计后，情报分析人员需要对所获取的词表进行整理和清洗。规范的词频分析应该构建元词的词表，或参照既有的叙词表，对照这些规范处理后的词表对词频统计中所得到的词进行分析。对于一般的词频分析项目而言，需要整理的项目大致包括：对于含义相同的词进行归并，如把"全国人民代表大会"和"全国人大"归为同一个词；对因语法原因而存在的同一个词的不同词形进行归并，如对于英文单词中的单数和复数词、同一单词的大小写进行归一化处理；对无实际意义的词予以剔除，情报分析人员需要优先考虑剔除虚词（如副词、连词、助词、感叹词等），如中文中的"的"、英语中的"the"等词；等等。

4. 绘制词频数与词序的散点图

通常以词频为纵轴、以词序为横轴制作散点图。

5. 识别高、低频词的分界点

一般来说，通过观察散点图，情报分析人员可大体确定位于拐点处词的词频与词序。然后，计算每个词的出现频率，公式为：

$$F_r = \frac{F}{\sum_{i=1}^{k} F_k}$$

式中，F_r 为词的频率，F 为词频数，k 为词序，$\sum_{i=1}^{k} F_k$ 为全部词频数的总和。

在实际操作中，情报分析人员可选择位于拐点处的 3—5 个词，按照齐普夫定律（$F_r \times r = C$），逐个计算这些词的频率与词序之积，然后与 0.1 进行均值比较，直到确定无显著差异。

6. 分析高频词

对于文本型数据的分析而言，高频词分析将有助于情报分析人员得出分析研究的关键结论，因此，高频词分析对于文本数据的分析至关重要。具体来说，对高频词的分析可集中在如下方面：

（1）确定词的权重。如前所述，通过词频统计得到的词来源于文本型数据的不同位置。例如，有些高频词是标题词，出现在文本的标题之中；有些词是关键词，是文本创建者提取的对文本最具代表意义的词；有些词则仅仅是文本中一般的词语。显然，词语在文本中所处的位置不同，则其在词频分析中的价值也有所不同。因此，应考虑赋予不同位置词语不同的权重，以求使词频分析所得到的词更全面真实地反映文本信息。

（2）高频词串的分析。在词频统计所得到的词表中，有些高频词无法表达完整的意义，因此情报分析人员需要对这些高频词表中的每个词进行语义解读。如果该词能够独立表达一个完整的意义，则保留该词；如果该词无法表达一个完整的语义，则析出其词串，然后进行解读分析。

（3）词语搭配分析。具体来说，可分析位于某个高频词左右两侧出现的词及其频数，从而对其含义进行考察。

（4）词语出现位置分析。如前文所述，对词语位置的把握有助于情报分析人员获得对文本数据的进一步理解。

四　词频分析法应用案例

【例 8—1】某手机配件生产商拟对 iPhone 相关的情况进行一次分析，以了解智能手机生产、销售等相关情况，为本企业的生产提供决策支持。

操作过程：

1. 数据采集

为方便演示，本例中研究者从美国国会图书馆（Library of Congress）和耶鲁大学图书馆（Library of Yale University）下载了上述两馆关于 iPhone 的编目数据，并挑选这些文本型信息资料的题名中含有"iPhone"的检索记录 737 条作为拟分析的对象。

2. 进行词频统计

在具体的竞争情报分析中，情报分析人员可自己编写程序或使用现有的词频统计软件进行词频统计。本例中，研究者选用了一款由日本早稻田大学研究者劳伦斯·安东尼（Developed by Laurence Anthony Faculty of Science and Engineering, Waseda University, Japan）开发的词频统计软件，名称为 AntConc。词频统计结果如表 8—1（节选）。

表 8—1　关于 iPhone 相关资料的词频统计结果（节选）

词序	词频	词语	词序	词频	词语
1	737	iPhone	11	260	xmlid
2	578	http	12	251	safari
3	427	books	13	226	carleton
4	426	available	14	185	iPad
5	374	com	15	176	yaleu
6	284	online	16	174	new
7	265	library	17	173	wiley
8	260	proquest	18	169	development
9	260	safar ibooks on line	19	169	york
10	260	uicode	20	167	tech
…	…	…	…	…	…

3. 数据的整理与清洗

本例仅仅是演示，对于数据进行化简化的整理与清洗。具体而言，本例中，研究者清除了"the"、"of"等出现频次高但没有实际意义的词。同时,由于仅仅是示例,因此本例中没有建立元词表,也没有参照现有的叙词表进行分析。在实际的工商竞争情报分析中,上述环节无疑都是应该受到情报分析人员重视的重要环节。因为只有获得高质量的数据,才能得到高质量的词频分析结论。否则,只能导致"garbage in,garbage out"(垃圾输入,输出垃圾)。

4. 绘制词频与词序的散点图

如图 8—1 所示,以词序为横轴,以词频为纵轴,绘制了本例的散点图。

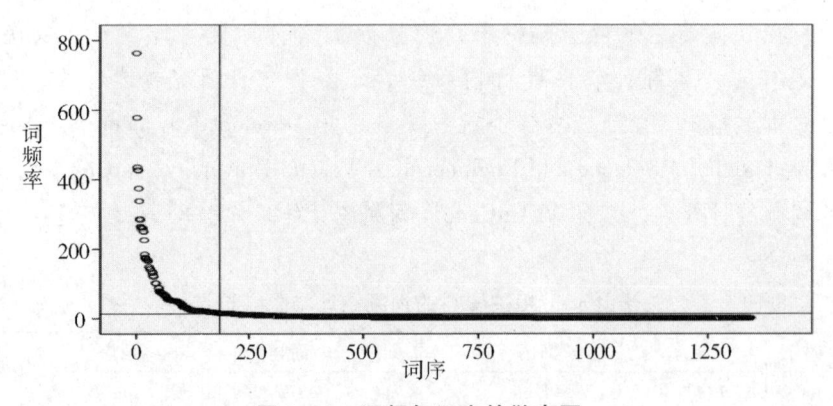

图 8—1 词频与词序的散点图

5. 识别词频词

首先,计算了每个析出词语的词频率。先将所有词频数求和,得到词频数的总和,即:

$$\sum_{i=1}^{k} F_k = 17402$$

然后以每个词的频数除以词频总值,得到每个词的频率。如 iPhone 一词的频率为:

$$F_{\text{iPhone}} = \frac{F}{\sum_{i=1}^{k} F_k} = \frac{737}{17402} = 0.042351$$

依次计算所有析出词语的词频率(见表 8—2)。

表 8—2　　　　　　　　　词频率计算汇总

词序（k）	词频数（F）	词语	词频率（F_r）
1	737	iPhone	0.042351
2	578	http	0.033215
3	427	books	0.024537
4	426	available	0.02448
5	374	com	0.021492
6	284	online	0.01632
7	265	library	0.015228
8	260	proquest	0.014941
9	260	safar ibooks on line	0.014941
10	260	uicode	0.014941
11	260	xmlid	0.014941
12	251	safari	0.014424
13	226	carleton	0.012985
14	185	iPad	0.010631
15	176	yaleu	0.010114
…	…	…	…

其次，计算常数值。

如前文所述的常数值 C 的计算方法，计算每个词的 C 值。如 iPhone 一词的 C 值为：

$$C = F_{\text{iPhone}} \times r = 0.42351 \times 1 = 0.42351$$

依次计算所有析出词语的 C 值（见表 8—3）。

表 8—3　　　　　　　　　C 值汇总

词序（k）	词频数（F）	词语	词频率（F_r）	C 值
1	737	iPhone	0.042351	0.042351
2	578	http	0.033215	0.066430
3	427	books	0.024537	0.09815

续表

词序（k）	词频数（F）	词语	词频率（F_r）	C值
4	426	available	0.02448	0.1224
5	374	com	0.021492	0.128951
6	284	online	0.01632	0.14688
7	265	library	0.015228	0.152281
8	260	proquest	0.014941	0.17929
9	260	safar ibooks on line	0.014941	0.194231
10	260	uicode	0.014941	0.209171
11	260	xmlid	0.014941	0.224112
12	251	safari	0.014424	0.230778
13	226	carleton	0.012987	0.233766
14	185	iPad	0.010631	0.201988
15	176	yaleu	0.010114	0.202276
…	…	…	…	…

再次，观察散点图，并确定拐点。

观察散点图（见图 8—1），发现词频与词序曲线拐点大致位于词频的 10—20 的位置，然后，依次对这些词的 C 值与 0.1 进行均值比较，直到 P 值大于 0.05。如表 8—4 所示，当自由度为 12 时，C 值与 0.1 之间无显著差异（$P=0.057$），据此认为，词频为 13（即 df+1）的词以上的词语为本例中的高频词。

表 8—4　　　　　　　　　C 值与 0.1 的均值比较

	检验值 = 0.1				
	t	df	Sig.（双侧）	均值差值	差分的 95% 置信区间	
					下限	上限
C 值	2.103	12	0.057	0.026088	−0.00093715	0.05311313

最后，整理高频词表。

依据上述步骤，最终本例得到了高频词表（见表8—5）。

表8—5　　　　　　　　　　高频词表

词序	词频	词语
1	763	iPhone
2	578	http
3	427	books
4	426	available
5	374	com
6	284	online
7	265	library
8	260	proquest
9	260	safar ibooks on line
10	260	uicode
11	260	xmlid
12	251	safari
13	226	carleton

6. 进行词频分析并得出相关结论

如前文所述，许多情况下，仅仅通过词频统计而析出的词语并无实际解释能力。如表8—5所示，尽管本例中析出了一系列高频词，但这些词指向不太明确，需要做进一步的分析。例如，"http"这个高频词表明，关于iPhone这个情报分析题目而言，有一些重要的网络信息来源。但这些信息源的具体位置（网址）却没有揭示出来。因此，如果单独分析"http"这个词并无实际意义，需要对这个词语进行更大语义单位的分析。在这些情况下，词串分析就成为研究者的必选工具。

为进一步揭示高频更完整的意义，本例选择对"iPhone"、"http"和"books"三个词进行了词串分析（见表8—6）。

通过对与 iPhone 这一高频词相关的词串的分析，可以得到很多有价值的信息，诸如：①iPhone 与 iPad 关联密切；②iPhone 3gs 电视商务（iPhone 3gs—television commercial）得到了较高关注；③针对特殊人群（如残疾人）的服务业务开始出现（如 iPhone for dummies）等。

通过对与 http 这一高频词相关的词串的分析，情报分析人员会发现若干提供 iPhone 相关信息的重要网站，如 http://proquest.safaribooksonline.com。

通过对与 books 这一高频词相关的词串的分析，情报分析人员会发现在线书籍、电子书籍的规格等是本领域关注的重点问题。

表 8—6　　　　　　　　　　相关词语的高频词串

词串顺序	词串频数	词串
iPhone		
1	76	iPhone and iPad
2	41	iPhone sdk
3	27	iPhone—television
4	25	iPhone application development
5	24	iPhone 3gs
6	23	iPhone and iPod touch
7	21	iPhone and iPad apps
8	20	iPhone 4s
9	18	iPhone 3gs—television commercial
10	17	iPhone book
11	15	iPhone pocket
12	14	iPhone app development
13	14	iPhone—television commercial
14	13	iPhone sdk programming
15	12	iPhone os
16	11	iPhone for dummies
17	11	iPhone user
18	10	iPhone the missing manual

续表

词串顺序	词串频数	词串
http		
1	260	http：//proquest. safaribooksonline. com
2	142	http：//proxy. library. carleton
3	51	http：//dx. doi. org
4	22	http：//site. ebrary. com
5	11	http：//books. scholarsportal. info
books		
1	240	books online
2	88	books24x7 inc
3	88	books24x7. com

（1）词语搭配分析。

词串的分析帮助竞争情报分析人员获得关于高频词更完整的语义单位。但对于分析人员而言，通过对这些高频词与周边词语的搭配进行分析，也可以获得很多有价值的信息。表8—7显示了在左侧四个词和右侧四个词的范围内，与"iPhone"、"book"和"available"三个词搭配的词语。例如，在"available"一词出现于"platform"一词左侧四次，右侧零次，据此可大致认为，本领域所关注的一个重点问题是关于iPhone及其相关信息的获取平台问题。

由于本例选择的主要是题名信息，因此，词语之间的搭配关系对于文本内容的揭示程度并不高。在实际的竞争情报分析中，情报分析人员所获得的常常是整篇的文本（如发展规划、市场分析报告等）。显然，在整篇文本的分析中，词语搭配能够为情报分析人员提供更多有价值的信息。

表8—7 与"iPhone"、"book"和"available"三个词搭配的词语

序号	左频数	右频数	搭配词语
iPhone			
1	4	4	tackling

续表

序号	左频数	右频数	搭配词语
2	4	4	covers
3	6	10	exploring
4	1	0	years
5	2	0	websites
6	1	1	vodafone
7	4	0	views
8	0	1	verizon
9	0	3	unslow

book

序号	左频数	右频数	搭配词语
1	1	0	zimmerman
2	0	1	udk
3	1	0	turner
4	1	0	thrash
5	167	0	tech

available

序号	左频数	右频数	搭配词语
1	0	1	wordpress
2	3	0	webkit
3	1	0	unreal
4	0	3	teens
5	0	4	tackling
6	0	2	stamford
7	4	0	platform
8	0	4	over
9	3	0	multimobile
10	0	1	learner

（2）词语分布分析。

前文提到，词语分布在文本的不同信息，常常有着不同的意义。因此，通过分析词语在文本中的分布，情报分析人员也可以得到很多有价值的信息。如图8—2所示，"books"、"programming"和"television"三个词在iPhone相关的文本中分布位置有着明显的不同。books一词分布于文本几乎各个位置。这表明，对于iPhone产品来说，其阅读功能自始至终都得到了关注。programming一词则节奏性地出现在文本中，因此，这个问题只得到部分人员的关注，只有在与这些人员关系密切的文本中，这一词语才频繁出现，而在与这些人员关系不密切的其他文本中，这一词语则较少出现。television一词则非常集中地出现在文本的同一个位置，这表明，这个问题作为一个专门的问题，其独立程度较高，与其他问题的关联度不大。

books一词在文本中的分布

HIT FILE: 1　　FILE: Word Frequency Analysis-iphone.txt

No. of Hits = 427
File Length (in chars) = 146094

programming一词在文本中的分布

HIT FILE: 1　　FILE: Word Frequency Analysis-iphone.txt

No. of Hits = 71
File Length (in chars) = 146094

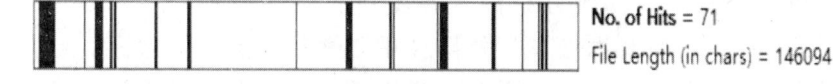

television一词在文本中的分布

HIT FILE: 1　　FILE: Word Frequency Analysis-iphone.txt

No. of Hits = 50
File Length (in chars) = 146094

图8—2　"books"、"programming"和"television"三个词在文本中的分布

第二节 共词分析

一 共词分析的起源与概念

共词分析方法源自定量语言学（Quantitative linguistics）领域，这类方法在文本型信息分析中的应用起源于20世纪中后期。据考证，20世纪70年代中后期，法学学者M. 卡隆（M. Callon）首先提出共词分析的概念。[①] 1986年，由M. 卡隆作为第一作者出版的《测绘科学与技术动态》（*Mapping the Dynamics of Science and Technology*）一书被认为是共词分析的里程碑事件。[②] 自此，共词分析成为文献计量等致力于开拓和应用文本分析技术的相关领域最重要的方法之一。特别是在试图通过绘制图谱（mapping）的方法，对大量文本信息的内在概念结构进行可视化揭示的研究中，共词分析方法一直扮演着重要角色。

所谓共词分析，就是对通过关键词在同一文献中两两出现的次数，采用多元统计的方法揭示这些词语之间的数量关系和内在规律，并基于网络分析而实现词语、概念关系的可视化，从而有效地分析和发现文本信息中所蕴含的事物发展现状、主题结构、热点问题和未来走向等方面的信息。

共词分析是在词频分析的基础上进行的。词频、高频词、词串、共词（串）、共词（串）矩阵及中心性是最基础的指标。与词频分析中相关概念相类似，共词分析中的词频指在分析语料中特定词语出现的频数。在词频分析得到的词频表中，部分词出现频率较高，就构成了共词分析的高频词。共词则指两两出现于同一篇文献中的词语。由于单个词语常常无法揭示出明确的意义，因此，需要把位于同一语群且与拟分析词语相关的词语都提取出来，以获得具有

[①] Callon, M., Courtial, J. P., Turner, W., & Brain, S., "From Translations to Problematic Networks: An Introduction to Coword Analysis", *Social Science Information*, No. 2, 1983.

[②] 包昌火等编：《信息分析和竞争情报案例》，清华大学出版社2012年版，第402页。

相对完整意义的一组词,这就形成了词串。虽然高频词(串)与高频共词(串)的频数已经从一定程度上揭示了研究领域的整体状况,但要进一步揭示其关系,还须构建矩阵,实现可视化,以便对其网络特征进行分析。

在共词分析中,对于共词(串)之间关系的分析是基于图论的原理而展开的,其中程度中心性(degree centrality)和中介性(betweenness centrality)是计算节点在网络中的中心程度最重要的两项指标。[①] 中介性则用以衡量节点作为"媒介者"的能力,中介性越高,则其地位越关键。由于程度中心性和中介性在网络结构中所具有的独特性质,通过计算具体高频词(串)在网络中的上述两项指标,就可以有效地揭示特定研究领域的热点问题。

在关于网络特征的研究中,用于把构成网络的节点归纳成为若干子群的方法有角色分析和凝聚子群研究等。在竞争情报分析中,情报分析人员可考虑采用的分析指标有职位分析(position analysis)、结构同型子群等。[②] 在具体分析中,CONCOR 法使用较为广泛。CONCOR 分析法的计算公式[③]为:

$$r_{ij} = \frac{\sum (x_{ki} - \bar{x}_{.i})(x_{ik} - \bar{r}_{j.}) + \sum (x_{ik} - \bar{x}_{i.})(x_{jk} - \bar{r}_{j.})}{\sqrt{\sum (x_{ki} - \bar{x}_{.i})^2 + \sum (x_{ik} - \bar{x}_{.j})^2} \sqrt{\sum (x_{kj} - \bar{x}_{.j})^2 + \sum (x_{jk} - \bar{x}_{j.})^2}}$$

式中,i 代表个体在矩阵中的行数,j 代表个体在矩阵中的列数,$\bar{x}_{.i}$ 表示指向 i 的个体平均数,k 表示节点,$\bar{x}_{.j}$ 表示指向 j 的个体平均数。

二 共词分析的一般步骤

如前文所述,共词是对文本型数据资料中的主题结构和热点问题等进行探查的有效工具之一。一般而言,共词分析的程序如下[④]:

---

① 罗家德:《社会网分析讲义》,社会科学文献出版社 2005 年版,第 150—162 页。
② 关于网络分析理论与计算方法的详细介绍可参见本书关于社会网络介绍的章节。
③ 罗家德:《社会网分析讲义》,社会科学文献出版社 2005 年版,第 192 页。
④ 周文杰:《文献计量研究中定量语言学分析程序的构建与应用》,《情报资料工作》2011 年第 12 期。

（1）选择语料库。语料库的选择是进行定量语言分析的基础性工作。一般情况下，情报分析人员通过对网络信息源、数字图书馆等相关资源进行检索而建成语料库。在个别情况下，情报分析人员也可能需要自行建设语料库以备分析。

（2）对语料库中拟分析的文本进行词频分析。拟分析文本可以把论文整体作为分析单位，也可以把题目、摘要或关键词等作为分析单位。

（3）确定高频词选择标准并检出高频词。在具体的竞争情报分析实践中，对于高频词入选的标准，需要情报分析人员根据样本数量和研究目的进行判断。

（4）析出词串。如前文所述，考虑到单个词常常无法反映完整的意义，因此需要在语料库中围绕特定高频词析出词串。为兼顾词串分析意义的完整性和效率，词串的规模应适中。如果词串规模过小，则所检出的单个词太多，仍然难以判断其含义；如果词串规模过大，则析出的词串语义过于复杂，会大大降低情报分析人员的分析效率。

（5）在语料库中对高频词串进行"共词串"分析，形成高频共词串矩阵。构建共词串矩阵的目的，是把计量分析的单元由词及词串扩展到词串之间的关系。

（6）应用图论相关原理，构建共词串网络关系图，并对其网络结构进行分析，从而实现勾画特定研究领域整体面貌并揭示其主题结构和热点问题的目的。具体而言，通过子群分析等方法，揭示具体研究领域的主要子领域，然后由这些子领域共同构成本领域研究的全貌。通过中心性分析等方法，揭示本领域研究中的重要问题，析出针对特定竞争情报分析题目的热点。如果研究需要，情报分析人员还可根据图论的相关原理继续进行其他各种网络特征的分析。

具体而言，对特定科学研究领域进行定量语言学分析的流程如图8—3所示。

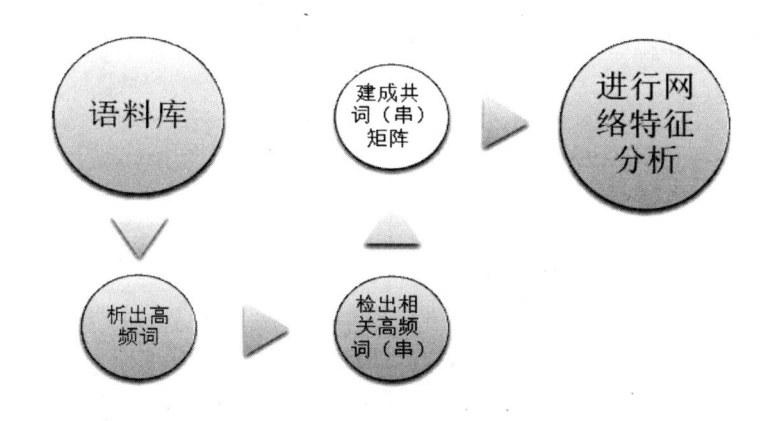

图 8—3　共词分析的流程

资料来源：周文杰：《文献计量研究中定量语言学分析程序的构建与应用》，《情报资料工作》2011 年第 12 期。

三　共词分析应用案例

【例 8—2】某数据通信运营商需要对竞争环境进行一次全面分析。该企业的情报分析人员采集到了大量文本型数据，其中包括政府的相关政策文本、行业协会的章程、同行企业的市场分析报告及本行业内的新闻报告等。针对所采集到的数据资料类型，该机构情报分析人员拟进行共词分析，对这一行业的基本状况予以揭示。

操作流程：

1. 构建语料库

如前所述，情报分析人员采集得到了大量关于数据通信竞争环境的文本型数据，如政策文本、行业章程、市场分析报告及业内新闻等。

2. 进行词频统计，析出高频词与高频词串

在对本案例所采集到的文本资料进行词频分析后，情报分析人员建构了高频词表。为使分析的语义单元更完整，情报分析人员对这些高频词进行了词串分析，挑选频数在 50 次以上的高频词串共

50个作为分析对象。具体如表8—8所示。

表8—8　　　　　　　　　　高频词表

词序	词频数	词语	词序	词频数	词语
1	856	数据通信	26	15	数字排斥
2	763	Internet	27	15	信息贫困
3	354	ICT	28	15	公共服务部门
4	229	计算机	29	14	数据管理
5	196	网络	30	14	信息需求
6	114	发展中国家	31	14	信息搜索
7	90	安全标准	32	14	信息环境
8	74	专利	33	13	社区结构
9	62	信息系统	34	13	数字媒体
10	58	信息技术市场	35	12	终端用户
11	58	农村地区	36	12	数字化教育
12	41	信息传播	37	12	在线服务
13	38	经济发展	38	12	网络政治参与
14	37	发达国家	39	12	宽带服务
15	33	电子化通信	40	12	信息伦理
16	31	网络民主	41	11	垃圾信息
17	31	公共安全	42	11	信息资源
18	27	信息的社会化	43	11	管理系统
19	26	信息获取	44	11	信息公益制度
20	26	基于网络的信息活动	45	11	行业协会
21	25	知识管理	46	11	搜索引擎
22	24	电子商务	47	10	信息法规
23	21	电子政务	48	10	行业门槛
24	17	数据挖掘	49	10	技术创新
25	17	信息过载	50	10	绩效管理

在实际的工商竞争情报分析课题中,仅仅通过高频词与高频词串的分析,情报分析人员已经可以得到大量有价值的信息了。例如,在本例中,居于前10位的高频词串表明,在数据通信领域,关于因特网、信息通信技术(Information and Communication Technology)以及安全标准、专利技术等问题都得到了高度的关注。此外,共词分析还可通过网络分析,进一步将这些文本资料中的信息揭示出来。

3. 数据通信领域的整体分析

本研究使用社会网络分析软件UCINET,对数据通信领域相关的文本资料进行了共词可视化分析。图8—4从整体上描述了数据通信领域的概貌。

由图8—4可见,在数据通信领域的文本资料中,数据通信、计算机、ICT、因特网、信息技术市场等问题受到了普遍关注,在整体网络中居于中心位置;而信息伦理、信息过载、社区结构、管理系统等问题则居于相对边缘的位置;有些问题成为联结其他问题的重要桥梁,如基于网络的信息活动连接了信息搜索、搜索引擎与数据通信、因特网等。

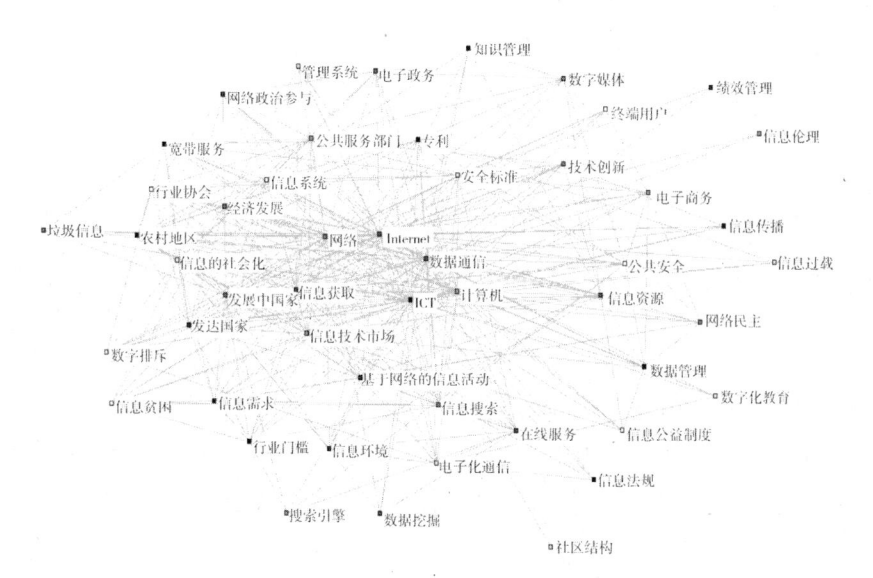

图8—4 数据通信领域概貌

如上所述，尽管图8—4提供了关于数据通信领域概貌的诸多信息，但因为这是一个结构复杂的网络，分析者只能从中得到概括的信息，而无法进行精确的分析。如前文所述，程度中心度和中介度是计算节点在网络中的中心程度最重要的两项指标。程度中心度用以衡量网络中哪个节点处于最中心的位置，所处的位置越位于中心，则越有"权力"，其影响力也越大。中介度则用以衡量节点作为"媒介者"的能力，中介度越高，则其地位越关键。表8—9是对上述两项指标的计算结果。

由表8—9可见，数据通信、Internet、ICT、计算机和网络五个词（词串）既是程度中心度最高的五项指标，又是中介性最高的五项指标。由此可见，在数据通信领域，人们所关注的焦点集中于上述问题上。进一步分析也会发现，尽管上述五个问题的指标值都很高，但在程度中心度和中介度中这些词的位置顺序有所不同。例如，ICT的程度中心度居于第三位，其中介度居第一位。据此可以认为，对于数据通信领域来说，ICT不是影响力最大的因素，但却是最重要的一个"桥梁"。正是基于ICT这个中介，数据通信领域的许多问题才得以联结起来。这对于数据通信企业的启示是：尽管ICT不是本领域的生产经营者所关注的最核心问题，但ICT却是数据通信领域最重要的基础平台。只有有了这个桥梁，数据通信运营才能实现。显然，ICT的上述特性正是基础设施之于该产业影响的主要体现。

在对文本信息的分析中，程度中心度和中介度蕴藏着大量有价值的信息，对这两项指标进行深入分析，有助于情报分析人员获得非常有价值的发现。例如，在表8—9中，"农村地区"一词的程度中心度较高，但该词的中介度却相对较低。由此可见，农村地区的数据通信问题尽管已得到本行业的普遍关注，但这个问题却是一个相对独立的问题，即农村地区的数据通信业务较少具备承担本领域其他问题的"媒介"或承担沟通其他问题的桥梁的作用。

表8—9 数据通信领域高频词（词串）的程度中心度和中介度

序号	高频词串	Degree	NrmDegree	序号	高频词串	Betweenness	nBetweenness
1	数据通信	1135	10.295	3	ICT	229.245	19.494
2	Internet	632	5.732	1	数据通信	142.595	12.125
3	ICT	521	4.726	2	Internet	130.426	11.091
4	计算机	370	3.356	5	网络	72.195	6.139
5	网络	330	2.993	4	计算机	66.565	5.66
6	发展中国家	195	1.769	7	安全标准	22.946	1.951
10	信息技术市场	139	1.261	18	信息的社会化	19.424	1.652
7	安全标准	117	1.061	6	发展中国家	19.243	1.636
11	农村地区	107	0.971	19	信息获取	17.504	1.488
18	信息的社会化	99	0.898	10	信息技术市场	17.481	1.486
14	发达国家	82	0.744	14	发达国家	14.382	1.223
19	信息获取	81	0.735	8	专利	10.35	0.88
13	经济发展	75	0.68	9	信息系统	8.706	0.74
8	专利	68	0.617	20	基于网络的信息活动	8.024	0.682
20	基于网络的信息活动	65	0.59	42	信息资源	7.33	0.623
15	电子化通信	53	0.481	28	公共服务部门	6.991	0.594
9	信息系统	51	0.463	17	公共安全	6.324	0.538
45	行业协会	44	0.399	37	在线服务	6.31	0.537
28	公共服务部门	44	0.399	13	经济发展	6.155	0.523
32	信息环境	35	0.317	15	电子化通信	3.669	0.312
39	宽带服务	35	0.317	31	信息搜索	3.518	0.299
42	信息资源	33	0.299	34	数字媒体	3.382	0.288
26	数字排斥	31	0.281	30	信息需求	3.178	0.27

续表

序号	高频词串	Degree	NrmDegree	序号	高频词串	Betweenness	nBetweenness
41	垃圾信息	30	0.272	22	电子商务	3.084	0.262
49	技术创新	30	0.272	49	技术创新	2.947	0.251
31	信息搜索	30	0.272	11	农村地区	2.915	0.248
38	网络政治参与	29	0.263	29	数据管理	2.179	0.185
23	电子政务	28	0.254	45	行业协会	1.853	0.158
30	信息需求	25	0.227	16	网络民主	1.467	0.125
37	在线服务	23	0.209	39	宽带服务	1.399	0.119
17	公共安全	23	0.209	32	信息环境	1.22	0.104
29	数据管理	21	0.19	23	电子政务	1.074	0.091
12	信息传播	19	0.172	48	行业门槛	0.79	0.067
36	数字化教育	16	0.145	27	信息贫困	0.746	0.063
22	电子商务	15	0.136	21	知识管理	0.606	0.051
27	信息贫困	15	0.136	46	搜索引擎	0.511	0.043
35	终端用户	14	0.127	26	数字排斥	0.49	0.042
44	信息公益制度	14	0.127	38	网络政治参与	0.299	0.025
48	行业门槛	14	0.127	24	数据挖掘	0.208	0.018
16	网络民主	13	0.118	47	信息法规	0.111	0.009
47	信息法规	13	0.118	12	信息传播	0.083	0.007
34	数字媒体	10	0.091	41	垃圾信息	0.077	0.007
24	数据挖掘	10	0.091	43	管理系统	0	0
43	管理系统	10	0.091	44	信息公益制度	0	0
21	知识管理	8	0.073	33	社区结构	0	0
40	信息伦理	6	0.054	40	信息伦理	0	0
46	搜索引擎	6	0.054	35	终端用户	0	0
25	信息过载	4	0.036	36	数字化教育	0	0
33	社区结构	3	0.027	25	信息过载	0	0
50	绩效管理	3	0.027	50	绩效管理	0	0

尽管图 8—4 描述了数据通信领域相关文本资料的概貌，但由于网络过于密集，其中许多有价值的信息并非情报分析人员能够一目了然地识别出来。为此，需要对其进行进一步的深入分析。图 8—5 展示了不同联结强度下数据通信领域相关主题网络结构的变化情况。

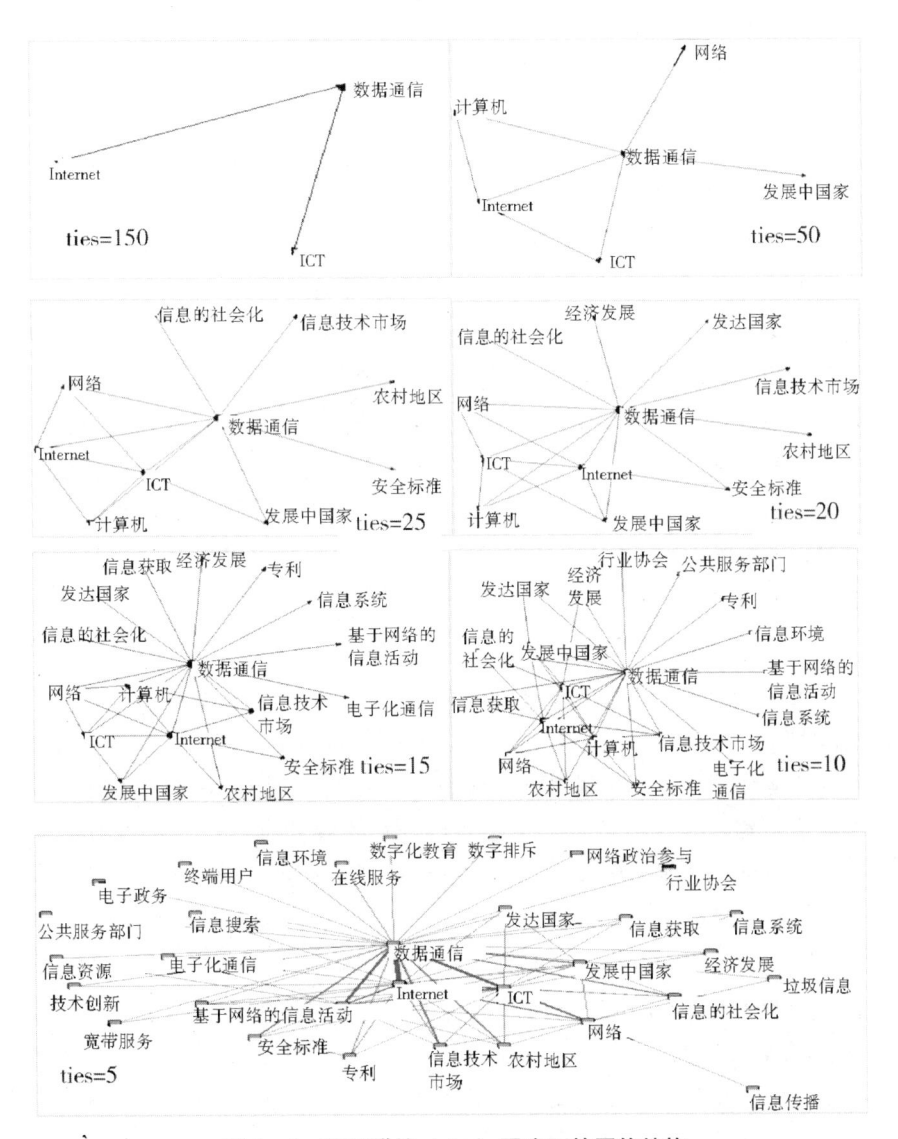

图 8—5　不同联结（ties）强度下的网络结构

在网络分析中，联结强度较高，则表示主题之间的关系越紧密。如图8—5所示，在 ties=150 时，数据通信这一主题只与"Internet"和"ICT"存在联结。可见，就数据通信而言，最重要的关联问题是因特网和信息通信技术。大致可以认为，因特网为数据通信提供了机遇，而ICT则是数据通信的最重要的基础设施平台（有些情况下，Internet本身也是ICT。如果考虑此种情况，则需要对上述现象做出更专业的解释。在此仅是示例，因此只进行一些表面的分析）。进一步分析图8—5可见，当 ties=50 时，网络结构发生了明显的变化，即"数据通信"一方面联结了计算机、因特网和ICT等基础设施，另一方面也联结了"发展中国家"这一主题。据此可以认为：首先，在发展中国家，因特网及ICT等基础设施的建设与完善以"数据通信"为桥梁；其次，发展中国家的数据通信问题受到了本行业的普遍关注。当 ties=25 时，网络结构进一步复杂，比较有启示意义的现象如以数据通信为桥梁，信息基础设施相关问题（如ICT、信息技术市场等）与更广泛的社会问题联系在一起，如经济发展、农村地区等，而且数据通信的安全标准问题也开始成为人们关注的问题之一。由图8—5可见，随着ties的强度由20降低到5，网络的结构越来越复杂，而分析者也可以从中提取到越来越丰富的信息。

4. 数据通信文本信息的子领域分析

面对海量的文本信息，将其分析成内容既相关联又相区别的子领域是一种有效的分析方法。根据共词分析所建构的矩阵，情报分析人员可将其分解为子群，以便对其进行进一步的分析。图8—6显示了将"数据通信"相关领域的高频词（词串）进行子群分析的结果。如图8—6所示，本例将数据通信领域划分为七个子群。这些子群的构成简繁程度不同，有些子群由数十个高频词（词串）构成，有些则仅仅有一个词串构成。例如，图8—6中的第一个子群由包括"数据通信"、"Internet"、"ICT"等24个词（词串）组成，最后一个子群仅仅由"信息贫困"一个词构成。这些子群有些在进行首次子群分析时就有着比较清晰的含义，如第三个子群由"公共安全"、"数据管理"和"信息传播"

三个词串构成，表明对于数据通信领域的公共安全问题，本领域主要关注数据的管理与传播。再如，第四个子群由"行业门槛"和"网络民主"两个词串构成，这似乎表明，网络民主程度与行业准入的门槛之间有着紧密的联系。从政策制定者的角度看，行业准入门槛不仅是一个市场问题，更是一个政治与社会问题。

对于子群分析中构成比较复杂的组，分析者常常难以直观地得到结论。在此情况下，需要分析者进一步将这些子群制作成一个单独的矩阵，再次进行上文所述各环节的分析，直到研究者得到清晰而有说服力的结论为止。

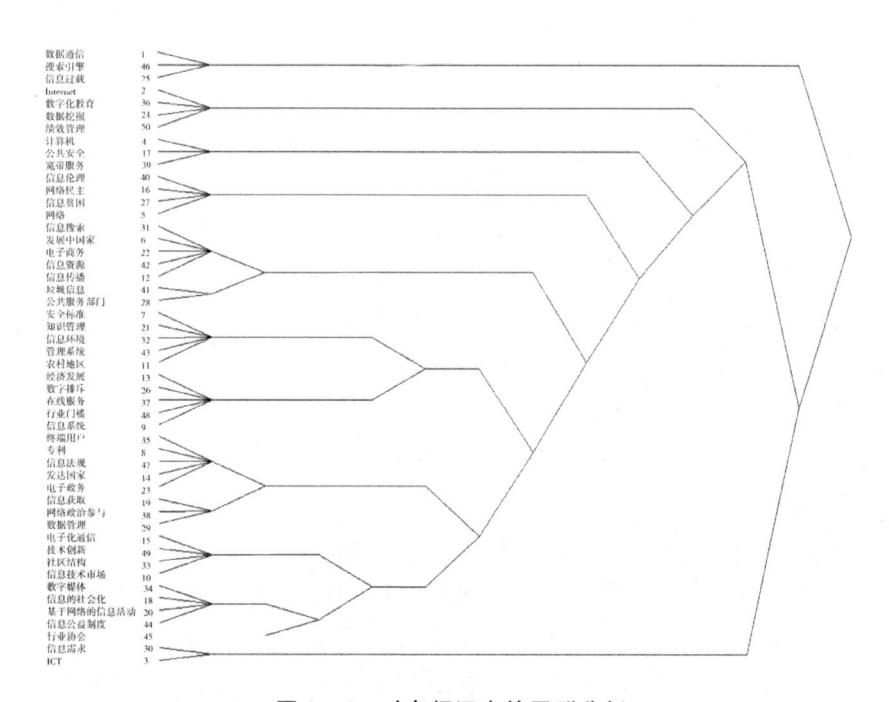

图 8—6 对高频词串的子群分析

对于文本信息子领域的分析不仅可以进行如图 8—6 所示的子群分析，也可以进行聚类分析。图 8—7 展示了对本例所获取数据的聚类分析结果。由图 8—7 可见，通过聚类分析所得到的树状图，可以把本领域的主题划分为若干类。聚类分析中的另外一个所得在于,分析者可以根据需要,确定详细程度不同的类数。例如,在图8—7中,通过远距离的分析,可以将本例所涉及的关于数据通信的主题分为两三类,而在较近的距离上,则可以把这些主题分为数十类。

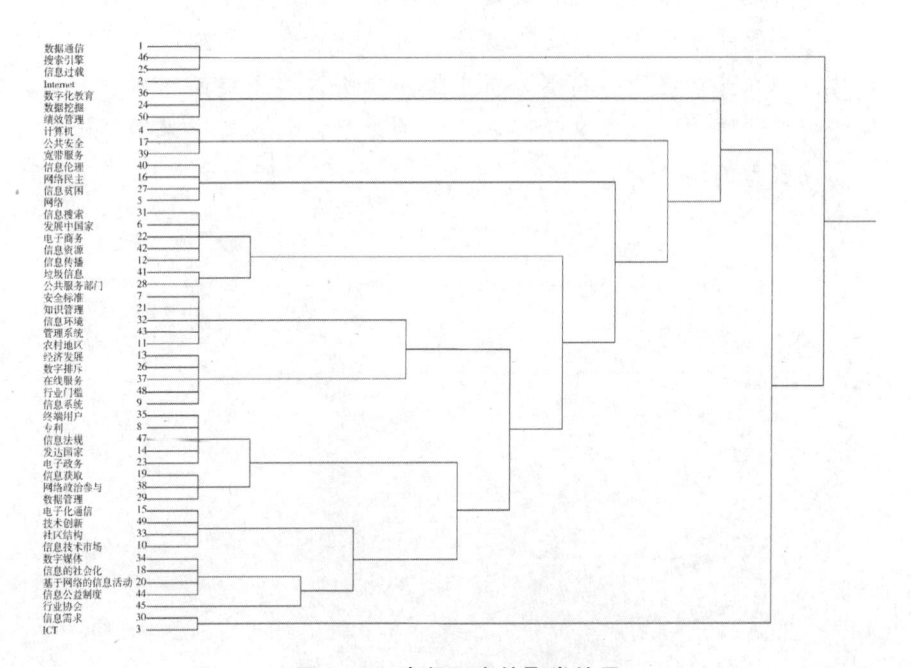

图8—7 高频词串的聚类结果

5. 对数据通信主题中心性和边缘度的分析

通过对网络结构的中心性和边缘度分析,可以获得关于文本信息的重要信息。如图8—8所示,部分词联结紧密,处于本领域的核心;而另外一些词串(如序号为33、40、34、37、46、30的各词串)在经过较远的距离后才与中心相连接。

表8—10进一步清晰地展示了网络中位于中心位置和边缘位置的词串及其关系。如表8—10可见,本例中,"数据通信"、"Internet"构成了中心组,其他48个词串构成了边缘组。

图 8—8 高频词串演化图

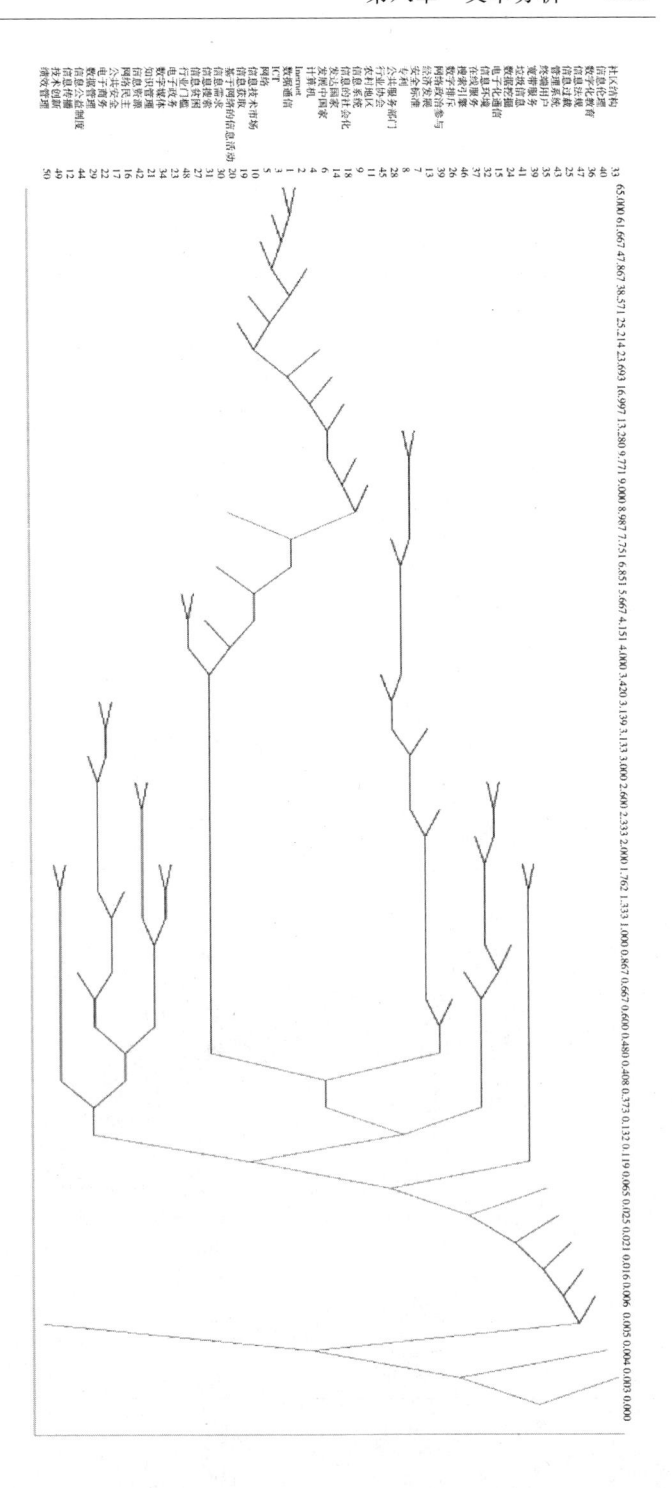

表 8—10　中心/边缘组的成员构成（Core/Periphery Class Memberships）

Core Class Member	数据通信、Internet
Periphery Class Member	ICT、计算机、网络、发展中国家、安全标准、专利、信息系统、信息技术市场、农村地区、信息传播、经济发展、发达国家、电子化通信、网络民主、公共安全、信息的社会化、信息获取、基于网络的信息活动、知识管理、电子商务、电子政务、数据挖掘、信息过载、数字排斥、信息贫困、公共服务部门、数据管理、信息需求、信息搜索、信息环境、社区结构、数字媒体、终端用户、数字化教育、在线服务、网络政治参与、宽带服务、信息伦理、垃圾信息、信息资源、管理系统、信息公益制度、行业协会、搜索引擎、信息法规、行业门槛、技术创新、绩效管理

除去上述分析指标外，基于共词矩阵而形成的网络还提供了其他很多分析方法。例如，表 8—11 是网络密度矩阵，有助于分析网络的密度；表 8—12 提供了中心性与边缘性矩阵，其中也蕴含着大量信息。在具体的竞争情报分析项目中，情报分析人员可根据需要对这些分析指标加以选用。关于更多基于共词矩阵而进行的网络分析请参见知识图谱及相关方面的研究成果。

表 8—11　　数据通信领域中心/边缘的密度矩阵

	1	2
1	225.000	13.719
2	13.719	0.749

表 8—12 数据通信领域高频词（词串）的中心/边缘矩阵（节选）

序号	高频词串	1	2	3	4	5	6	7	8	9
1	数据通信	570	225	184	118	111	56	36	19	17
2	Internet	225	233	64	67	49	25	24	7	2
3	ICT	184	64	307	40	35	29	6	10	6
4	计算机	118	67	40	137	20	15	11	1	3
5	网络	111	49	35	20	153	9	2	2	3
6	发展中国家	56	25	29	15	9	69	1	2	1
7	安全标准	36	24	6	11	2	1	37	10	1
8	专利	19	7	10	1	2	2	10	31	1
9	信息系统	17	2	6	3	3	1	1	1	21
10	信息技术市场	46	18	13	17	8	5	2	2	3
11	农村地区	33	17	11	6	12	4		2	1
12	信息传播	2	2	4	1	8				
13	经济发展	23	7	15	3	4	5		2	
14	发达国家	23	10	8	4	3	14			1
15	电子化通信	19	6	4	6	5				
序号	高频词串	10	11	12	13	14	15	16	17	18
1	数据通信	46	33	2	23	23	19	1	3	31
2	Internet	18	17	2	7	10	2	3	14	
3	ICT	13	11	4	15	8	4	1	2	11
4	计算机	17	6	1	3	4	6	2		4
5	网络	8	12	8	4	3	5		2	7
6	发展中国家	5	4		5	14			1	6
7	安全标准	2							1	
8	专利	2	2		2				2	1
9	信息系统	3	1			1				1
10	信息技术市场	54	2		1	2				2
11	农村地区	2	34		2	1				3
12	信息传播			37						

续表

序号	高频词串	10	11	12	13	14	15	16	17	18
13	经济发展	1	2		25		2			1
14	发达国家	2	1		2	32			2	1
15	电子化通信					22				

序号	高频词串	19	20	21	22	23	24	25	26	27
1	数据通信	19	17	2	1	9	4		9	
2	Internet	13	7	1	1	3		1	4	3
3	ICT	8	7	2	3	2	3	1	4	1
4	计算机	5	9		1	3		1	2	
5	网络	3	3		1	2	1		2	
6	发展中国家	3	2						4	
7	安全标准	2	4		1					
8	专利				1		1			
9	信息系统	1	1	1		3				
10	信息技术市场	4	1							1
11	农村地区	1	2							
12	信息传播									
13	经济发展	2	1							1
14	发达国家	1	1						1	1
15	电子化通信	1	2						1	

序号	高频词串	28	29	30	31	32	33	34	35	36
1	数据通信	11	3	3	6	12		1	6	7
2	Internet	4	3	4	6	2			1	
3	ICT	4	2		1	4	3		1	1
4	计算机	1	2	2	1	3			1	2
5	网络	2	3	1	1	2		1	3	5
6	发展中国家	1	0	1		1				
7	安全标准	2			5			1	1	
8	专利	1			2			1		

续表

序号	高频词串	28	29	30	31	32	33	34	35	36
9	信息系统	1		1						
10	信息技术市场	1	1	2	1					
11	农村地区	1								
12	信息传播									
13	经济发展	2								
14	发达国家			2						
15	电子化通信					5				1

第三节 内容分析

一 内容分析概述

内容分析法（Content Analysis）是一种以文献的内容特征为统计单元，对文本中的主题内容进行客观、系统、定量分析，以揭示文本中所蕴含的主题的数量关系和内在规律的竞争情报分析方法。内容分析法起源于20世纪初期的传播学领域，被认为是对大众传媒进行研究的有效手段之一。早在第二次世界大战期间，内容分析法就在情报战中的军事情报研究中得到了广泛应用。二战以后，新闻传播学、政治学、图书馆学、社会学等领域的专家学者与军事情报机构一起，对内容分析方法进行了多学科研究，使其应用范围大为拓展。

美国学者B. 博尔森（B. Bereson）出版于1952年的著作《内容分析：传播研究的一种工具》标志着内容分析作为一种文本材料分析方法正式得到了确认。B. 博尔森提出，内容分析法是一种对具有明确特征的传播内容进行的客观、系统和定量的描述的研究技术。在工商竞争情报分析中，内容分析是指按某一竞争情报分析课题的需要，对一系列与竞争对手或竞争环境相关的文本进行比较、分析、综合，从中提炼出有价值的信息的过程。内容分析法是一种定性和定量相结合的竞争情报分析方法，其实质是对文本型数据中所含的信息的量及其变化过程进行分析，以便对特定情报分析主题进行可再现的、有效的推断。

内容分析法试通过对文本资料的客观、系统以及非接触性的特征描述，以充分揭示文本中的信息。一般而言，内容分析法具有如下特征。

1. 客观性

内容分析法强调用事实以及数据说话。内容分析法所分析的对象是有明确特征的传播内容。情报分析人员在使用内容分析法时，不能凭空推测分析对象背后的可能含义，而应依赖于固有的分析程序来得出结论。一旦竞争情报分析的目的与范围确定，就要尽量排除人为因素的影响，做到对文本信息客观、无偏向的判断与解释。

2. 系统性

一般而言，内容分析的对象是大量的、系统化的、具有一定历时性的文献。在工商竞争情报分析实践中，情报分析人员常常需要面对如何确定调查范围和取样的问题。系统化调查取样是正确应用内容分析法的基本前提，竞争情报分析人员在使用内容分析法时，必须有足够的数据来克服可能出现的偏差与误读。在具体的竞争情报分析课题中，除特殊情形之外，单个的、少量的文献通常不能作为内容分析的依据。

3. 非接触性

内容分析是一种通过对二手资料进行间接、非接触式分析而揭示文本数据内容的竞争情报分析方法，这一点与社会调查、访谈、实验等研究方法有着根本的差异。

4. 相对主观性

尽管内容分析法是基于文本内的事实展开的分析，在运用内容分析法进行竞争情报分析时，强调情报分析人员不能把个人的看法和偏好加入研究过程与结果之中，但是在内容分析法的实际运用中，作为关键的类目体系是由情报分析人员根据竞争情报分析的目的而确定的，因此不可避免地有着相对主观的色彩。正是由于这一特征，在对基于内容分析而得到的竞争情报分析结论进行解读时，要注意到分析人员自身价值观念、政治立场、知识构架、认知体验对这些结论的影响。

二 内容分析的步骤

1. 阐明情报分析的问题或提出假设

在具体的竞争情报分析项目中，情报分析人员首先要对拟分析的问题有明确的认识，并将其准确地表述出来。例如，某汽车生产企业想通过对国家和各地政府出台的相关汽车工业发展规划文本的分析，了解本企业所处的竞争环境，则情报分析人员可将此问题表述为：基于产业发展规划的汽车生产市场环境分析。

有些情况下，提出情报分析的假设比阐述所分析的问题更方便，在此情况下，情报人员也可选择提出假设。仍以上文中汽车企业为例，研究人员可提出如下假设：在国家实施产业结构调整的背景下，汽车工业将作为支柱产业得到优先发展。

2. 界定拟分析文本资料的总体

当情报分析的问题得到了确认并清晰地得以表述后，情报分析人员需要针对拟分析的题目收集文本资料，从而了解内容分析的总体。在上文提到的汽车企业的事例中，可选择国家层面的产业发展规划和各级地方政府的产业发展规划作为文本分析的总体，然后收集这些文本以备分析。

3. 选择和定义分析单位

在应用内容分析进行竞争情报分析时，需要按照预先制定的类目表格，按分析单元对文本资料进行系统判断，以记录各类目所表现的客观事实。所谓分析单元，是指在判断分析时判定的最小单位，它可以是时间间隔、文章段落、句子或字数，也可以是电视节目的镜头、场景等。一般来说，选择分析单位要定义清晰而透彻，而且标准明显且易于观察。所谓类目，是指根据情报分析的目的或假设，把资料内容进行分类的项目。通常类目的形成有两种方法：一是依据传统的理论或以往的经验，或对某个问题已有的研究成果发展而成；二是由研究者根据假设自行设计而成。构成类目通常有如下要求：①互斥性，即每个分析单元能够且只能够归为某一个类别；②穷尽性，即每个分析单元都可以归为某一个类别；③可靠性，即有助于不同的编码员针对每一个分析单元归属的类别形成较高的一致性。

4. 建立量化系统

量化系统的建立类似运用德尔菲法或专家预测概率法等方法建立评估指标体系的过程（具体操作方法可参见本书前文的相关内容）。在量化系统建立的过程中，一般需要组织数位专家共同确定与分析相关的项目并对其进行编号。在量化系统建立后，同样需要专家对析出的项目的内涵、外延以及性质进行科学的定义，确认分类的标准，形成类目说明和分析手册，以备后续分析使用。

5. 培训编码人员并进行试点分析

在竞争情报分析中使用内容分析法通常需要成立一个由数个情报分析人员组成的小组。因为只有不同情报分析人员参与，才能判断出不同的人对于同一类目判断的差别。在分析小组成立后，由小组的全部成员根据上文所述的量化系统进行试点分析，澄清分析人员不明确的问题或认识差别较大的问题。

6. 评判记录

按照预先制定的类目表格，按分析单元顺序，系统地判断并记录各类目出现的客观事实和频数。

7. 信度分析

为确认分析质量，应用内容分析法时需要进行信度分析。在具体的竞争情报分析项目中，所采用的信度分析方法有所不同。较简便的方法是，将编码人员分为两组，计算两组编码人员编码数据之间的相关系数（由此形成的相关系数大致相当于折半信度系数）。显然，如果不同的编码人员就同一题目的编码得到的结果相关程度很高，说明此项分析具有良好的信度。另外，也可以对两样的数据材料让编码人员反复编码，然后计算相关系数（由此形成的相关系数大致相当于重测信度系数）。

一般来说，有如下两种计算编码员信度的方法：

方法一：

$$信度 = \frac{2M}{N_1 + N_2}$$

式中，M 是编码决策过程中，两个编码员意见一致的数量。N_1 和 N_2 是两个编码员各自进行的编码决策的总量。

方法二：

$$信度 = \frac{观察到的一致性 - 期望的一致性}{1 - 期望的一致性}$$

例如，两个编码员的编码如表8—13。

表8—13　　　　　　　两个编码员的编码示例

	类别	编码员 A					边际总数
		1	2	3	4	5	
编码员 B	1	42	2	1	3	0	48
	2	1	12	2	0	0	15
	3	0	0	10	0	2	12
	4	0	2	1	8	1	12
	5	2	0	1	2	8	13
	边际总数	45	16	15	13	11	100

观察到的一致性 =（42+12+10+8+8）/100 = 0.8
期望的一致性 =（45×48/100）+（16×15/100）+… = 0.288
信度 =（0.8-0.288）/（1-0.288）= 0.719

若有多个编码员进行编码，则计算公式为：

$$K = \frac{观察值 - 期望值}{N \times M - 期望值}$$

式中，N 是编码的全部数量，M 是编码员的数量。

如果信度的评价不理想，则需要采取一些手段来提高内容分析的信度。这些手段包括：尽可能详细地定义类别边界、对编码员进行更深入的培训、进行多次试点分析等。

8. 效度评估

效度指测量工具在多大程度上测量了它希望测量的东西。与内容分析法的效度相关的因素主要包括：内容分析采用的程序、内容分析中有大量的概念定义的准确性等。内容分析法通常关注的是表面效度（face validity）。表面效度认为只有在严谨的类别定义和充分执行分析程序的条件下，测量工具才能够测量研究真正希望测量的东西。

9. 根据已有的定义对内容进行编码

当编码人员得到培训，对于量化系统所涉及的类目有了明确一致的理解后，就可以结合专家对每个项目的定义，对文本资料进行编码了。

10. 汇总并分析采集到的数据

当编码人员完成编码后，情报分析人员即可按照既定的量化系统，对编码进行汇总分析。在某些情况下，情报分析人员需要对数据进行加权等相关处理，然后借助于各种分析方法对数据进行分析。

11. 解释研究结果，得出结论

在完成上述步骤后，研究人员应根据数据分析的结果，对照情报分析事先确定的主题或假设，对内容分析的结果进行解释，并得出相关结论，撰写分析报告。

三 内容分析应用实例

【例 8—3】基于内容分析法的经济型酒店服务质量评价分析。[①]

1. 引言（略）
2. 相关文献回顾（略）
3. 研究方法与过程

3.1 研究方法

内容分析法（Content Analysis）是一种将不系统的、定性的符号性内容如文字、图像等转化成系统的、定量的数据资料的研究方法。内容分析法是一种主要的文献资料分析方法，同时也是一种独

---

① 本案例来源于许俊华《基于内容分析法的经济型酒店服务质量评价分析》，学士毕业论文，华南师范大学，2010年。

立的完整的科学研究方法。国外有关饭店的研究中，内容分析法主要运用于处理饭店投诉和餐馆网站方面。

随着网络媒体的发展，研究者将传统的内容分析方法与网络信息结合起来，形成了与数字化环境相适应的新研究方法——网络内容分析。网络内容分析主要应用于网站和在线文字交流记录两类媒介，应用的目的以描述比较和评价样本内容为主。基于这个特点，本文采用网络内容分析方法进行研究。

3.2 研究过程

3.2.1 样本选取

3.2.1.1 样本网站选取

许多订房网站都有提供网友的评价，通过浏览携程网（http：//www.ctrip.com）、艺龙网（http：//www.elong.com）和到到网（http：//www.daodao.com）三个最为大型且权威的顾客点评酒店服务的网站的网页、对比网友评论，最终采用到到网进行本研究的样本选取。原因有三：首先，携程网和艺龙网都是酒店预订网站，网友点评的酒店只限于该网站的合作酒店，而到到网是专业的旅游点评网，网友的评论没有会员酒店的限制，范围更加广；其次，到到网点评页面上的查询中把经济型酒店单独分类，这样方便取样；再次，到到网上每位点评者都写明该网友的旅行目的，可以提供更加详细的信息。

3.2.1.2 样本城市选择

经济型酒店以连锁的方式遍布全国各个城市。为了使酒店的地区分布均匀且具有代表性，参照中国经济型酒店前十强的市域分布，采用分层抽样的方法，分别从东部、中部和西部各选取四个连锁酒店数量比较多的城市。需要说明的是，在实际取样过程中，由于西部城市的经济型酒店比较少，网友评价样本量不够。因此，西部地区只选取了三个城市，见表8—14。

3.2.1.3 样本酒店选择

由于经济型酒店具有连锁的特点，在同一个城市中有多家相同品牌的酒店，因此，在取样过程中，同一个城市同一个品牌只选取到到网上排名比较靠前且网友评论数量足够多（15条以上）的一家酒店作为样本。由于每个城市的经济型酒店数量不同,网友点评的数量也不同,因此,根据实际情况,每个城市选取的饭店数量也在不影响整体选样数量和科学性的基础上有一定的微调,见表8—15。

3.2.1.4 评论样本选择

(文字分析略)

表8—14　　　　　样本酒店的城市分布情况

经济区域	东部				中部				西部			合计
城市	上海	北京	苏州	广州	武汉	郑州	长沙	哈尔滨	西安	成都	重庆	11
酒店数（家）	6	7	6	6	7	6	6	6	7	7	6	70

表8—15　　　　　样本酒店的品牌分布情况

酒店品牌名称	酒店数量（个）	评论数量（个）	百分比（%）
锦江之星	11	165	15.7
汉庭快捷	10	150	14.3
七天连锁	10	150	14.3
如家快捷	10	150	14.3
格林豪泰	9	135	12.9
莫泰168	8	120	11.4
速8酒店	3	45	4.3
如家七星斗	2	30	2.9
岭南家园	2	30	2.9
安逸158	1	15	1.4
莫泰268	1	15	1.4
万好万家	1	15	1.4

续表

酒店品牌名称	酒店数量（个）	评论数量（个）	百分比（%）
禧龙宾馆	1	15	1.4
中州快捷	1	15	1.4
Total	70	1050	100

资料来源：根据实际抽样结果整理所得。

3.2.2 内容分析体系的建立

表8—16　经济型酒店服务质量内容分析体系和编码表

类别		指标	编码
总体评价	1. 综合总评价		1=很差，2=差，3=一般，4=好，5=很好
	2. 性价比总评价		1=很差，2=差，3=一般，4=好，5=很好
	3. 舒适度总评价		1=很差，2=差，3=一般，4=好，5=很好
	4. 卫生总评价		1=很差，2=差，3=一般，4=好，5=很好
	5. 位置总评价		1=很差，2=差，3=一般，4=好，5=很好
	6. 服务总评价		1=很差，2=差，3=一般，4=好，5=很好
设施设备	7. 大堂	1. 面积，2. 舒适度，3. 其他	1=很差，2=差，3=一般，4=好，5=很好
	8. 房间	4. 面积，5. 装修装饰	1=很差，2=差，3=一般，4=好，5=很好
	9. 床	6. 大小，7. 舒适度	1=很差，2=差，3=一般，4=好，5=很好
	10. 卫生间	8. 面积，9. 清洁卫生，10. 设施	1=很差，2=差，3=一般，4=好，5=很好
	11. 空调	11. 制冷制热，12. 维修	1=很差，2=差，3=一般，4=好，5=很好
	12. 电视	13. 效果，14. 节目	1=很差，2=差，3=一般，4=好，5=很好
	13. 噪声	15. 隔音效果	1=很差，2=差，3=一般，4=好，5=很好
	14. 互联网	16. 网速，17. 网费	1=很差，2=差，3=一般，4=好，5=很好

续表

类别		指标	编码
服务	15. 总台服务	18. 入住登记, 19. 结账离店服务	1=很差, 2=差, 3=一般, 4=好, 5=很好
	16. 餐饮服务	20. 送餐服务, 21. 早餐服务, 22. 正餐服务	1=很差, 2=差, 3=一般, 4=好, 5=很好
	17. 客房服务	23. 做床, 24. 房间清扫, 25. 服务殷勤度	1=很差, 2=差, 3=一般, 4=好, 5=很好
	18. 其他服务	26. 除以上指标以外的其他服务	1=很差, 2=差, 3=一般, 4=好, 5=很好
酒店资料	19. 品牌		
	20. 城市		
顾客资料	21. 出行目的	商务,休闲	

(分析略)

4. 经济型酒店服务质量评价分析

(以下部分文字分析略)

4.1 总体评价

表8—17　　　　经济型酒店总体评价指标得分

	性价比	舒适度	位置	卫生	服务	总评
N	1050	1050	1050	1050	1050	1050
Minimum	1	1	1	1	1	1
Maximum	5	5	5	5	5	5
Mean	3.80	3.81	3.91	3.91	3.82	3.89
Std. Deviation	0.670	0.710	0.680	0.635	0.686	0.665

4.2 设施设备评价

表8—18 设施设备指标评价结果

网友评论内容	评论此指标的样本数量（条）	总分	平均值（总分/数量）	百分比（%）（数量/1050）
大堂	44	161	3.65	4.19
房间	672	2477	3.69	64
床	153	583	3.81	14.57
卫生间	159	549	3.45	15.14
空调	56	208	3.71	5.33
电视	68	247	3.63	6.48
噪声	244	848	3.48	23.24
互联网	118	450	3.81	11.24

4.3 服务评价

表8—19 服务评价结果

网友评论内容	评论样本提及数量（条）	总分	平均值（总分/数量）	百分比（%）（数量/1050）
总台服务	147	566	3.85	14
餐饮服务	162	559	3.45	15.43
客房服务	196	757	3.86	18.67
其他服务	240	901	3.75	22.86

4.4 各具体指标与总体评价的相关性

表8—20 饭店各项服务与饭店总评价的双变量相关分析结果

	总台服务	餐饮服务	客房服务	其他服务	大堂	房间
总台服务	1					
餐饮服务	-0.063*	1				
客房服务	0.010	0.009	1			
其他服务	0.087**	-0.015	0.036	1		
大堂	-0.001	-0.029	-0.050	0.014	1	
房间	-0.026	0.008	0.000	-0.145**	0.018	1
床	-0.019	-0.035	-0.004	-0.029	0.020	0.074*
卫生间	0.083**	-0.028	0.007	-0.079	0.011	0.126**
空调	-0.057	-0.034	0.020	-0.017	-0.024	0.030
电视	-0.037	-0.030	-0.009	-0.022	0.006	0.043
噪声	-0.032	-0.003	0.022	-0.099**	-0.041	0.065*
互联网	-0.063*	0.075*	0.029	-0.031	-0.001	0.048
总评价	0.048	0.095**	0.071*	0.066*	-0.046	0.078*

	床	卫生间	空调	电视	噪声	互联网	总评
总台服务							
餐饮服务							
客房服务							
其他服务							
大堂							
房间							
床	1						
卫生间	0.158**	1					
空调	0.034	0.020	1				
电视	0.013	0.060	0.527**	1			
噪声	-0.015	-0.018	0.081**	0.060	1		
互联网	0.029	-0.023	0.084**	0.114**	0.037	1	
总评价	0.029	-0.004	0.008	0.011	0.044	0.082**	1

注:* 在0.05水平上相关(双侧检验);** 在0.01水平上相关(双侧检验)。

4.5 评价指标的地区差异性

表 8—21　　各城市经济型酒店综合类指标得分

序号	城市	性价比 Mean	舒适度 Mean	位置 Mean	卫生 Mean	服务 Mean	总评价 Mean
1	北京	4.02	4.03	4.14	4.11	4.05	4.11
2	上海	3.83	3.84	3.79	3.96	3.89	4.01
3	苏州	3.84	3.79	3.96	3.96	3.90	3.88
4	广州	3.68	3.72	3.81	3.82	3.77	3.79
东部		3.85	3.85	3.93	3.97	3.91	3.95
5	重庆	3.87	3.86	3.86	4.03	3.86	3.94
6	成都	3.84	3.81	3.92	3.93	3.83	3.89
7	西安	3.72	3.84	3.92	3.86	3.76	3.81
西部		3.81	3.83	3.90	3.94	3.81	3.88
8	武汉	3.74	3.77	3.91	3.90	3.81	3.89
9	哈尔滨	3.62	3.67	3.93	3.64	3.73	3.89
10	郑州	3.86	3.84	3.80	3.94	3.72	3.89
11	长沙	3.78	3.76	3.92	3.82	3.67	3.72
中部		3.75	3.76	3.89	3.83	3.74	3.85

4.6 基于顾客属性的评价指标差异性

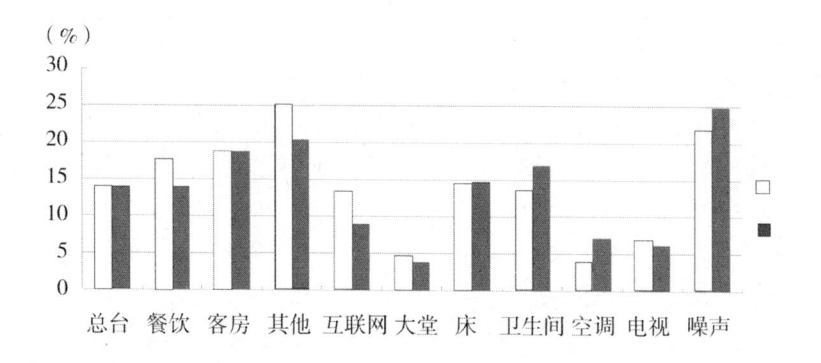

图 8—9　商务旅游者和休闲旅游者对酒店服务质量的关注度

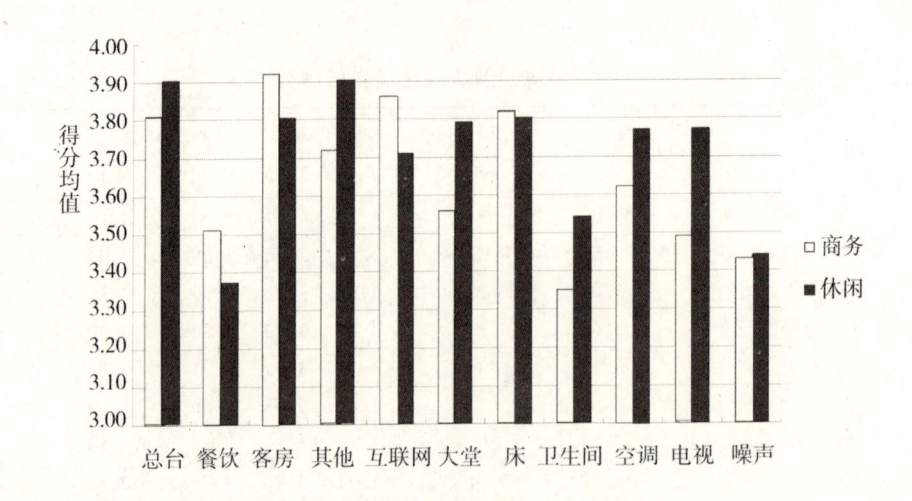

图 8—10 商务旅游者和休闲旅游者对酒店服务质量的满意度

5. 与高星级酒店服务质量评价结果的对比分析
（内容略）

6. 结论与讨论

6.1 结论

随着经济型酒店的高速发展，其服务质量也备受关注。本研究通过网络获取网友对经济型酒店的评论，利用内容分析法进行分析，研究顾客对经济型酒店的服务质量评价，所得结论如下：

第一，从评价体系中的三大类指标上看，顾客对经济型酒店的综合服务质量满意度较高，尤其是在酒店选址和卫生两方面，而其性价比则仍有一定提升空间；顾客对经济型酒店的"客房"、"噪声"、"网络"及"吹风筒"等设施设备的关注度较高，高关注度因素与高满意度因素不一致，其房间质量和隔音效果还有待进一步完善；顾客对经济型酒店的各项服务关注度、满意度都比较高，会员制度带来的归属感受到顾客的认可，而网络预订服务和"餐饮服务"不够完善，仍需进一步提高。

第二，相关分析显示，经济型酒店的"餐饮服务"、"互联网"与其"综合服务质量"密切相关，最为明显的表现是：顾客对网络的要求从"是否有"的需求层次上升到"是否好用"的质量层次。

第三，区域比较可知，东部城市经济型酒店整体服务质量优于中西部，但各地区经济型酒店选址在顾客感知中差异不明显，而中部城市的卫生状况有待改进。

第四，顾客属性比较发现，商务旅行者与休闲旅行者对经济型酒店服务质量的感知整体一致但存在一定的细微差异：前者更重视服务的便利性；后者更重视服务的舒适度。

第五，与高星级酒店的对比中，顾客对经济型酒店服务质量的满意度高于高星级酒店，但反映出的关注因素基本一致，焦点集中在停留时间较长的"客房"、影响休息的"噪声"及与之相关的"客房服务"。

由此可见，目前顾客对我国经济型酒店的综合服务质量评价较高，但还有一定的提升空间。以上分析结果可为具体的酒店经营管理服务。

6.2　相关建议（略）

6.3　讨论（略）

参考文献（略）

第九章

信息能力与人际网络的评估

前面各章节从"数据"的角度介绍了工商竞争情报分析的一系列方法和工具。在工商竞争情报分析中,"人"也是不可或缺的一个重要因素。本章结合现有信息素养等相关评估工具的研究与发展,对工商企业从业者的信息能力评估进行了分析和介绍。人际网络作为竞争情报研究的重要内容之一,近年来引起工商竞争情报分析者越来越多的关注。本章应用社会网络分析软件——UCINET,对人际网络的特征与评估进行了例析。

第一节 工商企业从业者的信息能力评估

工商竞争情报分析的最终目的,是通过情报分析人员的智力活动,实现信息的情报化(即 Information 的 Intelligence 化),为企业的决策提供依据支持。这个过程大体上要经历:信息采集—对信息的加工处理—形成分析报告—支撑决策等诸环节。无论是在信息采集阶段,还是对于信息的加工处理阶段,人和信息都是最核心的要素。本书前面章节已对各类数据信息的获取与分析进行了阐述,但在工商竞争情报分析中,人的因素同样是一个不可忽视的重要问题。"人"这一要素在企业生产经营实践中常常体现在两个层次上,即作为生产经营者个体的"人"和处于群体网络关系中的"人"。考虑到"人"这一要素之于工商竞争情报分析的重要意义,本章将从个体和群体两个层级对工商竞争情报分析中人的信息能力和人际信息网络的评估进行分析和介绍。

一 对"人"这一要素进行分析的必要性

如上所述,要实现竞争情报分析的目标,即实现信息的情报化,则必须依靠人的一系列活动。具体而言,在竞争情报分析中对"人"这一要素进行分析具有如下方面的必要性。

(1) 从数据与"人"的关系来看,实现数据信息情报化的关键在于竞争情报工作者的分析与加工能力。显然,情报工作者的信息能力越强,则其获取数据信息的途径越广泛,敏锐地发现蕴藏在海量数据信息中的有价值线索的能力也会越强,才越有可能得到高质量的竞争情报,以达成竞争情报分析的目的。在社会信息化程度加深的背景下,企业的生产者和经营者常常面对"信息过载"但"情报(知识)匮乏"的窘境。竞争情报工作者的责任,就在于采集关于竞争对手和竞争环境大量的数据信息,通过自身智慧活动实现这些数据信息的情报化。这一过程的完成,在很大程度上依赖于情报工作者的信息能力。具体来说,情报分析人员的信息能力不仅直接决定着竞争情报分析过程中数据信息获取的质量与效率,也直接决定着竞争情报分析的最终质量。从这个意义上说,情报工作者的信息能力是竞争情报分析活动成败的关键。在工商企业中,情报工作者的信息能力主要体现在信息的采集与分析能力方面。本书前面章节已介绍了一系列信息采集与分析的方法,这些方法作为数据信息情报化的武器,是情报分析人员业务能力的具体体现。换言之,企业情报工作人员的信息能力至少表现在两个方面:①与其专业水平相关的竞争情报分析的专业能力;②与其信息素养和信息获取意识相关的一般信息能力。对于企业的竞争情报分析人员而言,对信息采集与分析工具的掌握程度是其专业能力的重要体现,而这种能力的具备则是一个专业化的训练过程。因此,对情报工作人员专业能力的评估是信息管理等相关学科专业对于其学习者评估的一部分。本章所述的信息能力评估并不着眼于对企业竞争情报工作人员专业能力进行评估,而是介绍对包括竞争情报工作者在内的工商企业从业者的一般信息能力的评估。

（2）从信息源与"人"的关系来看，"人"不仅是数据信息的使用者，其本身也是最重要的信息源之一。特别是工商企业的生产和经营活动中，每天都有承担着大量具体的生产、销售或服务工作的企业员工，事实上是本企业市场活动中最鲜活的信息源。显然，企业员工的信息能力越强，本企业信息获取的"触角"越发达，信息获取的能力和质量也会越高。从这个意义上说，对企业员工的信息能力进行评估，并有针对性地予以培训和提高，对于企业信息获取渠道的拓展和信息获取质量的提高都具有重要意义。另外，在工商竞争情报的定性分析中，常常需要依靠企业内外的各类人员参与情报的分析判断。在这种情况下，如果企业从业者本身尚处于"信息贫困"的状态，其分析判断的质量是可想而知的。而且，工商竞争情报的使命常常在于对关乎企业生产经营大局的事件进行判断、分析，并对决策提供支持。但在企业的具体生产经营活动中，瞬息万变的市场行情常常需要企业一线的员工敏锐、适时地予以把握、处置。因此，企业员工需要具备较强的信息处理能力，以便及时处理其自身工作中面临的信息问题，高质量地完成自身工作。企业的管理者，特别是信息管理者需要对员工的信息能力水平有一个清晰准确的定位，以便甄别、选拔和培养不同类型的人员从事不同类型的信息工作。同时，只有对本企业员工的信息能力有着准确的认识，才能有的放矢地为本企业员工安排相关培训、教育活动，以便提高其信息能力，使企业的信息源更加广泛、全面。

二 信息能力评估概述

自 20 世纪七八十年代以来，随着社会信息化程度的急剧加深，信息之于社会生产生活的影响日渐深刻。特别是近二三十年来，互联网的普及已经在很大程度上改变了人类生产和生活的格局。在此背景下，来自信息管理、工商管理及社会学、传播学、图书馆情报学等各领域的研究者对于信息能力的评估给予了大量关注，取得了一系列成果。

在信息能力评估领域，以"信息分化"、"信息贫困"、"数字鸿沟"等名义进行的研究发现，社会信息化的加深不仅极大地提升了信息这一重要资源在社会生产生活格局中的战略地位，也对人们的行为产生了深刻影响。很多研究者发现，信息社会中的人常常表现出一种新的贫困现象——信息贫困。处于信息贫困状态的人在信息社会中处于被信息社会边缘化的状态。由于信息这一战略资源在社会生产和生活中的重要程度大大提升，在信息社会中被边缘化意味着人们不仅无法从信息社会获益，而且会陷入多方面的不利处境之中。在此背景下，不同领域的研究者开始尝试对信息社会中人们的信息能力进行评估，以便准确识别和定位信息贫困不同的人群，从而为信息社会的均衡发展提供参照。

迄今为止，关于信息能力的评估大都集中在人们对信息源的利用、信息获取途径的广泛程度及人们对ICT的使用技能等方面，其中关于人们信息能力的评估的主要研究集中在信息素养（information literacy）的测评领域。

由于社会信息化对工商企业的生产经营活动所产生的巨大影响，科学评估工商企业从业者的信息能力现状，并有针对性地进行训练和选拔，提高工商企业从业者的信息能力，这对于工商企业的发展具有非常重要的意义。下面重点对信息素养和个人信息世界的测评进行介绍，以便帮助工商企业实现对企业员工信息能力的评估与提升。

三 信息素养的评估

对信息素养评估的关注源自教育领域，目前主要应用对象也在受教育人群。被广泛接受的信息素养的定义是美国图书馆协会（ALA）于1989年提出的，指个体在需要信息时能够确认并具有定位、评价和有效使用所需要信息的能力[1]。美国学校图书馆协会（AASL）进一步提出，信息素养内部有三个核心因素：高效地获取信息、胜任批判性地评估信息、准确而创造性地使用信息。[2]

---

[1] Eric Snow IRK, *Using Cognitive Interbiews to Validate an Inteerpretive Argument for the Ets Iskills^{TM} Assessment*, Communications in Information Literacy 3, 2009.

[2] Gross M., Latham D., "Attaining information literacy: An Investigation of the Relationship between Skill Level, Self—estimates of Skill, and Library Anxiety", *Library & Information Science Research*, Vol. 29, 2007.

信息素养评估的目的是描述个体的信息能力，因此其评估结果可被视为对个人信息贫富状况的判断。在工商企业中，信息的分析与管理人员同样可以借鉴现有对受教育人群的信息素养评估方法，实现对本企业员工信息素养的评估。在形形色色的个人信息素养测量方法中，拉森等（Larsen et al., 2010）认为，下列三种工具有较高的适应性：①美国教育考试服务机构（ETS）的 iSkills；②肯特州立大学和研究图书馆协会的信息素养技能标准化评估项目（SAILS）；③加利福尼亚社区学院的湾区社区学院信息胜任力测验（BACC）。[1] 美欧各国对个体信息素养的评估方式及其指标体系，一般依据两个阶段进行划分：对于高中以下（K-12）学生信息素养的评估标准，主要参照美国学校图书馆员协会（AASL）教育通信与技术协会（AECT）1998 年出台的《信息力量：构造合作学伴》（*Information Power: Building Partnerships for Learning*）进行。对于高中以后学生信息素养的评估，则参照美国大学和研究性图书馆协会（ACRL）的高等教育信息素养资质标准（Information Literacy Competency Standards for Higher Education）和国际信息技术教育学会（ISTE）的国民教育技术标准（National Educational Technology Standards, NETS）进行。

在信息能力评估领域，目前较为成熟的信息素养评估工具可分为两种类型：

一是以信息技术使用技能为核心的评估工具。在现有的许多信息素养评估研究中，信息素养与人们对信息技术的使用之间存在着非常密切的关系。例如，美国教育考试服务机构（Educational Testing Service, ETS）在信息素养的评估中以信息技术的使用能力作为信息素养高低的主要标志。并认为，信息能力是人们"正确使用数字技术、通信工具和（或）网络以解决信息问题，以具备在信息社会中行使职责的能力"。同时，ETS 也提出信息素养包括使用技术作为工具进行研究、组织和信息交流，以及对与获取和使用信息相关的伦理和法律问题的基本理解能力。根据上述定义，ETS 发展了

---

[1] Peter Larsen A. I., Joanna Burkhardt, *Aiming for Assessment: Notes from the Start of an Information Literacy Course Assessment*, Communications in Information Literacy, 2010.

信息素养评估工具——iSkills。

iSkills 是一种基于 Internet 的信息素养测量工具。其关注的焦点是学生在应用技术处理信息时的认知问题解决和批判思考技能，因而，评估的目标是受测者的认知决策能力及信息技术使用水平。iSkills 的评估包括了如图 9—1 所示的七个方面的绩效。

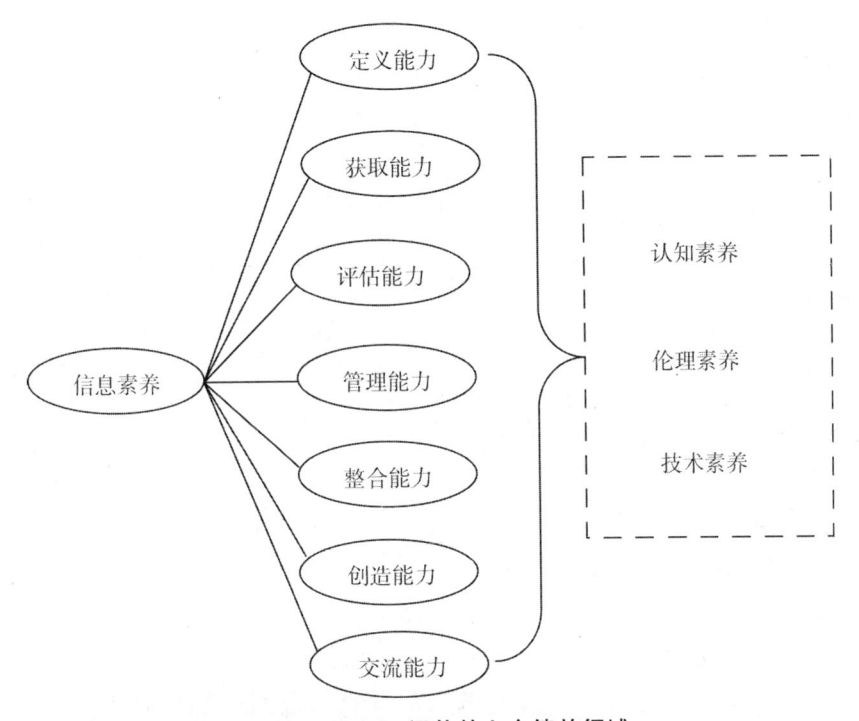

图 9—1 iSkills 评估的七个绩效领域

资料来源：本图参照了 Brasley S. S., "Building and Using a Tool to Assess Info and Tech Literacy", *Computers in Libraries*, Vol. 26, 2006.

如图 9—1 所示，信息素养的评估涉及了定义、获取、评估、管理、整合、创造和交流七个方面能力。① 在对工商企业从业者信息素养的评估中，这七个方面分别指：

---

① Brasley S. S., "Building and Using a Tool to Assess Info and Tech Literacy", *Computers in Libraries*, Vol. 26, 2006.

（1）定义能力。定义能力指工商企业的从业者理解和清晰表述信息问题的范围，以便通过包括电子手段在内的各种手段进行信息搜寻的能力。在日常的生产生活中，企业员工只有能够把自己面临的信息问题清晰地表述出来，才有可能进行广泛、全面而高效率的信息搜索活动。例如，对于一名销售人员而言，如果他急需要掌握关于完成自己销售任务的相关信息，则首先需要把自己的信息问题清晰地表达出来。如某服装品牌的销售员最感兴趣的问题可能是"本地服装市场的消费量有多大"、"本地消费者比较认同哪些服装品牌"、"本地消费者在服装的消费方面有什么特征"等。在提出这些问题的过程中，只有当该销售人员清晰地认识到"市场份额"、"品牌"、"消费特征"等信息点，并对这些信息点有了准确的界定，才有可能进一步获取这些方面的相关信息，从而为获取全面的信息、顺利完成自己的工作任务打下基础。

（2）获取能力。获取能力指工商企业的从业者在各种信息环境（特别是数字环境）中收集和/或检索信息的能力。毫无疑问，竞争情报分析工作的成败很大程度上取决于情报工作人员是否有能力获取关于竞争对手和竞争环境的大量有效的信息。从这个意义上说，竞争情报分析人员的信息获取能力是完成情报分析工作的重要前提和基础。事实上，信息获取不仅是企业情报分析人员应该具备的一种重要能力，而且也是企业各个工作岗位上的员工必须具备的一种基本能力。如前文所述，企业的员工本身就是本企业最重要的信息源之一，只有本企业各岗位的员工都具有一定的信息获取能力，企业的"信息触角"才会发达，整体的信息活动才会活跃而有高效率。此外，工商企业的从业者自身处于深刻的信息化环境之中。信息化的程度越高，企业员工完成自身工作任务对于信息的依靠程度就越强。例如，对于供职于现代化制造企业的员工来说，是否能获得自己在生产过程中的相关信息常常决定着其工作的质量和效率。一个无法从信息社会中获取丰富信息资讯的员工，很可能会因这种在信息活动中的边缘化而导致其在工作环境中被边缘化乃至被淘汰。

（3）评估能力。评估能力指工商企业的从业者通过对所获取信息的权威性、及时性、相关性及相关方面进行确认，以判断所获信息是否便于问题的解决。社会的深刻信息化一方面使人们对于信息的依赖程度不断加深，另一方面也导致了"信息过载"现象的发生。一方面，低信息能力的企业员工常常会因无法清晰意识到自己的信息问题、无法及时获取问题而遭受损失；另一方面，当面对大量良莠不齐的信息时，低信息能力的企业员工常常迷失其中，无法识别和提取自己所需要的信息，从而出现"信息过量、情报匮乏"的状况。可见，对于信息的评估能力也是企业员工信息能力的一个重要体现。因此，对于工商从业者来说，需要掌握一定的技能和知识，以便能够从已获取的信息中甄别、选择出自己真正需要的信息来，而把无关的信息剔除出去。这种技能和知识，恰恰是其信息能力的一种重要体现。

（4）管理能力。管理能力指工商企业的员工有效组织信息以帮助自己或他人完成相关任务的能力。信息组织的能力和水平常常是衡量企业管理水平的一把标尺。对于管理机制完善、流程优化的企业来说，其信息管理工作常常具有井然有序、交流顺畅的特征。对于竞争情报工作来说，良好的信息管理能力是情报分析工作得以顺利完成的保障。企业的情报工作人员不仅需要针对自己正在着手的情报课题进行有效的信息组织，以便高效率地实现信息的情报化，完成自己的情报分析工作任务；同时也需要不断地把自己得到的关于竞争对手和竞争环境的信息积淀下来，不仅为今后工作的开展提供保障，更为了获得对竞争对手和竞争环境系统化的认识奠定基础。对企业的其他员工来说，具备信息管理的能力也是非常必要的。这是因为，处于信息化环境下的每个个体，都有着自己的信息源与信息积累。为了有效地利用所获得的信息，以便顺利完成特定的工作任务，企业员工常常需要不断地从自己积累的"信息库"中提取有用信息。不难想象，如果缺乏了信息的有效管理能力，企业员工将陷入混乱之中，信息的积累不仅对其是无用的，甚至很可能是有害的。从这个意义上说，即使不在信息分析相关岗位上的工商企业员工也需要具备一定的信息管理能力。

（5）整合能力。整合能力指工商企业的从业者解释或表征信息的能力。整合能力常常体现在企业员工对于所获取的信息能够融会贯通，赋予其恰当的含义并纳入自己的知识结构的能力。对于高水平的信息工作者来说，其工作的质量常常取决于汲取所获信息中有价值成分的能力与效率。具体来说，对于企业的竞争情报工作者而言，对所获取的信息进行深入的挖掘，以便从中提取出对于竞争对手和竞争环境准确而及时的情报常常是衡量其工作质量的关键。要想从海量的信息资源中提出有效的情报成分，则常常依赖于情报分析人员的信息整合能力。对于企业其他岗位上的工作人员来说，正确赋予其所获得的信息含义，并将其纳入自己的知识结构中，无疑对提高其业务水平和工作质量有着重要的意义。

（6）创造能力。创造能力指工商企业的从业者在各种信息环境中（特别是数字环境中）适应、应用、设计或构建信息的能力。对于工商企业的从业者而言，对于信息的利用常常体现在对信息的重新组织与应用方面。例如，对于营销人员而言，面对两样的市场环境，信息创造能力不同的人员常常对信息进行不同程度的创造。经典的案例是，面对一个从没有穿鞋习惯的部族，两位信息创造能力不同的销售员做出了不同的反应：甲销售员获知当地人的这一习惯后，结合对当地气候、文化、生活方式等诸方面的信息，认为这正是开拓鞋类销售市场的最佳时机；而乙销售员则认为当地没有消费需求，放弃了这个市场。对于工商企业的从业者来说，在现实生活中更常见的情况是他们并不缺少信息，而是缺少对这些信息价值的发现。从这个意义上说，对于信息的创造与应用能力也是企业员工信息能力的一个重要体现。

（7）交流能力。交流能力指工商企业的从业者以有效的形式传播信息的能力。由于工作任务的相似性和互补性，在工商企业中员工常常可以通过相互交流，实现互通有无的目的。在企业的日常生产经营活动中，畅通的信息交流渠道不仅使本企业的员工获得了及时而高效的信息来源，同时也为企业知识信息的共享提供了条件。对于企业员工个体来说，以恰当的方式把自己所掌握的信息发布出来，不仅是工作价值的体现，也常常是获得新的、更高质量信息的起点。尤其是对于企业的情报人员来说，有效的信息交流能力常常是其情报工作价值的最终体现。

在实际的能力评估中，不同的评估工作使用了不同的指标体系与评估方式。例如，iSkills 对人们信息能力的评估需要被评估者完成 15 个左右的互动任务。这些任务都配有模拟现实情境的"剧本"（scenario），被评估者在软件模拟的情境中完成任务。任务又被分为单一目标任务和复杂问题解决任务。其中单一目标任务考察评估的整体信度，复杂任务则关注被评估者信息素养的丰富程度。评估成绩通过被评估者如何查询信息及信息如何协助其完成任务而评定。iSkills 测试分为两个层次：核心（core）测试为即将进入大学学习的新生设计，高级（advanced）测试的对象则是将从大二升入大三的被评估者。对于工商企业的从业者来说，第二个层次较有参考价值。经过田野测试（field trials）和大范围测试，iSkills 获得了较满意的信效度。ETS 目前正积极谋求使 iSkills 的测试成绩像 GRE 等考试一样，成为美国大学考试与职业认证的标准之一。

二是一些国家也尝试开展了以信息素养学业绩效为中心的评估。例如，在一些国家，为提高企业员工的信息素养，很多企业开设了员工信息素养培养课程。对于这些课程被评估者学业成绩的评估，事实上也就成了对被评估者信息素养的评估。这些评估方法关注被评估者信息识别及回忆的能力，评估的目的是证明被评估者经信息素养课程的训练后，是否获得或在多大程度上获得了整合和使用信息的能力。在实际实施中，一部分课程评估是通过传统的知识测验的方式进行的，如多项选择题、简答题等。这种测验容易组织，并可以提供被评估者课程学习情况的基线数据，以便在课程不同阶段了解被评估者的学习情况。但是，这种测验显然无法测量出被评估者在信息素养课程的学习过程中高水平的思考技能（如分析和综合能力）。另一种常用的测量技术是调查，这种方法定位于被评估者的情感领域，即其关注点在于被评估者是如何学习的而非学到了什么，其中水平维度的调查可被用于进行前后比较。教室评估技术（Classroom assessment techniques，CATs）则是一种既评估被评估者已掌握了哪些知识，又关注被评估者对自己学习的感受以及高水平的思考技能的评估技术。此外，绩效评估是一种对真实学习情况的测量，这一评估要求被评估者整合他们已学到的知识、批判性思考能力和问题解决能力。这种测量较费时,但也能够产生更有深度的评估结果。Rubrics 是一种适用范围广泛、受到研究者持续关注的测量手段,这种测量把被评估者的学习成果(如论文)与事先设定的基准(benchmarks)进行比较,有效地揭示被评估者高水平思考的技能。还有一种评估是通过对被评估者论文相关的书目信息(如参考文献)的分析来判断被评估者的信息素养,称之为书目分析法。此外,Portfolio 测量法通过小型案例研究的形式对被评估者信息素养进行评估。

四 个人信息世界的测度[①]

1. 个人信息世界概念的提出及其理论框架[②]

于良芝在对经验数据进行归纳式编码并对其进行归类和关联分析后,发现了三组彼此存在关联且共同揭示信息不平等现象的概念要素:信息实践的类别(分为目的性实践、知觉性实践、无意识的实践三类)、信息实践的边界(包括空间、时间、智识三个方面)、信息和信息源(分为物理上可及的、物理及智识上可获取的、惯用的或基础性的、资产化的四个层次)。个人信息世界理论认为,上述要素相对完整地界定了个人作为信息主体的活动领域,其综合差距与其他单维差距相比较,可以更准确地揭示信息不平等。通过对哲学领域"生活世界"概念的参考,于良芝把这一领域称为"个人信息世界"。在此基础上,把信息实践界定为个人信息世界的动力,把信息实践的边界界定为个人信息世界的边界,把信息实践的客体对象(信息和信息源)界定为个人信息世界的内容。

个人信息世界的内容要素指的是信息主体活动的对象,其中包括各类信息源、信息和信息资产。按照个人信息世界理论,个人信息世界中存在的、可以作为信息实践对象的内容可被分为不同层次。首先是信息主体在物理上可及的信息源(available information

---

[①] 本部分参阅了周文杰《基于个人信息世界的信息分化研究》,博士学位论文,南开大学,2013 年。
[②] 于良芝:《个人信息世界——一个信息不平等概念的发现及阐释》,《中国图书馆学报》2013 年第 1 期。

sources)。其次是存在于信息主体从事信息活动的空间之内、他（她）有时间获取和利用的、能够被其认知所处理的信息源，即可获取信息源（accessible information sources）。再次是可获取信息源中被信息主体常规性利用的那些种类，这些信息源不仅对于信息主体而言在物理、时间及智识上是可及的，而且也是他（她）的利用习惯可及的，个人信息世界理论把这部分资源称为基础信息源。最后是那些确实被信息主体利用过的信息产品及其产生的认知结果，由于这些资源经过了信息主体的利用，与信息主体发生了认知上的亲密接触，从而至少在一定程度上对信息主体记忆具有了可及性，这部分资源及其产生的结果被称为信息资产或资产化的信息（information assets）。

　　基于对经验数据的分析，于良芝发现，由空间、时间和智识（intellectual sophistication）三个维度所构成的边界划定了个人信息世界的范围，决定其大小。空间指有意识的信息活动（也就是下文所说的知觉性和目的性信息实践活动）所发生的场所。不同个体间个人信息世界空间边界的差异很可能表现在量和质两个方面：所谓量的方面的差异是指，信息主体开展信息活动的场所的多样性；所谓质的方面的差异，则是指信息主体开展信息活动的场所与社会性信息活动的关联度。时间边界指的是个人在日常生活和工作中有意识地分配给信息活动的时间。智识水平（intellectual sophistication）则指个人信息活动可以达到的智力和知识水平。通常情况下，智识不同则人们实际上可以获取的信息源也会有所不同，由此限定了信息主体的信息体验或经历，并导致其出现不同。总之，空间、时间、智识作为信息主体个人信息世界的边界，同时限定了个人获取信息、提取信息价值、积累信息资产的可能性，并由此限定了个人信息世界的内容及信息主体的经历和体验。

　　个人信息世界理论认为，个人在日常生活和工作中所开展的信息实践具有目的性信息实践、知觉性信息实践和无意识信息实践三种类型，个人信息世界的形成、维护和发展正是通过信息主体的实践而实现的，知觉性和目的性信息实践则构成了个人信息世界发展变化的基本动力。所谓无意识的信息实践，指的是个人开展的不以信息生产、获取或利用为目的，但却有可能偶发地引起信息获取行为的实践活动。在这类信息实践中,信息或信息源是潜在的客体存在,但个人的实践活动却有另外的目标。因此,这类信息实践中缺乏信息主体的自觉。知觉性信息实践通常指个人为了实现一般的信息目标(例如,为了增长见识或为了在某一方面保持知晓度)而开展的信息实践活动,或者应他人的要求或邀请而参与的信息实践活动。在这类信息实践中,信息主体意识到自己正在从事特定的信息活动,但并没有把这一活动与特定问题、行动、决策等具体目标关联起来。目的性信息实践通常指信息主体为了解决具体问题、支持某种决策或行为、填补具体的认识空白而主动开展的信息实践活动。

综上所述,基于田野调查所获得的证据,于良芝把个人信息世界定义为:由空间、时间、智识三个边界限定的信息主体活动领域。在这里,信息主体通过其信息实践从物理世界、客观知识世界、主观精神世界的信息源中获取信息,汲取信息效用,积累信息资产。

2. 个人信息世界的评估

个人信息世界的评估是通过于良芝教授编制的《个人信息世界量表》进行的。

(1)《个人信息世界量表》的结构。

如前所述,个人信息世界理论是作为考察信息不平等的基础性概念而提出的。自 2003 年以来,于良芝教授基于三项相互关联的课题,先后访谈了大量城乡居民。田野研究所获得的数据不仅为个人信息世界概念的提出与完善提供了条件,也为测度个人信息世界的贫富程度提供了依据。《个人信息世界量表》的编制正是基于上述研究成果而实现的。具体而言,根据于良芝(2010a[①],2010b[②],2011[③])的相

[①] Yu L. , "How Poor Informationally are the Information Poor? Evidence from an Empirical Study of Daily and Regular Information Practices of Individuals", *Journal of Documentation*, Vol. 66, No. 6, 2010.

[②] Yu L. , "Information Worlds of Chinese Farmers and their Implications for Agricultural Information Services: A Fresh Look at Ways to Deliver Effective Services", *Paper presented at the World Library and Information Congress: 76th IFLA General Conference And Assembly*, 10—15 August, Gothenburg, Sweden, http://www.ifla.org/files/hq/papers/ifla76/85—yu—en.pdf.

[③] Yu, L. , "Towards a Reconceptualization of the 'Information Worlds of Individuals'", *Journal of Librarianship and Information Science*, No. 10, 2011.

关研究，个人信息世界由内容、边界和动力三个要素构成，因此，《个人信息世界量表》包括了对这三方面各维度的测度。

首先，本量表对于个人信息世界内容的测量包括信息主体的可获（available）信息源、可及（accessible）信息源、基础信息源和信息资产四个层次。具体而言，在对可获信息源和可及信息源的测量方面，本量表提名了一些有代表性的物质和人际的信息源供受访者选择。在对基础信息源和信息资产的测量方面，本量表则不仅提名了信息源，而且依据知识信息的类别对每种信息源进行了进一步区分，并请受访者报告了其对每种信息源使用的频率。

其次，本量表对于个人信息世界边界的测量是通过时间、空间和智识三个维度进行的。在时间维度的测度方面，本量表要求受访者报告自己每天花在信息搜索、阅读/浏览、参观、学习等信息获取活动上的时间，并据此衡量其个人信息世界时间边界的大小。在空间维度的测度方面，本量表首先提名了一系列信息活动场所，请受访者选择自己在过去一年中开展过信息搜索、阅读/浏览、参观、学习等信息获取活动的场所，据此判断其个人信息世界空间边界的范围。对于智识维度，本量表设计了三类问项，分别考察了受访者的语言水平、信息搜索技能和批判思维能力。

依据个人信息世界理论，目的性信息实践、知觉性信息实践和无意识信息实践体现了个人信息世界发展变化的动力。因此，本量表对于受访者的个人信息世界动力的强弱程度，是通过考察其在上述三种信息实践中对阅读、上网、看电视和与人交流四种信息获取途径的使用频繁程度测量的。

（2）《个人信息世界量表》的问项设计。

在本量表中，动力、信息资产、时间和智识维度均采用类似李克特量表式设计，由受访者直接在不同层级的项目上进行选择；可及信息源、可获信息源、基础信息源和空间维度采用"有/无"式设计，由受访者根据实际情况做出选择。

第二节 人际网络分析

一 人际网络分析概述

在工商竞争情报分析实践中,情报工作人员不仅需要通过自己的智力活动,对各类数据信息进行加工处理,实现信息的情报化。在很多情况下,信息的获取与处理需要依赖于人际网络。所谓人际网络,又称社会网络(Social Network),是为了达到特定目的,人与人之间进行信息交流和资源利用的关系网,是由某些个体或组织的社会关系构成的动态系统。①

人际网络分析的方法源自社会学领域,迄今已发展提出了关系强度理论、社会资本理论、结构洞理论等诸多理论、概念。近年来,经过竞争情报研究的努力,人际网络分析方法已在竞争对手分析、企业的网络定位、企业的人力资源管理、信息系统的开发等诸领域得到了发展。我国研究者认为,人际网络理论在情报活动中的应用将大大提高情报工作的科学性、特殊性和价值性,将会对情报活动的科学化、发展个人和组织的人际资源、构筑竞争情报和知识管理的社会平台做出重要贡献。②

将人际网络分析的理论、方法与工具引入竞争情报分析具有极为重要的现实意义,具体表现在:①人际网络分析方法的应用,有助于情报人员拓展信息来源,不仅可以从单纯的文献型数据资源获取情报,而且从人际资源获取有价值的情报。②人际网络分析方法的应用,极大地丰富了情报人员的分析手段,使情报人员不仅可以利用传统的统计分析手段对属性数据做出变量式分析,而且可以对关系型数据(relational data)进行统计分析。③社会网络分析领域的研究者已基于图论,发展了一系列进行人际网络分析的工具(如UCINET),这些工具对情报人员实现信息的可视化具有非常重要的

---

① 包昌火等编:《信息分析和竞争情报案例》,清华大学出版社2012年版,第739页。
② 同上。

意义。

在工商竞争情报工作中，人际网络分析通常有两种分析层面：以个人为中心或以网络为研究对象。以个人为中心的分析方法用以考察特定的个人及其与他人的联系，其主要分析手段是分析个人在网络中的中心性、个人与他人联系的强度、网络节点之间的信息活动等。以网络为研究对象的分析方法常常以一个部门、企业特定群体为对象，重点考察信息网络交流的整体特征。

二　中心度分析

在人际网络分析中，中心度（Centrality）是最重要的概念之一。经过发展，研究者又不断提出程度中心度（degree centrality）、中介中心度（betweenness centrality）、最近距离中心度（Closeness Centrality）、特征值中心度（Eigenvector centrality）等指标，其中程度中心度和中介中心度是计算节点在网络中的中心程度最重要的两项指标。[①] 程度中心度用以衡量网络中哪个节点处于最中心的位置。所处的位置越位于中心位置，则越有"权力"，其影响力也越大。其计算公式为：

$$C_D(n_i) = \sum X_{ji}$$

式中，j 和 i 为词串在矩阵中的行和列。

在人际信息交流网络中，参与者之间信息交流的具体形式既包括向其他人提供信息，又包括从他人处得到信息，由此而使网络参与者之间的程度中心度又可进一步通过分析点出度（Out Degree）和点入度（In Degree）进行分析。点出度指由特定参与者向其发送信息的参与者数量；点入度指特定参与者从其接收信息的参与者数量。例如，网络参与者 A 向 5 名其他参与者提供了信息，则 A 的点出度为 5；而 A 共接收了 3 名参与者提供的信息，则 A 的点入度为 3。在网络分析中，程度中心度常常是一个人潜在的权力标志，高入度通常是一个人声望或威望的标志，高出度则通常是一个人影响力的标志。

[①] 罗家德：《社会网分析讲义》，社会科学文献出版社 2005 年版，第 150—162 页。

中介中心度则用以衡量节点作为"媒介者"的能力，通过计算一个参与者位于两组之间的度数来衡量。中介中心度越高，则其地位越关键，越有可能产生重大影响。高中介中心度的参与者常常是信息网络中的调解员/经纪人、信息传递者、沟通的瓶颈或障碍。某个参与者处于连接两个不同的群体的位置时，通常特别有价值。中介中心度的计算公式为：

$$C_B(n_i) = \sum (n_i)/g_{jk},$$

式中，g_{jk} 是词串 i 到达词串 j 的捷径数，g 是网络中的词串个数。

由于程度中心度和中介中心度在网络结构中所具有的独特性质，通过计算某个网络节点在网络中的上述两项指标，就可以有效地揭示特定网络参与者在网络中的地位。

【例 9—1】某企业的情报工作人员经过调研，发现 14 位企业员工之间存在着如图 9—2 所示的信息交流网络。请对这 14 位员工的中心度进行评价。

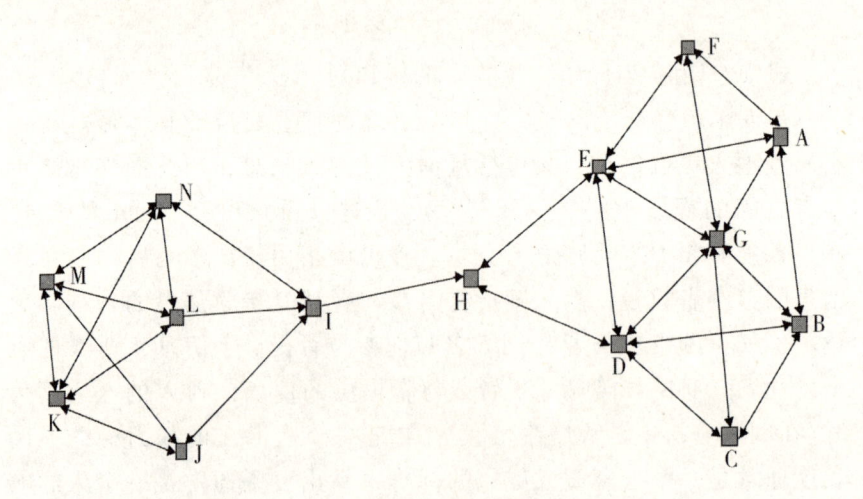

图 9—2　14 位员工之间的信息交流网络

操作流程:①

（1）将14位员工之间的信息交流关系用矩阵形式表达（见表9—1）。例如，A向B提供了信息，因此第三列第二行输入"1"，而B向A也提供了信息，则在第二列第三行也输入"1"；A没有向C提供信息，因此在第四列第二行输出"0"，C也没有向A提供信息但向D提供了信息，因此在第二列第四行输入"0"，在第五列第四行输入"1"。

（2）使用UCINET计算程度中心度。

如前文所述，高入度通常是一个人声望或威望的标志，高出度则通常是一个人影响力的标志。如表9—2所示，员工G的点入度和点出度均最高，因此G员工是这14位员工中具有较高声望和影响力的一个人。结合图9—2可以看出，员工A—F围绕G形成了一个相对密集的信息交流网络，在这个小网络中，所有参与者都向G提供信息，而G也为其他参与者提供信息。结合一般的企业组织架构判断，员工G很可能是一位领导者：他/她从下属的汇报中得到信息，并把自己或上级的指令信息传达给下属。员工E的点出度为5，仅次于G，而其点入度为4，这表明，E较多地向他人提供信息，但从他人那里获得的信息相对较少。可见，E是一个有影响力的信息发布者，但声望相对较低。结合企业架构的形态，可能认为E是一位"消息灵通人士"，他/她虽然没有G一样的身份和地位，但信息来源广泛，常常充当其他人的信息源。与E具有类似地位的还有B、E、M等员工。员工D则与员工E相反，D的点出度为1，点入度则达到5，这表明，D较多地从他人处得到信息而较少向他人发布信息。可见D是一位"思考型"员工，这类员工通常声望较高，因此可以从别人处得到大量信息，然后经过仔细的分析加工后，再提供给特定的（而不是全部）人，如上司。I、J等员工与D相类似。

---

① 在人际网络分析中，研究者已开发出若干软件，本书中将主要采用UCINET进行分析。关于UCINET的详细信息参见 Borgatti, S. P., Everett, M. G. and Freeman, L. C., *Ucinet for Windows: Software for Social Network Analysis*, Harvard, MA: Analytic Technologies, 2002.

表 9—1　　　　　　14 位员工的信息交流网络矩阵

	A	B	C	D	E	F	G	H	I	J	K	L	M	N
A	0	1	0	0	1	1	1	0	0	0	0	0	0	0
B	1	0	1	1	0	0	1	0	0	0	0	0	0	0
C	0	0	0	1	0	0	1	0	0	0	0	0	0	0
D	0	0	0	0	0	0	1	0	0	0	0	0	0	0
E	1	0	0	1	0	1	1	1	0	0	0	0	0	0
F	1	0	0	0	1	0	1	0	0	0	0	0	0	0
G	1	1	1	1	1	1	0	0	0	0	0	0	0	0
H	0	0	0	1	1	0	0	0	1	0	0	0	0	0
I	0	0	0	0	0	0	0	1	0	1	0	0	0	0
J	0	0	0	0	0	0	0	0	1	0	0	0	0	0
K	0	0	0	0	0	0	0	0	1	0	1	0	1
L	0	0	0	0	0	0	0	1	0	1	0	1	0
M	0	0	0	0	0	0	0	0	1	1	0	0	1
N	0	0	0	0	0	0	0	1	0	1	1	1	0

表 9—2　　　　　　14 位员工信息交流网络的程度中心度

	OutDegree	InDegree	NrmOutDeg	NrmInDeg
G	6.000	6.000	46.154	46.154
E	5.000	4.000	38.462	30.769
A	4.000	4.000	30.769	30.769
B	4.000	2.000	30.769	15.385
N	4.000	2.000	30.769	15.385
F	3.000	3.000	23.077	23.077
L	3.000	2.000	23.077	15.385
K	3.000	3.000	23.077	23.077
M	3.000	2.000	23.077	15.385
H	3.000	3.000	23.077	23.077
C	2.000	2.000	15.385	15.385
I	2.000	4.000	15.385	30.769
D	1.000	5.000	15.385	38.462
J	1.000	3.000	7.692	23.077

(3) 计算中介中心度。表9—3显示了14位员工在信息交流网络中的中介中心度。如前文所述，中介中心度越高，则其地位越关键，越有可能产生重大影响。高中介中心度的参与者常常是信息网络中的调解员/经纪人、信息传递者、沟通的瓶颈或障碍。某个参与者处于连接两个不同的群体的位置时，通常特别有价值。由表9—3并结合图9—2可见，员工H和I恰恰是这样的员工。他们连接了两个相对独立的信息交流群体，因此处于非常关键的地位。H和I在信息交流中的重要体现在，他们是两个群体交流的桥梁，因此担负着在两个群体间信息交流的角色。如图9—3所示，如果H或I断裂，则这14名员工将被分解成两个相互孤立的网络，信息不再能够在两个群体间流通。与此相类似，如果失去员工E和G，虽然网络没有完全断裂成两个独立的网络，但员工之间的连接"桥梁"明显减少。

表9—3　　　　　14位员工信息交流网络的中介中心度

	Betweenness	nBetweenness
H	56.500	36.218
I	48.667	31.197
E	34.000	21.795
G	25.500	16.346
D	16.833	10.791
N	8.500	5.449
J	7.500	4.808
A	4.333	2.778
L	3.500	2.244
K	1.667	1.068
M	1.167	0.748
B	0.833	0.534
C	0.000	0.000
F	0.000	0.000

失去H

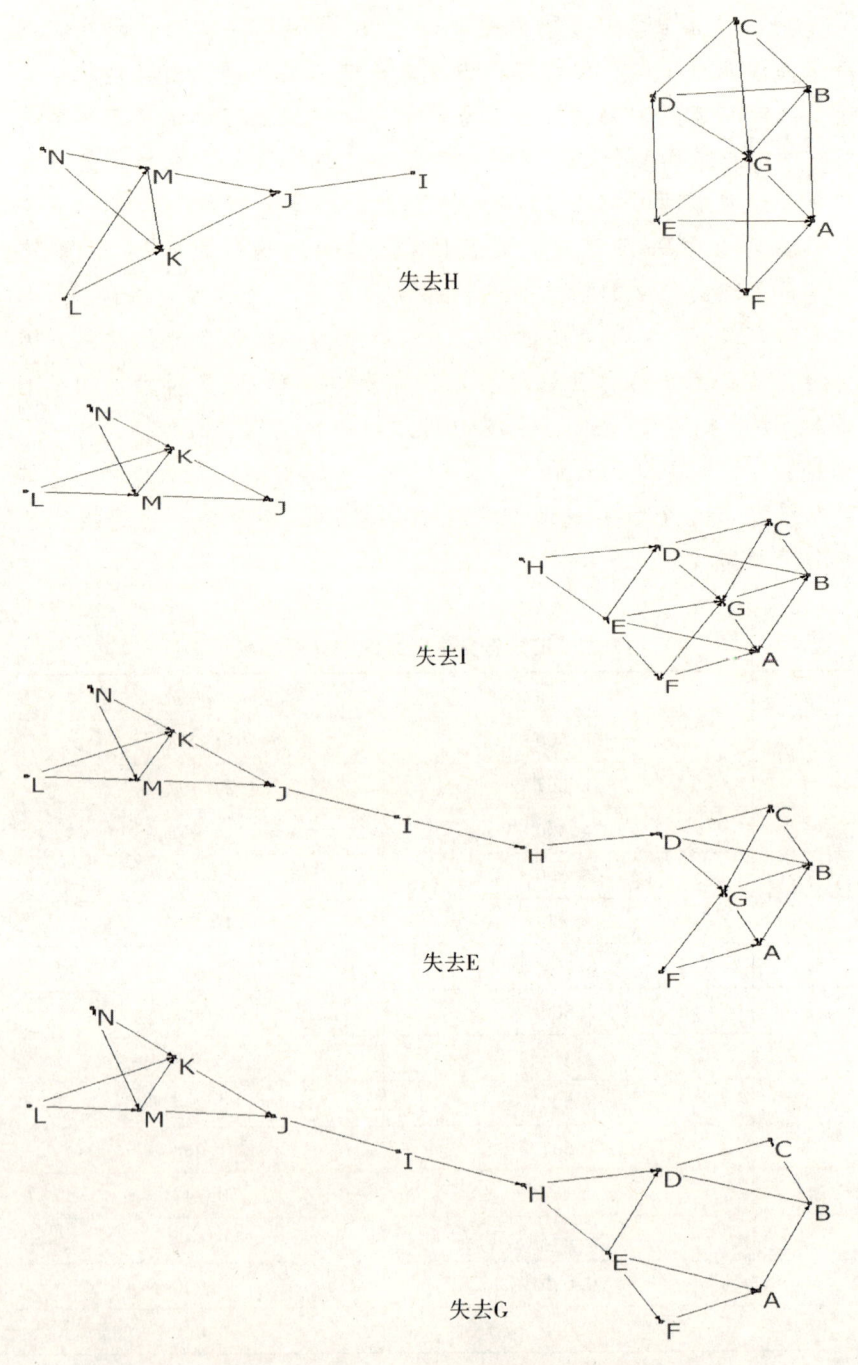

失去I

失去E

失去G

图9—3　失去 H、I、E、G 时的网络结构

（4）计算最近距离中心度。距离中心度（Closeness Centrality）用来衡量网络中特定节点到其他节点的距离。距离中心度较大，则说明该节点到其他节点的距离较短，因此可以更快地获得和传播网络中的新知识和新技术。观察表9—4可见，对于本例的14位员工而言，H和I两个参与者的距离中心度最高，因此这两个参与者获取新信息的速度也是本网络中最快的。

在工商竞争情报分析实践中，情报工作人员需要对网络中距离中心度最高的节点进行追踪，以便更快、更有效地获取竞争对手或本行业内相关新的技术、经营、管理等方面的信息，从而为适时地调整本企业的竞争策略提供保障。

表9—4　　　　　14位员工信息交流网络的距离中心度

	inFarness	outFarness	inCloseness	outCloseness
H	25.000	73.000	52.000	17.808
I	27.000	79.000	48.148	16.456
D	28.000	73.000	46.429	17.808
E	29.000	70.000	44.828	18.571
G	33.000	71.000	39.394	18.310
J	35.000	87.000	37.143	14.943
A	35.000	73.000	37.143	17.808
F	36.000	74.000	36.111	17.568
B	44.000	73.000	29.545	17.808
C	44.000	75.000	29.545	17.333
K	143.000	45.000	9.091	28.889
L	144.000	37.000	9.028	35.135
M	144.000	45.000	9.028	28.889
N	144.000	36.000	9.028	36.111

三　弱联结优势

在一个人际网络中，由于网络参与者之间的信息交流方式不同，在网络中的强弱程度也有所不同。图9—4展示了联结强弱程度不同的两种人际网络。由图9—4（A）可见，在强联结的网络中，人们相互交流信息的途径很多，因此，在多数情况下，一个节点的消失并不会对其他大多数节点之间进行信息交流产生大的影响。但在图9—4（B）中，由于节点之间信息交流的途径相对单一，因此，特定节点的缺失却很可能会导致信息交流出现严重障碍。例如，如果节点4或节点5消失，则这个网络至少会被分割成相互孤立的三个部分。可见，网络联结的强弱程度不同，信息交流的实际效果也会有很大差异。

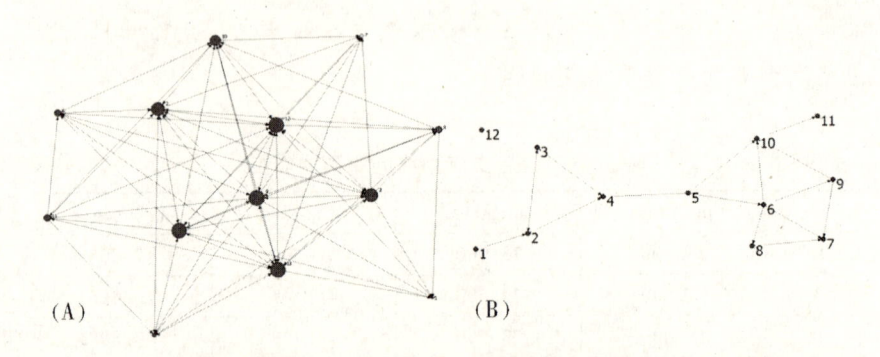

图9—4　网络联结的强弱程度比较

在人际网络研究领域，研究者已从多个角度验证了强联结对于维持人们社会关系的重要性。例如，家庭成员之间通常形成一种强联结，显然，在人们日常的工作或生活中，从家庭成员处获得信任与情感支持对于每个网络参与者都非常重要。从这个意义上说，强联结从一定程度上参与了对人们社会地位和社会角色的塑造。但信息传播的网络与人们的人际信任和情感支持网络有所不同。通过对求职者获取信息的行为进行研究，格兰诺维特（Granovetter）提出的著名的"弱联结优势"（Strength of weak ties）理论。根据弱联结优势理论，在强联结的状态下，由于人们拥有很多重叠的接触者，他们信息获取的途径呈现多重性，因此，这个强联结者拥有的信息常常趋于一致，强联结网络中任何一个人获得信息都可能意味着这个信息迅速地传遍整个网络。但正是由于上述特征，在强联结网络中，人们获取的信息趋于同质化。因此，人们一方面往往只能从强联结网络中获得"旧信息",另一方面强联结网络中的参与者也较少为网络之外的人提供新信息。然而,在弱联结网络之中,由于参与者之间是一种不经常接触的弱关系,而且多数情况下构成弱联结网络的参与者之间的异质性较高,这种特征使弱联结网络常常能够不断得到新信息并把这些新信息扩散出去。因此,就信息传播而言,弱联结网络具有独特的优势。

竞争情报分析实践中,情报工作人员常常需要分析联结的强弱程度。一般情况下,这种强弱程度通过观察网络结构图就可以得到。如果需要对不同网络中的节点联结的强弱程度进行精确的比较,则常常需要分析网络的密度。两个网络之间密度的比较有两种方式:如果拟比较的两个网络具有相同的节点,则可使用 UCINET 中的 pair 功能进行比较;或者可将拟分析网络与一个理论参照值比较。表9—5 显示了韦尔曼所总结的个体网的密度及特征。①

表9—5　　　　　　　个体网的密度及特征　　　　　　单位:%

密度	此类网络所占百分比	成员为亲属的网所占的百分比
0.00—0.25	47.1	36.4
0.26—0.50	31.7	56.9
0.51—0.75	7.9	56.9
0.76—1.00	13.3	73.7

资料来源:B. Wellman, "The Community Question: The Intimate Networks of East Yorkers", *American Journal of Sociology*, No. 84, 1979, pp. 1201-1231. 转引自[美]约翰·斯科特《社会网络分析法》,刘军译,重庆大学出版社2007年版,第64页。

四 "派系"分析

社会网络分析常常非常关注网络中的派系(cliques)问题。早期的管理学实践甚至把"派系"思想看作是他们的核心理论发现。他们认为,人之间的非正式关系把他们联结成为具有共同规范、价

---

① B. Wellman, "The Community Question: The Intimate Networks of East Yorkers", *American Journal of Sociology*, No. 84, 1979, pp. 1201-1231.

值、导向和亚文化的凝聚子群（cohesive sub—groups）[①]。

在工商竞争情报分析中，人们也常常关注正式组织中的各种亚文化群体如何分享知识信息。例如，在中国传统文化背景下，人际交往的"圈子"常常在企业员工信息获取与交流中扮演着极其重要的角色。

【例 9—2】 分析例 9—1 所述网络中的派系与类别。

操作流程：使用 UCINET 进行计算，将最小尺度定义为 3，则得到如下八个派系：

派系一：B C D G
派系二：A B G
派系三：A E F G
派系四：D E G
派系五：D E H
派系六：I L N
派系七：J K M
派系八：K L M N

由上面所列的八个派系可以看出，派系之间的成员很多情况下是重复的。事实上，正是由于成员之间的重合，使信息不仅在本派系内部得以流通，而且也可以在不同派系之间传播。在竞争情报分析实践中，识别出网络内的派系结构常常会为情报工作者提供大量有价值的线索。例如，假如上面列出的派系一中的四位成员都是技术部门的相关人员，则可以认为，派系一是一个技术信息非常密集的派系。由于派系一和派系二的重合成员是 B，则大概可认为，派系二中成员的技术信息很可能来源于 B，且很可能通过派系二中的其他成员 A 和 G 向其他派系传播。

---

① B. Wellman, "The Community Question: The Intimate Networks of East Yorkers", *American Journal of Sociology*, No. 84, 1979, pp. 1201-1231. 转引自 [美] 约翰·斯科特《社会网络分析法》，刘军译，重庆大学出版社 2007 年版，第 64 页。

在有些情况下，情报分析人员可以通过聚类分析的方法，把网络内的亚文化群体表示出来。如图9—5所示，聚类分析的树状图和冰柱图直观地展示了网络参与者之间的类属关系。如图9—5所示，在水平（level）为0.214处，本网络可以分为两个类：C、F、D、E、B、A、G、H为一类，J、K、M、I、L、N为一类。结合例9—1给出的网络结构图不难看出，这个聚类结果恰恰描述了网络中两个相对密集的信息交流子网络。由图9—5可见，随着水平的取值不断增大，聚类的数目也不断增加。例如，当水平（level）为1.000时，可聚合为6个类；而水平达到2.000时，聚合为10个类。

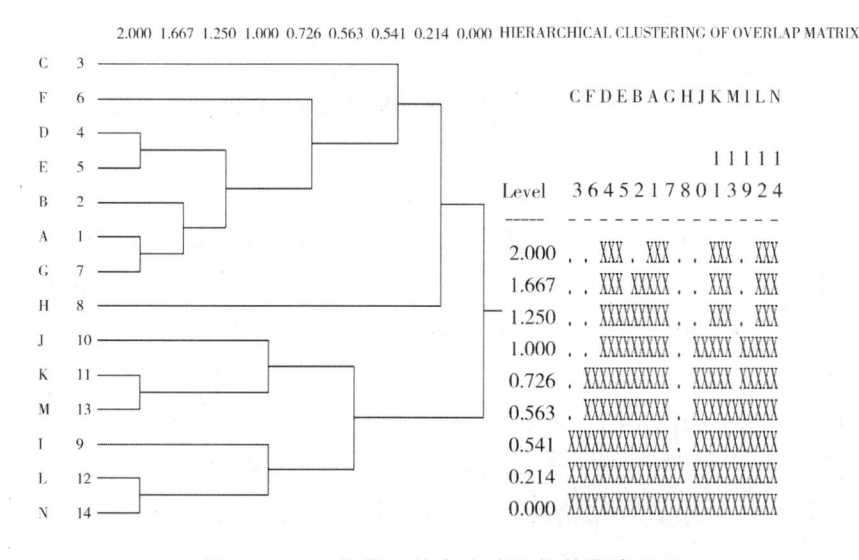

```
                2.000 1.667 1.250 1.000 0.726 0.563 0.541 0.214 0.000  HIERARCHICAL CLUSTERING OF OVERLAP MATRIX

C  3 ─┐                                                      C F D E B A G H J K M I L N
F  6 ─┤                                                                      1 1 1 1 1
D  4 ─┤                                                Level  3 6 4 5 2 1 7 8 0 1 3 9 2 4
E  5 ─┤                                                       ─ ─ ─ ─ ─ ─ ─ ─ ─ ─ ─ ─ ─ ─
B  2 ─┤                                                2.000  . . XXX . XXX . . . XXX . XXX
A  1 ─┤                                                1.667  . . XXXXX . . . . . XXX . XXX
G  7 ─┤                                                1.250  . . XXXXXXX . . . . XXX . XXX
H  8 ─┤                                                1.000  . . XXXXXXXXX . . XXXXX . XXX
J 10 ─┐                                                0.726  . XXXXXXXXXXX . . XXXXX . XXX
K 11 ─┤                                                0.563  . XXXXXXXXXXXXX . XXXXX . XXX
M 13 ─┤                                                0.541  XXXXXXXXXXXXXXX . XXXXXXXXX
I  9 ─┤                                                0.214  XXXXXXXXXXXXXXXXXXXXXXXXXXX
L 12 ─┤                                                0.000  XXXXXXXXXXXXXXXXXXXXXXXXXXX
N 14 ─┘
```

图9—5　14位员工信息交流网络的聚类结果

事实上，UCINET可以提供多种形式的聚类分析。如图9—6所示，当对例9—1中的网络进行CONCOR分析时，可以通过进行具体的定义，对网络参与者实行不同的分析。由于在每种聚类结果的取得中，情报分析人员都需要根据分析目标进行定义，因此，通过不同的定义方法，分析人员可以得到更进一步的聚类分析信息，这对于挖掘人际网络中的情报显然是非常有价值的。

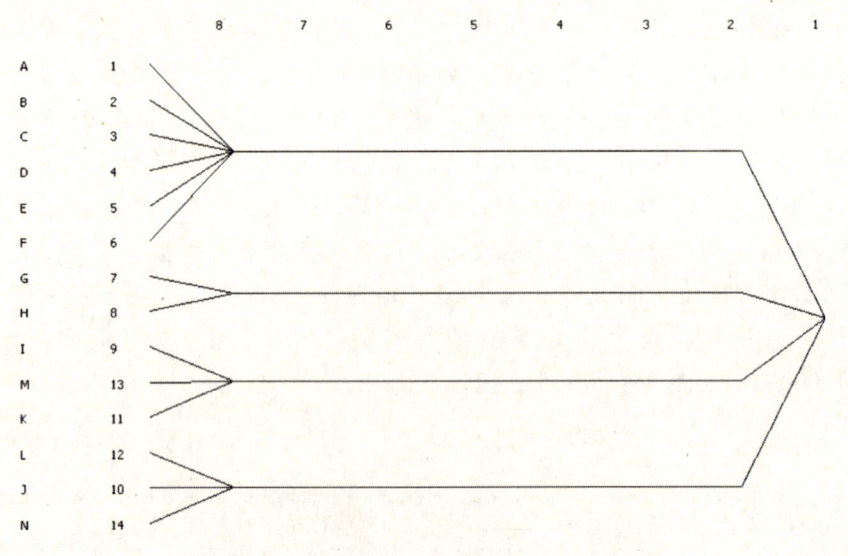

图 9—6　CONCOR 分析中的聚类分析结果

五　多维尺度分析

有些情况下，情报人员需要识别网络中参与者之间的接近关系和距离关系。在这种情况下，常常需要进行多维尺度（Multi-Dimensional Scaling，MDS）分析。多维尺度分析的目的，是通过多维散点图，识别在网络中具有相似性的参与者。如图 9—7 所示，在例 9—1 所示的由 14 位参与者组成的网络中，这些参与者之间的远近程度有明显的不同。例如，H、D、E 非常紧密地结合在一起，G、F、A、B 结合也比较紧密，但 K、L 距离其他节点较远。

六　对于网络进行描述性统计分析

有些情况下，分析人员需要对网络进行描述性统计分析，以了解网络的概况。一般来说，描述性统计分析常常能够为分析人员提供关于网络特征的大量基本信息，尤其当分析者面对着多个（或多种）网络时，描述性分析常常被作为正式分析前的准备工作。表 9—6 至表 9—8 分别展示了例 9—1 中网络的列、行和矩阵的描述性统计输出结果。

图 9—7 由 14 位参与组成网络的多维尺度（MDS）分析

表 9—6　　对 14 位参与者组成网络列的描述性统计

	A	B	C	D	E	F	G
Mean	1.000	1.000	1.000	1.000	1.000	1.000	1.000
Std. Dev	0.000	0.000	0.000	0.000	0.000	0.000	0.000
Sum	4.000	2.000	2.000	5.000	4.000	3.000	6.000
Variance	0.000	0.000	0.000	0.000	0.000	0.000	0.000
SSQ	4.000	2.000	2.000	5.000	4.000	3.000	6.000
MCSSQ	0.000	0.000	0.000	0.000	0.000	0.000	0.000
Euc Norm	2.000	1.414	1.414	2.236	2.000	1.732	2.449
Minimum	1.000	1.000	1.000	1.000	1.000	1.000	1.000
Maximum	1.000	1.000	1.000	1.000	1.000	1.000	1.000
N of Obs	4.000	2.000	2.000	5.000	4.000	3.000	6.000
	H	I	J	K	L	M	N
Mean	1.000	1.000	1.000	1.000	1.000	1.000	1.000
Std. Dev	0.000	0.000	0.000	0.000	0.000	0.000	0.000
Sum	3.000	4.000	3.000	3.000	2.000	2.000	2.000
Variance	0.000	0.000	0.000	0.000	0.000	0.000	0.000
SSQ	3.000	4.000	3.000	3.000	2.000	2.000	2.000

续表

	H	I	J	K	L	M	N
MCSSQ	0.000	0.000	0.000	0.000	0.000	0.000	0.000
Euc Norm	1.732	2.000	1.732	1.732	1.414	1.414	1.414
Minimum	1.000	1.000	1.000	1.000	1.000	1.000	1.000
Maximum	1.000	1.000	1.000	1.000	1.000	1.000	1.000
N of Obs	3.000	4.000	3.000	3.000	2.000	2.000	2.000

表9—7　对14位参与者组成网络行的描述性统计

	Mean	Std. D	Sum	Varia	SSQ	MCSSQ	Euc	N Minim	Maxim	N of Obs
A	1.000	0.000	4.000	0.000	4.000	0.000	2.000	1.000	1.000	4.000
B	1.000	0.000	4.000	0.000	4.000	0.000	2.000	1.000	1.000	4.000
C	1.000	0.000	2.000	0.000	2.000	0.000	1.414	1.000	1.000	2.000
D	1.000	0.000	2.000	0.000	2.000	0.000	1.414	1.000	1.000	2.000
E	1.000	0.000	5.000	0.000	5.000	0.000	2.236	1.000	1.000	5.000
F	1.000	0.000	3.000	0.000	3.000	0.000	1.732	1.000	1.000	3.000
G	1.000	0.000	6.000	0.000	6.000	0.000	2.449	1.000	1.000	6.000
H	1.000	0.000	3.000	0.000	3.000	0.000	1.732	1.000	1.000	3.000
I	1.000	0.000	2.000	0.000	2.000	0.000	1.414	1.000	1.000	2.000
J	1.000	0.000	1.000	0.000	1.000	0.000	1.000	1.000	1.000	1.000
K	1.000	0.000	3.000	0.000	3.000	0.000	1.732	1.000	1.000	3.000
L	1.000	0.000	3.000	0.000	3.000	0.000	1.732	1.000	1.000	3.000
M	1.000	0.000	3.000	0.000	3.000	0.000	1.732	1.000	1.000	3.000
N	1.000	0.000	4.000	0.000	4.000	0.000	2.000	1.000	1.000	4.000

表9—8　对14位参与者组成网络矩阵的描述性统计

Mean	1.000
Std. Dev	0.000
Sum	45.000
Variance	0.000

续表

SSQ	45.000
MCSSQ	0.000
Euc Norm	6.708
Minimum	1.000
Maximum	1.000
N of Obs	45.000

第十章

工商竞争情报的价值核算与管理

本书前言中提到,由于附加了情报工作者的智力劳动,工商竞争情报具有了商品的属性。本章将对竞争情报这种商品的价值核算方法进行介绍,并对竞争情报管理的相关问题进行分析。

第一节 竞争情报的价值核算

一 竞争情报价值核算的意义[①]

工商竞争情报分析工作是企业生产经营活动的一部分。与企业组织的其他活动一样,工商竞争情报工作也必须考虑投入和产出的问题。无视竞争情报在决策中的作用,无疑会使决策的科学性和可靠性大打折扣,甚至会使企业蒙受巨大损失。尤其是在社会信息化程度日益加深的背景下,决策活动中对于情报的忽视将导致越来越大的决策风险。但是,重视竞争情报之于工商企业决策活动的重要意义,绝不意味着企业组织对于竞争情报可以无限制地投入资源。从这个意义上说,一方面,因为企业的科学决策活动需要竞争情报的支持,因此,竞争情报是可以产生经济效益的,有必要为此而投入;另一方面,竞争情报与其他经济活动一样,也需要付出一定的代价,显然,只有当这种成本至少不大于其预期获益时,对于竞争情报的投入才是合理的。

---

① 周文杰:《风险型决策中竞争情报价值核算的原理与模型》,《情报杂志》2014年第12期,第19—24页。

为了考察竞争情报投入与产出之间的关系，就需要对竞争情报的价值做出判断。具体而言，核算竞争情报的价值具有如下意义：

（1）通过竞争情报价值的核算，可以判断竞争情报对于特定决策事项期望获益的贡献。由于衡量决策质量的关键指标在于所做决策的期望获益值的大小，而提高决策质量的重要保障在于获得高质量的竞争情报支持，因此可以通过判断所做出决策方案的获益值如何随情报量的增加而增加的程度，来判断竞争情报之于决策事项期望获益的贡献。如果决策方案的期望获益值随情报量的增加而增加，说明针对该决策事项需要进一步加强情报的分析、提供工作，很可能因为某一方面的情报支持，而使决策者做出正确的判断，为企业赢得大的利益。反之，如果情报提供量的多少并没有对决策事项的期望获益产生影响或影响甚微，则说明情报对该决策事项的价值有限，应该审视决策方案本身而不是继续增加情报工作的投入。

（2）判断特定决策事项中获取竞争情报所付出的代价是否值得。在特定决策事项中，通过竞争情报的价值核算，如果发现获取某项（或某些）竞争情报所付出的代价高于该竞争情报之于决策事项的价值，则对于竞争情报的投入就是不适当的。如果为获取竞争情报代价小于其自身价值，则对于竞争情报的投入就是合理的。总之，需要把获取竞争情报所付出的代价限制在小于竞争情报自身价值的范围内。

二 竞争情报的实质

1. 企业决策的类型

工商竞争情报分析的最终目的，是为企业的决策活动提供支撑。对于企业的决策活动有着多种分类方式，按照企业决策问题所处条件的确定程度，一般可以将企业的决策分为两类：条件确定型决策和条件不确定型决策。

所谓条件确定型决策，是指决策问题的各种条件已经确定，决策者只是在各种方案中根据自身的条件和目的进行比较选择，从而做出决策的类型。例如，某企业拟引进一条新的生产线，但有两种备选方案。一种方案是引进一条技术先进但价格昂贵的生产线，另一种方案是引进一条技术水平一般但价格便宜的生产线。在此情况下，决策者只是需要根据本企业的发展目标、产品的市场前景及企业的财力进行衡量，然后在两种方案中做出选择即可。

所谓条件不确定型决策，指企业决策者在拟决策问题的条件具有不确定性的情况下做出决策的类型。根据不确定程度的大小，不确定型决策可分为两种类型：一种是条件完全不确定型决策，即决策者在完全不知道拟决策问题所处的条件方面的任何信息情况下做出决策的类型。另一种是风险型决策，即决策者已知各种可能情况出现的概率，因此可以根据概率做出判断的决策类型。之所以称之为风险型决策，是因为决策者根据概率做出判断时，总是要冒一定的风险。例如，X 公司计划引进一条生产线，生产线 A 具有完备的售后服务和技术支持，基本上可消除 X 公司引进生产线后的维修成本，生产线 A 的价格为 1000 万元；生产线 B 只提供有限的售后服务和技术保障，生产线若出现故障，维修成本需要 X 公司自行承担，生产线 B 的价格为 800 万元。经过对本行业内使用生产线 B 的企业进行分析评估发现，在 80% 的情况下，生产线 B 在使用期的维修成本低于 200 万元，维修成本高于 200 万元的概率是 20%，高于 400 万元的概率是 10%。在这种情况下，X 公司的决策者因为在引进 A 生产线还是 B 生产线的问题上面临着一定的不确定性，因此其决策需要冒一定风险。例如，假使 X 公司最终决策引进 B 生产线，但第一年即发生了 200 万元以上的维修费用，则这项决策就是失败的。假如 X 公司的竞争对手引进了 B 生产线，在使用期间维修费用远远小于 200 万元，但 X 公司却引进了 A 生产线，在此情况下，A 公司面临着产品成本高于竞争对手、在竞争中处于不利的局面，因此这项决策也是失败的。

2. 竞争情报的实质是减少风险型决策的不确定性

如上所述，企业决策有条件确定型和条件不确定型两种类型。在条件确定型决策中，由于决策者已获得关于条件的各种信息，其决策活动事实上只是权衡、比较的过程，因此常常使用数学规划等运筹学方法进行决策判断。在条件不确定型决策中，决策者常常需要根据对于各种决策后果的概率判断进行决策。显然，决策者所面对的决策问题各种条件的不确定性越小，其概率判断越准确，防范决策失败的能力也会越强。工商竞争情报分析恰恰是为了减少这种不确定性，提高决策成功的概率。从这个意义上说，竞争情报的实质是用以减少决策活动中不确定性的一种资源。

竞争情报的这种实质，源自信息自身的性质。早在20世纪中叶，信息论的创始人香农就指出，信息是用来消除不确定性的东西，是一个可测度的科学概念。从香农对于信息的界定可以看出，随着人们对事物的属性及发展等方面信息掌握的全面程度的提升，人们对于事物的不确定性逐渐降低。但在日常生活中，即使人们身处一个信息资源非常丰富的环境中，也常常陷于"信息贫困"的状态。也就是说，如果人们缺乏对信息的"有用成分"进行分析与提取的能力，则信息的客观存在本身并不减少人们之于事物属性或发展规律认识的不确定性。由此可见，香农所述的信息实际上是指"有用信息"，即人们可以从中汲取效用，从而加深对于事物属性或发展规律认识的信息。从这个意义上说，香农所述的信息其实附加了信息使用者的智力加工因素，以便能汲取其中的"信息效用"。这种将信息资源附以分析加工等智慧劳动的过程，事实上也是一种实现信息的情报化的过程。从这个意义上说，竞争情报分析的实质是减少决策的不确定性这一论断与香农之于信息的定义在本质上是一致的。

工商竞争情报是有成本的，这种成本首先来自对情报分析的素材——信息的采集成本。无论是进行文献等二手信息资源的采集，还是通过市场调查获取一手的信息，信息采集者都需要为此付出相关的经济和时间资源，从而构成了信息采集的经济或时间成本。由于时间的付出最终仍可换算成经济费用，因此，在非特别指明的情况下，本书中所述的信息成本是指信息采集的经济成本，即可以换算成货币单位的信息支出。另外，信息成本也包括信息获取的机会成本等。可见，信息的成本核算是一个非常复杂的工作，其中既包含着对于一般商品的成本核算方式，也包含着对信息获取中的机会成本等特有因素的核算。在信息实现情报化的过程中，又附加了人类的智力活动，从而进一步扩大了成本。概括而言，竞争情报的成本是大于所分析的信息资源价值总和的。与信息获取的成本构成类似，竞争情报的成本构成也十分复杂，其中既包括为采集所需信息而付出的人力、财力等方面的耗费及相关机会成本，也包括为实现信息情报化而付出的人力、财力等耗费及相关机会成本。

无论工商竞争情报成本的构成状况如何，但其成本通常都是随着时间的增加而增加的，即竞争情报获取所花费的时间越长，则竞争情报的成本越高。如前所述，竞争情报的实质是为了降低决策的不确定性。因此，综合考虑信息竞争情报获取的成本、决策的确定性及时间因素，发现它们之间存在着如图10—1所示的关系。

如图10—1所示，当决策者没有关于决策事项的情报时，其决策属于条件完全不确定型决策，这种情况下没有情报获取的实际行动，也没有为情报获取而付出时间，因此情报获取的成本为零。在条件完全不确定的情况下，由于决策活动没有情报的支持，完全依赖于决策者的主观判断，因此不确定性非常高。当决策者开始得到情报支持时，决策者对于决策事项条件的不确定性逐渐下降。但因为决策者掌握的情报只能揭示部分（而不是全部）的决策条件，因此，决策始终冒着一定的风险。这一阶段的决策属于风险型决策。由于情报的获取需要付出包括时间在内的各种成本，因此，在风险型决策中，决策者对决策事项不确定性的下降伴随着情报获取成本的上升和时间的增加。当情报获取已接近揭示决策事项的全部条件时，决策形式开始由风险型决策变成条件确定型决策。需要注意的是，在多数情况下，条件确定型决策并非情报获取的结果（如前文中关于条件确定型决策的例子），而是对策事项自然状况本身的描述。从这个意义上说，在条件确定型决策中，决策行为并不依赖于竞争情报的获取。

综上所述，在条件完全不确定型的决策和条件完全确定型的决策中，竞争情报一般都不对决策行为发生实质性影响。只有在风险型决策中，竞争情报才发挥支持作用。所以，工商竞争情报所服务的是企业的风险型决策，其实质是减少风险决策中决策条件的不确定性。概括而言，情报价值是衡量情报代价是否值得的最高限额。

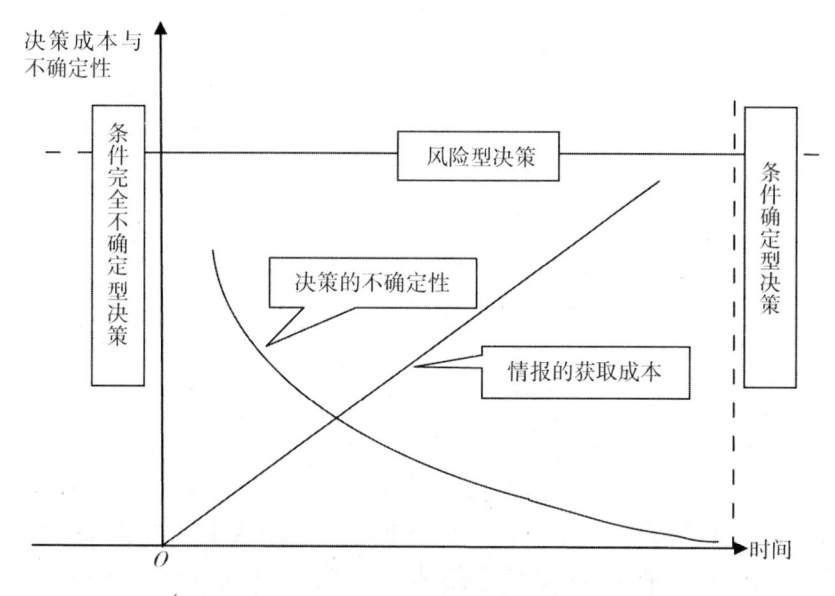

图 10—1　各类决策与相关因素的关系

三　竞争情报的损益值

1. 损益曲线

竞争情报的实质是在企业组织的风险型决策中减少决策者对于决策事项条件的不确定性。但竞争情报的获取本身是有成本的，因此，决策活动中需要情报的量如何、需要何种情报等问题都是需要决策者和情报工作者予以关注的。如图 10—2 所示，竞争情报的获取成本随着时间的增加而增长，但决策的获益通常不会一直保持增长的态势，通常决策获取在达到最大利益点时将不再上升。在决策的开始阶段，决策者对于决策事项的条件知之甚少，其决策的不确定性很高，决策失误的风险也很大。在这一阶段，竞争情报的取得会对决策活动给予强有力的支持，从而使企业从竞争情报中的获益高于竞争情报的获取成本，形成了获益空间。但是，由于竞争情报获取的成本一直在随着时间的增加而增长，企业决策的获益却不会保持同样的增长势头，因此，在超过临界点时，竞争情报成本的增加意味着企业因决策而出现亏损和成本增加。

竞争情报的损益值计算方法为：
$$PL_i = p_i - c_i$$

式中，PL_i 表示在第 i 个时间点上，企业决策因竞争情报的获益或损失（Profit or Loss），p_i 表示在第 i 个时间点上的获益（profit），c_i 表示第 i 个时间点上的竞争情报获取成本（cost）。据此可见，在图 10—2 所示的 T_1、T_2、T_3 三个时间点上，其竞争情报损益值分别为：

$$PL_1 = p_1 - c_1 > 0$$
$$PL_2 = p_2 - c_2 = 0$$
$$PL_3 = p_3 - c_3 < 0$$

在 T_1 时间点上，竞争情报的获益大于成本，因此位于获取区间；在 T_2 时间点上，获益值与成本相等，因此这个时间点是损益的临界点；在 T_3 时间点上，获益值小于成本值，因此位于损失区间内。

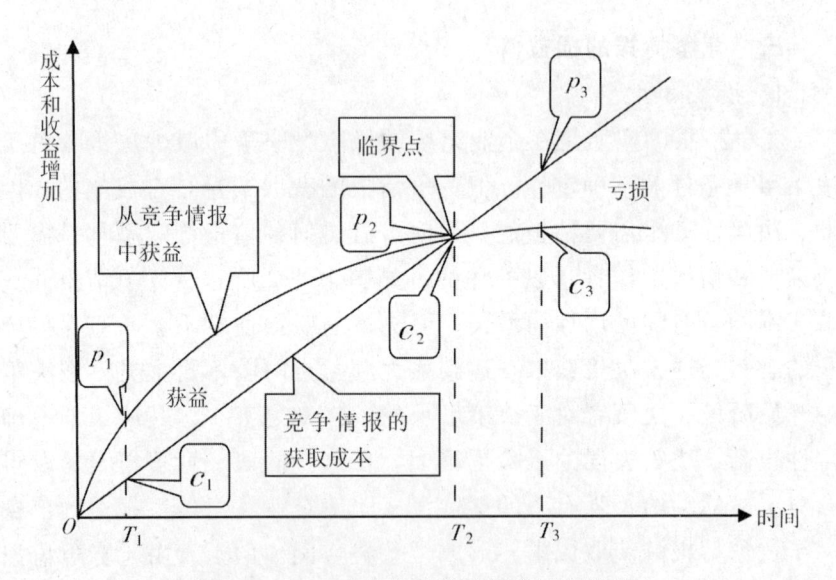

图 10—2　工商竞争情报的损益时间曲线

总之，由竞争情报获取与成本的损益曲线来看，以临界点为界，可分为两个区间：获益区间和损失区间。竞争情报分析的目的在于在获益区间内通过情报分析而为决策活动提供支持。同时，由图10—2也可以看出，竞争情报的损益曲线与时间和成本两个因素都有关系。通常情况下，竞争情报与时间的关系是指竞争情报获取或被采纳的时效性。竞争情报的时效性不仅与情报工作人员的工作水平和效率有关，也与企业决策者的能力、习惯乃至企业的组织构架有着密切的关系，因此，关于竞争情报时效性的评估将被包括于企业管理绩效的评估之中。本书中，基本不涉及对于企业竞争情报时效性的评估，下文中关于竞争情报价值核算将集中在关于竞争情报成本与获益情况的核算方面。

2. 损益矩阵

损益矩阵是风险型决策中常用的一个分析工具。损益矩阵一般由三个部分组成（见表10—1）：

（1）可行方案。是根据决策目标，综合考虑资源条件及实现的可能性而形成的各种方案。

（2）自然状态及其发生概率。自然状态指各种可行方案可能遇到的客观情况和状态，如上文提及的企业引进生产线后，该生产线发生故障的情况。自然状态由于来自系统的外部，通常是决策者无法控制的。

自然状态发生的概率有主观概率和客观概率之分，但两者都符合如下公式：

$$\sum_{i=1}^{n} P_i = 1 \quad (0 \leq P_i \leq 1)$$

（3）各种方案的可能结果。各种可行方案常常受到多种因素的影响。例如，在工商企业预先制订的各种方案常常会受到资源条件、生产能力、市场状况等因素的影响。在这种情况下，情报分析人员结合各种因素，针对各种方案，通过综合计算得到其收益值和损失值，即构成了各种可行方案的可能结果。这些由损益值构成的矩阵被称为损益矩阵。

表10—1   损益矩阵

可行方案 d_i	自然状态 θ_j			
	θ_1	θ_2	...	θ_n
	先验概率			
	P_1	P_2	...	P_n
	损益值 PL_{ij}			
d_1	PL_{11}	PL_{12}	...	PL_{1n}
d_2	PL_{21}	PL_{22}	...	PL_{2n}
⋮	⋮	⋮	⋮	⋮
d_m	PL_{m1}	PL_{m2}	...	PL_{mn}

【例10—1】 X公司计划引进一条生产线，由A公司出产的A生产线具有完备的售后服务和技术支持，由A公司负责该生产线的维修成本，但X公司每年需要向A公司支付技术支持费用30万元；生产线B只提供有限的售后服务和技术保障，生产线若出现故障，维修成本需要X公司自行承担，但X公司不必向B公司支付技术支持费用。经过对本行业内使用生产线B的企业进行分析评估发现，在80%的情况下，这类生产线不会在使用期发生故障，而发生故障的可能性是20%。据测算，如果不发生故障，X公司平均每年预期会获得利润100万元；若发生故障，A公司会承担X公司30%的损失，而B公司则需要完全承担利润损失。根据上述数据制作X公司引进生产线各种方案的损益矩阵。

操作流程：

如表10—2所示，通过对自然状态、先验概率和可行方案的综合分析，制作了例10—1的损益矩阵。由于A生产线的引进能够获得100万元的利润，即使在无故障的情况下，X公司仍需向A公司支付30万元的维修费用，因此，在采用d_1方案且生产线无故障的情况下，X公司获益为100-30=70（万元）。引进A生产线后，如发生故障，损失利润将全部由A公司承担，因此，在采用d_1方案且发生故障的情况下，X公司仍可获利润100万元。而对于方案d_2而言，如果无故障，则 X 公司获得利润 100 万元，如果发生故障，X 公司需要独立承担全部 100 万元的利润损失。

表 10—2　　　　　　X 公司引进不同生产线的损益矩阵

可行方案 d_i	自然状态 θ_j	
	θ_1：无故障	θ_2：有故障
	先验概率	
	P_1：80%	P_2：20%
	损益值 PL_{ij}（万元）	
d_1：A 生产线	70	30
d_2：B 生产线	100	-100

根据表 10—2，可以选择最优方案。A 生产线的期望损益值为：
$$70 \times 0.8 + 30 \times 0.2 = 62(万元)$$
B 生产线的期望损益值为：
$$100 \times 0.8 + (-100 \times 0.2) = 60(万元)$$
可见，相比较而言，引进 A 生产线的期望收益更高。因此，应优先选择 A 生产线。

四　完全情报的价值核算

竞争情报的实质在于消除风险型决策中决策条件的不确定性。这里所说的情报是指与决策事项有关的数据资料，这些资料中可能既包括可选的方案，又包括每个方案的自然状态及其发生概率以及计算损益值需要的其他数据资料。显然，通过竞争情报分析，能为决策者提供的情报越全面，则决策者做出的决策也就越可靠。

在理想状态下，情报工作者能为决策者提供关于决策事项的自然状态及其概率等方面完全确切、肯定的情报，这就是完全情报。在实际的工商竞争情报工作中，完全情报仅仅是一种理想状态，在多数情况下竞争情报人员是不可能获得完全情报的。但完全情报概念的提出，是为了为情报价值的核算提供基准。具体来说，完全情报的价值等于利用完全情报进行决策所得到的期望值减去没有这种情报而选出的最优方案的期望值。即：
$$V_f = E_{ins} - E_{nins}$$
式中，V_f 表示完全情报的价值，E_{ins} 表示竞争情报支持下的决策期望值，E_{nins} 表示无情报支持的决策期望值。

完全情报对于情报价值核算的意义在于，通过对完全情报价值的计算，可以获得企业需要为获得情报而付出代价的最高限。

【例10—2】 使用例10—1的数据，假如两条生产线均需投资500万元，使用寿命均为10年。计算完全情报价值。

操作流程：
（1）计算不同方案的损益值和期望值（见表10—3）。
引进 A 生产线后的期望损益值计算过程为：
A 生产线的年度损益值：
$70 \times 0.8 + 30 \times 0.2 = 62$（万元）
A 生产线的期望损益值：
$62 \times 10 - 500 = 120$（万元）
与以上过程一样，引进 B 生产线的期望损益值为：
$\{[100 \times 0.8 + (-100 \times 0.2)] \times 10\} - 500 = 100$（万元）

表10—3　　　　X 公司引进不同生产线的损益矩阵

可行方案 d_i	自然状态 θ_j		期望损益值（万元）
	θ_1：无故障	θ_2：有故障	
	先验概率		
	P_1：80%	P_2：20%	
	年度损益值 PL_{ij}（万元）		
d_1：A 生产线	70	30	120
d_2：B 生产线	100	-100	100

(2) 制作方案选择决策树。

在风险决策中，可以通过图解的方法，把各种备选方案、可能出现的自然状态和各种损益值绘制在一张图上，从而使决策问题形象化，使情报分析人员和管理人员能够对决策局面一目了然。决策树正是决策分析中这样一种图解的方法。在风险分析中，情报人员通常将方案、状态及其概率和损益值绘制成决策树，然后用反推决策树方式进行分析，最后选定合理的方案。图10—3是例10—2所述问题的决策树。

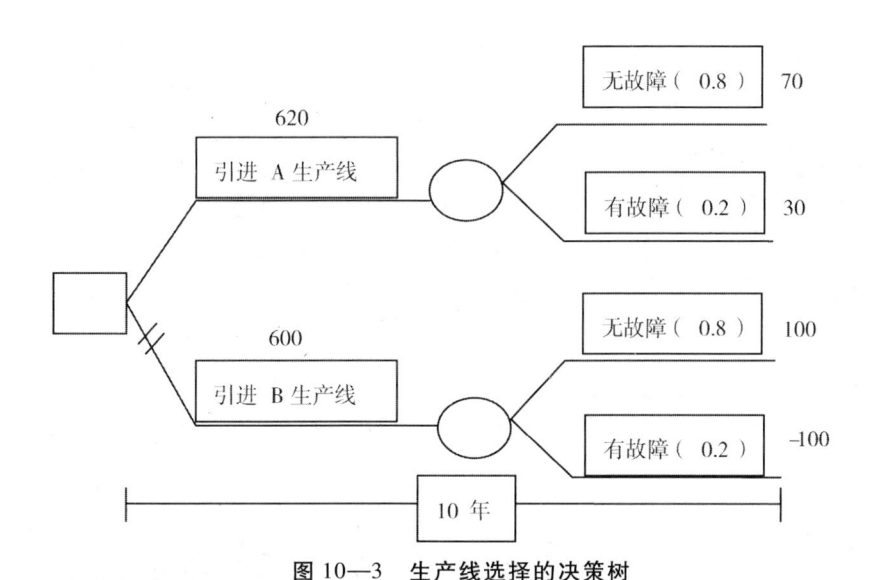

图10—3 生产线选择的决策树

(3) 制作完全情报决策树。

计算在无故障的情况下引进生产线 A 时的最大损益值：
$70 \times 10 - 500 = 200$（万元）

计算在有故障的情况下引进生产线 A 时的最大损益值：
$30 \times 10 - 500 = -200$（万元）

计算在无故障的情况下引进生产线 B 时的最大损益值：
$100 \times 10 - 500 = 500$（万元）

计算在有故障的情况下引进生产线 B 时的最大损益值：
$(-100) \times 10 - 500 = -1500$（万元）

将上述计算结果分析标示于各相关方案枝的右侧，形成图10—4。由图10—4可见，当考虑到投资成本后，引进B生产线是更优方案。而且，由于有故障时无论引进A、B哪条生产线，都将出现亏损，因此，如果确定亏损，将不应引进任何生产线。所以，在完全情报条件下，X公司的利润期望损益值为：

$500 \times 0.8 + 500 \times 0 = 400(万元)$

可见，由于引起B生产线预期的收益为100万元，因此，完全信息的价值为：

$400 - 100 = 300(万元)$

在没有得到完全情报时，不仅面临着决策失误的风险（应选B生产线却事实上选择了A生产线），而且做出正确决策（引进B生产线）后，预期收益远远高于原来的预期收益，这表明，此项决策的潜力很大，值得花费一定代价获取更多的竞争情报。

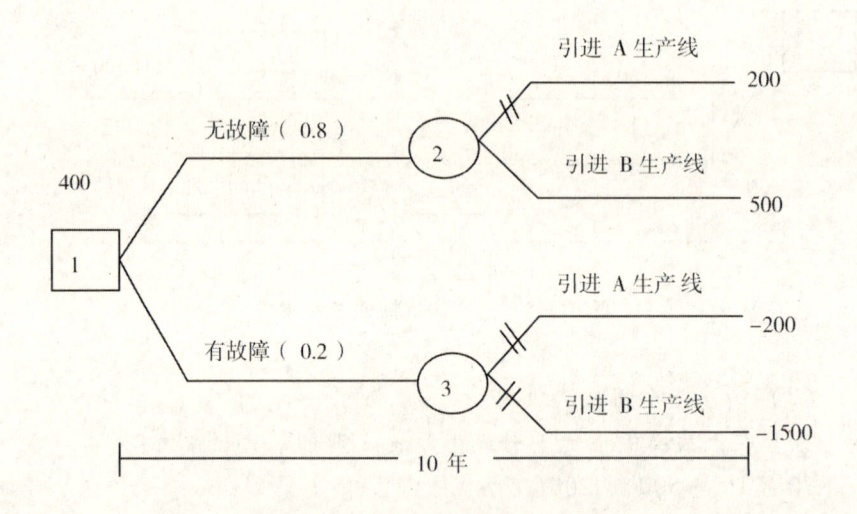

图10—4 完全情报条件下的决策树

五 贝叶斯决策中的情报价值核算

1. 贝叶斯决策与贝叶斯定理

统计决策可分为传统的决策和贝叶斯决策两种。传统的决策是指根据样本的结果来推断总体。传统决策中，一般根据统计量的估计值做出拒绝还是接受原假设，不考虑任何主观的先验信息。贝叶斯决策则非常重视主观的先验信息在决策中的作用。从广义上说，在管理决策中应用先验信息做决策，都可称为贝叶斯决策；从狭义上说，贝叶斯决策指通过样本，结合先验信息，利用贝叶斯的后验概率公式所做的决策。[①]

贝叶斯决策方法的理论基础是贝叶斯定理。贝叶斯定理是18世纪时，由英国牧师贝叶斯提出的一个用于概率运算和风险决策的定理。贝叶斯定理的实质是对条件概率的陈述，贝叶斯定理的计算过程实际上是用经验数据给先验信息加权的过程。在风险型决策中通常首先需要指定先验概率，贝叶斯定理则是对这些先验概率进行修正的手段。

2. 贝叶斯决策的类型

（1）先验分析和预后验分析。

在风险型决策中所使用的决策方法一般都是先验分析法。所谓先验分析法则指决策者依据情报人员所提供的关于决策事项的各种自然状态及其概率、各种备选方案以及损益值做出抉择的决策方法。先验分析法是在情报人员无法或没有必要提炼进一步的情报时所采用的决策方法。当具备进一步的情报获取的可能性和必要性时，情报工作人员应该考虑为决策者提供更多的追加情报。由于追加情报需要付出一定的人力、物力或时间的代价，而且追加的情报也不一定准确或完全适用于决策事项，因此，情报工作人员和决策者都必须权衡为追加的情报所付出的代价是否值得。在这种情况下，需要对于追加情报的费用与根据预后验分析做出决策的风险和可能结果进行对比，以确定是否需要追加情报以及追加情报应采取何种策略。

所谓预后验分析，是指用一套概率对多种行动策略组合进行多次计算，以便从中选择较好的分析方法。

---

① 徐国祥主编：《统计预测和决策》，上海财经大学出版社2012年版，第212页

【例 10—3】某工厂要研制开发一种新型童车,首要问题是研究这种新产品的销路及竞争者的情况。经过必要的风险估计后,他们估计出:当产品销路好时,采用新产品可盈利 10 万元;不采用新产品而生产老产品时,则因其他竞争者会开发新产品,使老产品滞销,工厂可能亏损 4 万元。当新产品销路不好时,采用新产品要亏损 3 万元;当不采用新产品时,就有可能用更多的资金来发展老产品,可获得 8 万元。现确定销路好的概率为 0.6,销路差的概率为 0.4。所有数据如表 10—4 所示。①

表 10—4　　　　　　　　生产新型童车的损益值

损益值（万元）＼自然状态 行动方案	销路好 Q_1 $P(Q_1) = 0.6$	销路差 Q_2 $P(Q_2) = 0.4$	期望值
采用新产品 d_1	8	-3	3.6
不采用新产品 d_2	-4	10	1.6

操作流程:

表 10—4 所示的数据即为先验分析,可根据其中所列出的期望值作为决策标准,应选择行动方案 d_1。

根据过去的市场调查的经验,企业的情报分析人员知道市场调查不可能完全准确,但一般能估计出调查的准确程度。表 10—5 表示获得与真实自然状态相应的调查结果的一些主观条件概率。例如,当市场销路好时,调查结果为销路好的概率为 $P(z_1 | Q_1) = 0.8$,调查结果为销路差的概率为 $P(z_2 | Q_1) = 0.1$,调查结果为不确定的概率为 $P(z_3 | Q_1) = 0.1$,等等。

从表 10—5 所示的概率可知,情报分析人员认为,销路好时的调查结果其准确性要比销路差时稍高一些。并且,调查还有可能得

---

① 本例选编自徐国祥主编《统计预测和决策》,上海财经大学出版社 2012 年版,第 252—254 页。

出不确定的结果。

表 10—5　　　　　调查结果的条件概率 $P(z_j | Q_i)$

条件概率 $P(z_j\|Q_i)$　调查结果 自然状态	z_1 （销路好）	z_2 （销路差）	z_3 （不确定）
Q_1（销路好）	0.80	0.10	0.10
Q_2（销路差）	0.10	0.75	0.15

情报人员关心的是，当可能的调查结果为已知时，销路好与销路差两种自然状态的概率是什么。也就是要找修正后的先验概率：$P(z_j | Q_1)$ 和 $P(z_j | Q_2)$ （$j=1, 2, 3$），这可以由贝叶斯公式求出，如：

条件概率：
$$P(z_1 | Q_1) = \frac{P(Q_1)P(z_1 | Q_1)}{P(z_1)}$$

边际概率：$P(z_1) = P(Q_1) P(z_1 | Q_2) + P(Q_2) P(z_1 | Q_2)$

表 10—6 中列有联合概率和全概率的数值，表 10—7 中列有各种修正先验概率的数值。

表 10—6　　　　　新型童车的联合概率和全概率

调查结果	z_1	z_2	z_3	$P(Q_1)$
$P(Q_1)P(z_j\|Q_1)$	$0.8 \times 0.6 = 0.48$	$0.1 \times 0.6 = 0.06$	$0.1 \times 0.6 = 0.06$	0.60
$P(Q_1)P(z_j\|Q_2)$	$0.1 \times 0.4 = 0.04$	$0.75 \times 0.4 = 0.3$	$0.15 \times 0.4 = 0.06$	0.40
$P(z_j)$	0.52	0.36	0.12	1.0

表 10—7　　　　　修正先验概率

调查结果	z_1	z_2	z_3
$P(Q_1\|z_j)$	$\frac{0.48}{0.52} = 0.923$	$\frac{0.06}{0.36} = 0.167$	$\frac{0.06}{0.12} = 0.50$
$P(Q_2\|z_j)$	$\frac{0.04}{0.52} = 0.077$	$\frac{0.30}{0.36} = 0.833$	$\frac{0.06}{0.12} = 0.50$

由表10—7所示的信息，就可以解答关于追加情报的价值问题。为此，可利用决策树进行分析。图10—5就是包括所需要的全部信息的决策树。由图10—5可知，当只做先验分析、不做进一步的调查研究时，采用最佳方案 d_1 可得期望值3.60万元。如果做进一步调查研究，由于情报的支撑作用，使决策者对于决策更有把握，期望值也有所增加。当采用进一步调查研究时，有可能达到的期望利润值为：

$0.52 \times 7.153 + 0.36 \times 7.66 + 0.12 \times 3.00 = 6.84$（万元）$>$ 3.60（万元）

通过调查修正了先验概率后得到的获益与根据先验分析而得到的预期收益之间的差额，正是追加情报的价值。实际上，只有当通过调查获取进一步的追加情报的费用低于3.24万元时，才有必须采取行动追加新的情报。如果追加情报的成本等于或多于3.24万元，则不必采用进一步的情报分析行动了。因为在此情况下，只要根据先验分析结果做出决策，就可以获得最大的收益。

（2）后验分析。

如前所述，通过预后验分析，情报人员与决策者可以对是否需要追加情报做出判断。如果认为新追加的情报将继续提高决策的期望值，则需要采取新的情报行动，以进一步消除决策条件的不确定性。这种运用新追加的情报修正先验概率的分析被称为后验分析。贝叶斯分析的价值，恰恰在于后验分析方面。

后验分析与预后验分析非常相似，其区别仅在于：在预后验阶段，情报工作人员从未进行调查研究，只是提出了如果去进行调查研究，可能获得多大的期望收益值。

【例10—4】对例10—3做出后验分析。

操作流程：

由图10—5可知，例10—3通过预后验分析，得到 C_1 点上的收益为：$0.52 \times 7.153 + 0.36 \times 7.66 + 0.12 \times 3.00 = 6.84$（万元）

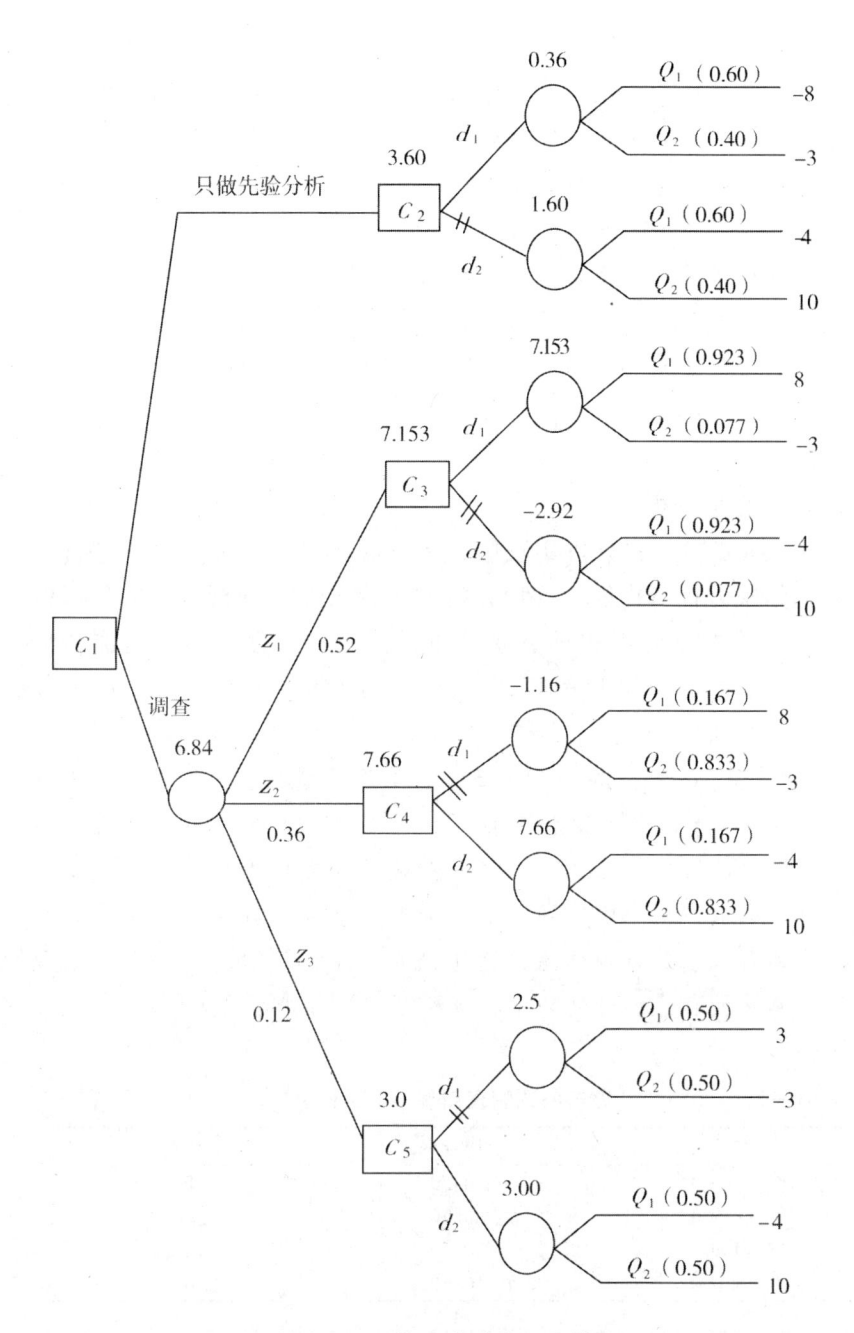

图 10—5 修正先验分析决策图

如上所述，后验分析与预后验分析的区别仅在于考察进行调查研究可能获得的收益值。因此需要在 C_3、C_4 和 C_5 三个点上做出判断。由图 10—5 可见，通过后验分析，可得到三项判断：

当调查结果为销路好（z_1）时，应选择方案 d_1，其期望值为 7.153 万元（图 10—5 中的 C_3 点）。

当调查结果为不确定（z_3）时，应选择方案 d_2，其期望值为 3.0 万元（图 10—5 中的 C_5 点）。

当调查结果为销路差（z_2）时，应选择方案 d_2，其期望值为 7.66 万元（图 10—5 中的 C_4 点）。

（3）序贯分析。

在工商竞争情报分析实践中，常常需要对特定决策事项进行多阶段的情报分析与提供，这种分析方法称为序贯分析。序贯分析包括一系列的先验分析和预后验分析，在分析过程上不断追加新情报，做出后验分析和决策。

【例 10—5】在例 10—3 中，该厂计划对该种童车问题进行一次多阶段的调查。假定该厂考虑分两个阶段来调查研究，第一阶段的可靠性为 70%，第二阶段的可靠性为 80%。情报分析部门认为，两个阶段的调查研究都不会有不确定的结果，只存在两种可能的调查结果，即不论 Q_1 还是 Q_2 总有一个出现。调查结果的可靠性可用表 10—8 所列的条件概率来表示。[①]

表 10—8　　　　　　　童车问题调查结果的条件概率

符号	调查一	调查二
$P(z_1 \mid Q_1)$	0.70	0.80
$P(z_2 \mid Q_2)$	0.70	0.80
$P(z_2 \mid Q_2)$	0.30	0.20
$P(z_2 \mid Q_1)$	0.30	0.20

---

① 本例选编自徐国祥主编《统计预测和决策》，上海财经大学出版社 2012 年版，第 258—260 页。

操作流程：

情报分析部门估计，调查一（第一阶段）的费用为 0.7 万元；调查二（第二阶段）是在调查一的基础上进行的，因此仅需费用 0.5 万元。自然状态的 Q_1 和 Q_2 的概率分别为 0.60 和 0.40。决策者需要在下列决策方案中做出决断：

m_0：根本不进行调查。

m_1：只进行第一阶段调查，其可靠性为70%，调查费用为 0.7 万元。

m_2：两个阶段的调查都进行，第二阶段的可靠性为80%，调查费用为 0.5 万元。

依据上述数据编制概率表（见表 10—9）。

表 10—9　　　　童车问题的预后验序贯分析概率

	调查一		调查二			
	z_1	z_2	$z_1 \cap z_1$	$z_2 \cap z_1$	$z_1 \cap z_2$	$z_2 \cap z_2$
Q_1	0.42	0.18	0.62	0.16	0.31	0.08
Q_2	0.12	0.28	0.04	0.18	0.12	0.49
合计	0.54	0.46	0.66	0.34	0.43	0.57
$P(Q_1 \mid z_j)$	0.78	0.39	0.94	0.47	0.72	0.14
$P(Q_2 \mid z_j)$	0.22	0.61	0.06	0.53	0.28	0.86

表 10—9 与预后验分析概率表比较相似，也包括联合概率、边际概率和条件概率。调查一的相关概率计算方式为：

$$P(Q_1) P(z_1 \mid Q_1) = 0.60 \times 0.70 = 0.42$$

调查二的相关概率计算方式为：

$$P(Q_1 \mid z_1) P(z_1 \mid Q_1) = 0.78 \times 0.80 = 0.62$$

值得注意的是，在对调查二进行概率计算时，由调查一得到的条件概率就成了先验概率。因此，上式中 $P(Q_1 \mid z_1)$ 是由调查一得出的条件概率，而 $P(z_1 \mid Q_1)$ 表示调查有80%的可靠性。这两个概率可以直接相乘，是因为假定它们是独立的，即假定调查的可靠性和第一阶段得到的修正先验概率没有交互影响。

在计算得到联合概率、边际概率和条件概率后，可将决策事项列入决策图中。图 10—6 描述了以标准的预后验分析形式表示的 m_0 和

m_1 这两个备选方案。根据现有的情报，决策者会选择 m_1 而不选择 m_0，这是由于两者的收益分别是 4.4 万元和 3.6 万元，前者大于后者。

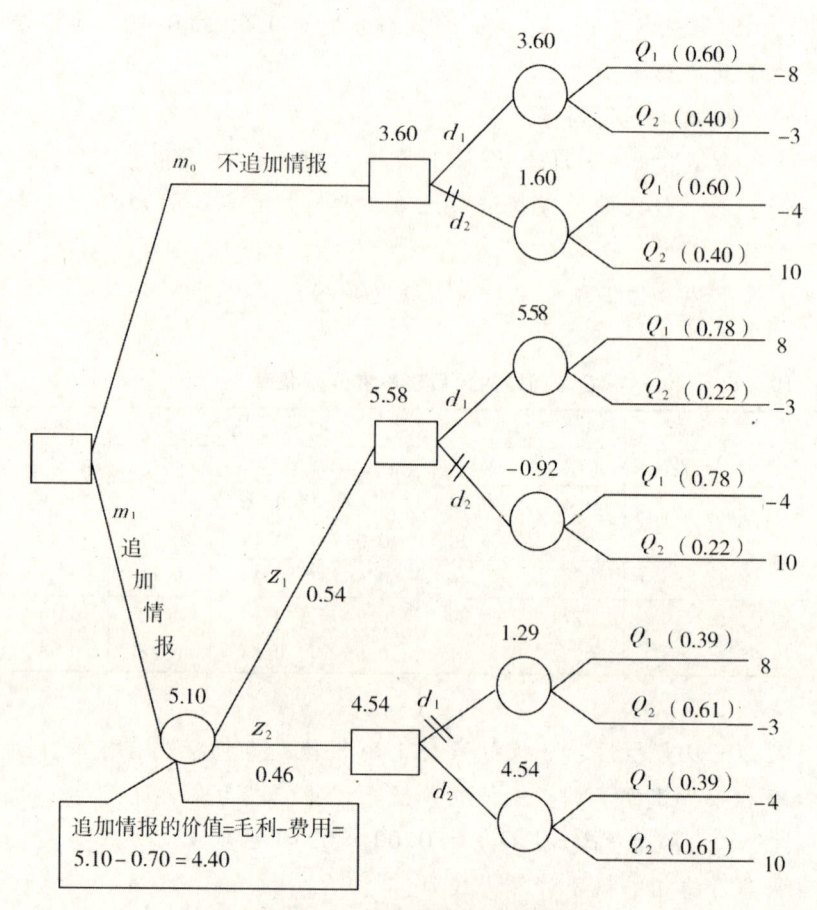

图 10—6　童车问题预后验决策树

图 10—7 是序贯决策的分析部分。由于在前一阶段的分析中发现，m_1 优于 m_0，因此，将 m_0 从备选方案中删去。图 10—7 中有两类分析：一类代表 m_2，即两个调查阶段都进行；另一类代表 m_1，即在第一阶段后就结束追加情报工作。本例中，序贯决策对竞争情报分析进程影响很大。例如，如果调查一的结果 z_1 表明有利的市场状况，则情报工作人员应终止进一步的情报分析行为，选择方案 d_1，在

第十章　工商竞争情报的价值核算与管理　333

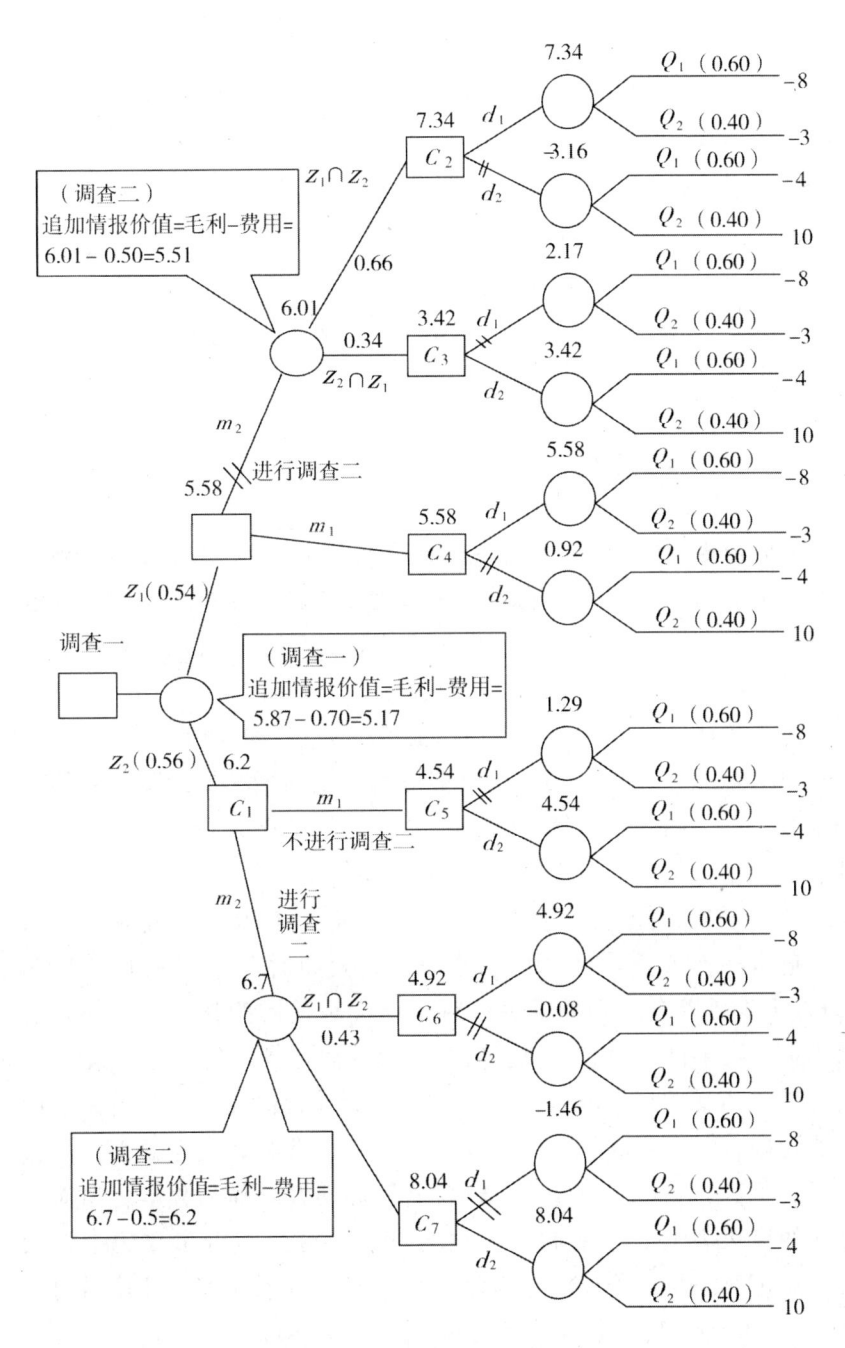

图 10—7　童车问题序贯决策树

此情况下，$m_1 - d_1$ 这一决策序列是最佳选择。但是，如果调查二的结果 z_2 表明不利的市场状况，就应采用策略 m_2，因为它具有更大的期望收益值。如果调查一得出 z_2 后，由调查二得出 z_1 的结果，则选择方案 d_1。如果调查二仍然得出 z_2，那么决策者应选择方案 d_2。上述过程计算了追加情报的实际价值和费用。

第二节　工商竞争情报的管理

一　工商竞争情报的管理机制

1. 识别关键情报课题

关键情报课题（Key Intelligence Topic，KIT）是美国竞争情报学家简·赫林（Jan P. Herring）引入商业领域的一个概念。这一概念的核心，是强调情报人员识别情报需求，并基于这种需求开展方向明确的情报分析工作。

简·赫林认为，工商企业的情报需求可分为三种类型。[①]

（1）战略决策和行动。竞争情报的实质在于减少风险型决策中的不确定性，因此，了解关于决策事项中的各种具有不确定性的条件和因素常常是决策者最紧迫的情报需求。

（2）早期预警。此类情报需求源自企业组织对于应对突发事件、危机事件或重大变动的需求。将危机事件等事项的预警作为 KIT，不仅可以有效降低管理者对于此类事件的担忧，而且使企业组织在危机事件发生前有机会实施有效的商业行动，以化解危机。

（3）市场关键参与者。对市场关键参与者情况的了解也是工商企业管理者情报需求的重要体现。市场关键参与者类型繁多，通常包括竞争者、客户、供应商、政府监管部门及合作伙伴等。但对于企业的决策者而言，他们所关注的市场关键参与者主要集中在两类：竞争对手与竞争环境。因此，对于竞争对手和竞争环境做出分

---

① Jan P. Herring, "Key Intelligence Topics: A process to Identify and Define Intelligence Needs", *Competitive Intelligence Review*, No. 2, 1999.

析是工商企业情报工作的基本内容。

我国有研究者提出，KIT 的工作流程主要包括如下五个步骤。①

（1）确定并接近正确的情报用户。竞争情报的重要客户可以包括但不局限于下述人群：企业的高层管理人员、企业战略规划与战略行动的专项负责人、企业核心业务部门的领导者、企业中层管理人员、需要竞争情报支持的基层职员（如销售人员）等。

（2）访谈并明确决策需求。访谈是识别相关人员情报需求的重要手段。在工商竞争情报工作实践中，访谈的具体策略可包括焦点组访谈、半结构化访谈、问卷调查等。

（3）挖掘与生成 KIT。这一阶段主要使用关键情报问题（Key Intelligence Question，KIQ）分析技术。关键情报问题是一种对 KIT 进行细化分析的情报管理工具，主要用以识别用户真正重要的情报需求和提问。使用 KIQ 技术需求对用户的问题进行汇总，提炼出真正的情报需求问题，形成 KIQ 的集合，并对这一集合中的问题进行聚类归并，形成具体而具有可操作性的 KIT。

（4）推进 KIT 的可操作化。可操作化的指导思想是竞争情报工作人员要首先保障企业关键业务行动，以及对关键业务取得成功至关重要的情报需求。KIT 的可操作化不仅包括信息资源的整序，还包括根据情报分析工具的特征对变量进行操作化定义等环节。

（5）评价与修正 KIT。这一阶段可具体包括对竞争情报价值的核算、对是否追加情报的相关分析及根据这些核算与分析所做出的针对 KIT 的补充与改善。

2. 构建 TAP—IN 机制

TAP—IN 机制是普雷斯科特（John E. Prescott）及其同事等提出的一个用以提出企业战略和战术情报的机制。②③ TAP—IN 机制是

---

① 黄英：《决策者需求分析——关键情报课题研究》，硕士学位论文，北京大学，2003 年。

② Prescott, J. E., "Competitive Intelligence: Lessons from the Trenches", *Competitive Intelligence Review*, Vol. 12, No. 2, 2001.

③ Miree, C. E., Prescott J. E., " 'TAP—IN' to Strategic and Tactical Intelligence in the Sales and Marketing Functions", *Competitive Intelligence Review*, Vol. 11, No. 1, 2000.

下列词汇首字母的缩写。

（1）T——Teams，即团队。这里的团队不仅指专业竞争情报工作人员团队，也指吸纳关键的经营管理人员进入竞争情报团队，并通过信息技术整合团队内外的沟通交流。在某些情况下，甚至企业相关部门（如营销与市场部门）的所有员工都可能被纳入竞争情报工作团队。从这个意义上说，专业情报工作者还负有对工商组织内人员信息能力进行评估和培训的职责。

（2）A——Allocation，指竞争情报人力资源的工作设计和配置。具体而言，是指将竞争情报工作可以使用的人力资源合理配置，以便将其明确指派到特定的战略和战术情报活动中。

（3）P——Planning，即规划过程。指在决策制定和资源分配前，对战略和战术层面的竞争情报输入进行权衡、评估，然后整合到决策过程之中。

（4）I——Interaction，即互动。即形成知识、信息交流与分享的机制，促进竞争情报团队内外的知识信息沟通交流。互动是促进组织内隐性知识流通、获得情报工作效果反馈的主要途径。

（5）N——Network，即人际网络。即构建高效的人际网络，并对不同网络的参与进行定位和评价。

普雷斯科特（Prescott）等人指出，TAP—IN 机制具有如下作用：

首先，竞争情报部门通过应用 TAP—IN 机制，可合理调整战略情报和战术情报的关系，了解组织的情报需求，并明确界定竞争情报活动的任务。

其次，TAP—IN 机制可用于解决竞争情报工作的分散化还是集中化的问题。

再次，TAP—IN 机制可用于协调竞争情报部门与组织内其他部门的行动，以便协同运转。

二　工商竞争情报的管理机构

1. 竞争情报部门的定位

竞争情报部门在整个企业组织中如何定位，已受到决策者与竞争情报工作者的关注。美国学者简·P. 赫林将国外企业竞争情报机构总结为如表10—10所示的九种设置方式。①

表 10—10　　　　　　　　　企业的情报机构设置

设置方式	简介
为最高决策者服务	情报人员与决策者的关系十分密切。直接向企业负责人报告，参与决策层的工作。如太平洋企业联盟（Pacific Enterprise Association）采用的就是这种形式。它只为企业的行政主管而不为其他机构服务，服务对象群比较窄
设在职能机构	在销售、生产、研究开发等机构中选择企业的关键机构，在此机构中设置情报机构。这种方式最常见，采用这种方式的公司有默克（Merck）、福特（Ford）等
信息服务机构	这是最低层次的，通常在其他机构中还设有竞争情报机构。如美国西南航空公司（Southwest Airline）
与职能机构并列	与法律、财务机构并列。美国通用汽车公司的情报机构设在该层次，对企业战略决策提供服务
计划机构	北欧斯堪地区（Skandia）公司专门从事娱乐和共同基金业务，其情报机构设在计划机构，负责向决策者提供情报，就决策者需要考虑的问题提出建议。辉瑞（Pfizer）制药公司的情报机构就设在计划机构
独立机构	情报人员从不同的机构得到项目来维持机构的生存。陶氏（Dow）公司把企业竞争情报机构称为技术中心，对本行业其他企业的最佳实践模式进行调查研究，并将这些经验传达到本企业的相关机构
协调/分布式	企业总公司有协调单位，在企业子公司有相应的情报人员。柯达公司采用这种模式，它涉及七个行业，各个行业的情报人员分别搜集竞争对手的竞争情报
混合型	富达（Fidelity）公司是美国最大的共同投资基金，涉及18个不同的行业。由于18个行业性质和客户对象不同，因此总公司不对情报活动进行统一的协调，企业一级主要负责培训，各个行业有各自的情报活动组织形式。宝洁公司20个不同的子公司，在总公司一级成立竞争情报委员会，由20个子公司的情报人员参与并共同组成。它根据一些项目将子公司的情报人员召集到一起活动，情报人员也经常聚会交流各自经验

---

① 查先进主编：《企业竞争情报》，武汉大学出版社2012年版，第213页。

续表

设置方式	简介
虚拟团队、知识管理	壳牌（Shell）采用这种方式

资料来源：查先进主编：《企业竞争情报》，武汉大学出版社2012年版，第213页。

由表10—10可见，工商企业中的竞争情报组织既有实体性的机构，也有虚拟团队；既有独立部门的形式，也有分布式架构的形式。

（1）分布式构架的情报工作团队。在情报工作团队属分布式构架的工商企业中，虽然并不设独立的情报部门，但如果把相关部门工作人员按工作性质进行归类则会发现，这些企业中存在着一个跨部门、分布式的竞争情报工作团队。这个团队的成员可能是专业的情报分析者，也可能是营销、市场或规划等部门的工作人员。因此，在这种类型的工商企业中，竞争情报工作者是一个团队，但并不一定是一个独立的部门。

（2）作为独立业务单元的情报部门。作为独立业务单元的情报部门是工商企业竞争情报部门的主要形式。美国学者杰瑞·P.米勒（Jerry P. Miller）在分析了企业的各种情报需求和各种情报机构定位的利弊后认为，情报部门应当定位于最需要情报支持的那些决策部门，必须尽可能靠近决策者。因此，情报部门越来越多地设置于面对市场竞争的部门或对公司经营管理活动影响最大的单位。[①]1995年的一项在美国进行的调查表明，大多数企业的竞争情报部门定位于市场营销或企业规划部门，也有少数定位于研发部门，具体比例为：市场营销部占40%、企划部占32%、独立部门占9%、研发部门占8%、其他占11%。[②]

2．竞争情报部门人力资源的建设与管理

作为工商企业组织的一部分，竞争情报部门的人力资源管理与

[①] 包昌火等编著：《竞争情报导论》，清华大学出版社2011年版，第341页。

[②] Lachman C. L, et al., "Organizing the Competition Intelligence Function: A Benchmarking Study", *Competitive Intelligence Review*, Vol. 11, No. 1, 2000.

企业其他部门之间有着共性,如在薪酬福利、工作标准等方面竞争情报部门与其他部门并没有区别。但竞争情报部门作为一个独立的业务单元,在人力资源的建设与管理上也常常存在着一些不同于其他部门的特殊性。具体有:

(1) 在人员构成方面,竞争情报部门有别于企业其他部门。

包昌火等认为,竞争情报部门应设六类岗位,分别是 CI 经理、情报分析师、信息专家、访谈专家、看门人和 CI-IT 专家。他们在竞争情报部门的相互关系如图 10—8 所示。[①]

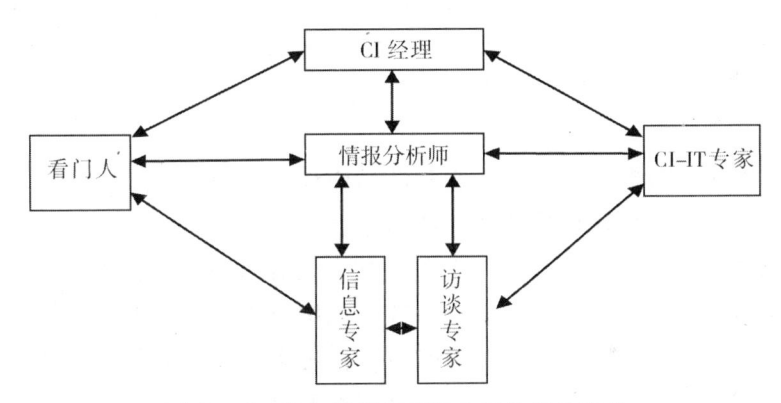

图 10—8 竞争情报部门的人员的岗位构成

资料来源:包昌火等编:《竞争情报导论》,清华大学出版社 2012 年版,第 343 页。

图 10—8 所示的六类人员的工作流程为:信息专家和访谈专家分别负责进行二手和一手信息的收集,然后汇总到情报分析师那里进行分析,并将分析结果提供给 CI 经理。涉及专题领域的课题,可能还会借助看门人的专业知识和专家网络。与此同时,CI 部门也离开 IT 专家的支持。具体而言,图 10—8 所示的六类岗位的具体职责为:

CI 经理:根据外部环境、公司需求和文化,建立系统化过程,负责审核竞争情报产品。

情报分析师:对已采集到的信息进行结构化处理,并根据决策事项对这些信息进行恰当的解释,直接负责情报产品的制作。

---

① 包昌火等编著:《竞争情报导论》,清华大学出版社 2011 年版,第 343—345 页。

信息专家：对二手和一手的信息进行结构化的调查、采集、序化与组织。

访谈专家：通过访谈对一手信息进行调查与组织。

看门人：负责监控某一专题领域的进展，建立并维护自己的专家网络。

CI-IT 专家：满足 CI 团队的 IT 需求。

（2）在人员的专业技能方面，竞争情报部门也有一些特殊的要求。

首先，情报工作人员需要有获取情报需求的能力。例如，有良好的沟通能力和敏锐的判断力，以便识别决策需求。

其次，情报工作人员需要有专业的信息采集能力。信息采集的质量直接决定着信息分析的质量，因此，信息采集能力对情报人员来说至关重要。

再次，情报工作人员需要有高超的信息分析能力。信息分析能力是情报工作人员的核心业务能力，也是决定情报工作质量的核心因素。特别是在"信息爆炸"的时代，情报人员的信息能力不仅是个人业务能力的核心，也是竞争情报工作价值的主要体现。

最后，对信息资源的管理能力。情报人员作为信息工作者，将面对大量的信息资源，不具备信息资源管理能力的情报人员，其自身很可能会陷入"信息过载"的境地，遑论生产情报产品。

3. 竞争情报部门基础设施的建设与管理

一般来说，竞争情报部门需要具备两种类型的基础设施：信息资源库和情报发布通道。信息资源库可以是通过购买而得到的外部信息资源，如数据库、年鉴等统计报告、市场研究报告等；也可能是本机构自行建成的机构资源库，如情报人员建立的本企业竞争对手历史档案、本行业竞争环境相关资料、人际网络分析相关报告等。情报的发布通道通常包括呈报通道和共享通道。呈报通道指竞争情报工作者将情报产品呈报给决策者，供其在决策中直接使用，如情报人员针对特定决策事项撰写的专题报告等。共享通道指本企业需要与内外各相关部门、人员共享的情报、信息，如行业动态、技术进展等。在网络化的背景下，网站通常是共享情报信息的重要通道。

三 工商竞争情报的绩效评估

1. 竞争情报绩效的评估流程

美国学者简·P. 赫林在对各种研究成果进行总结后，提出了如图10—9所示的竞争情报评估流程。[①]

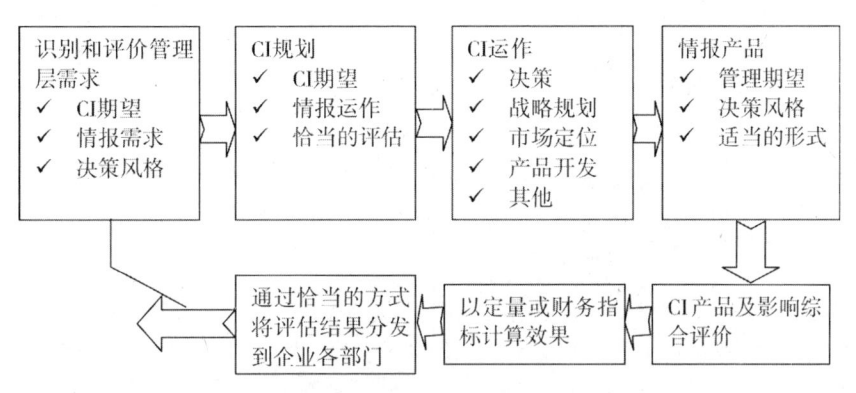

```
┌─────────────┐   ┌─────────┐   ┌─────────┐   ┌─────────┐
│识别和评价管理│   │CI规划   │   │CI运作   │   │情报产品 │
│层需求       │   │✓ CI期望 │   │✓ 决策   │   │✓ 管理期望│
│✓ CI期望     │⇒ │✓ 情报运作│⇒ │✓ 战略规划│⇒ │✓ 决策风格│
│✓ 情报需求   │   │✓ 恰当的 │   │✓ 市场定位│   │✓ 适当的形式│
│✓ 决策风格   │   │  评估   │   │✓ 产品开发│   │         │
│             │   │         │   │✓ 其他   │   │         │
└─────────────┘   └─────────┘   └─────────┘   └─────────┘
       ⇑                                             ⇓
┌─────────────┐   ┌─────────┐   ┌─────────────┐
│通过恰当的方式│   │以定量或 │   │CI产品及影响 │
│将评估结果分发│⇐ │财务指标 │⇐ │综合评价     │
│到企业各部门 │   │计算效果 │   │             │
└─────────────┘   └─────────┘   └─────────────┘
```

图10—9 竞争情报绩效评估流程

资料来源：Herring J. P., *Measuring the Effectiveness of Competitive Intelligence*: *Assessing Your Organization*, Alexandria, VA: Society of Competitive Intelligence Professionals, 1996。转引自包昌火等编著《竞争情报导论》，清华大学出版社2011年版，第351页。

2. 竞争情报绩效的评估指标

本章前文所述的竞争情报价值的核算是对竞争情报绩效进行评估的基本立足点。显然，只有在较小投入情况下获得相对高收益的竞争情报对企业组织来说才是有价值的。除此之外，对竞争情报的绩效也可从多个角度展开评估。美国学者麦克冈娜戈等站在竞争情报人员和最终用户的角度，提出了依据竞争情报种类、活动、用户和产品衡量竞争情报部门绩效的定量和定性兼顾的指标体系，具体如表10—11所示。[②]

[①] Herring J. P., *Measuring the Effectiveness of Competitive Intelligence*: *Assessing Your Organization*, Alexandria, VA: Society of Competitive Intelligence Professionals, 1996.

[②] McGonagle John J., Vella Carolyn M., *Bottom Line Competitive Intelligence*, Quorum Books, 2001.

表10—11 依据竞争情报种类、活动、用户和产品衡量
竞争情报部门绩效的评价指标

任务和计划相关指标	实现目标	完成的数量	按时完成的数量	竞争情报需求的数量	用户增加的需求数量	后续任务数量	辅助项目数量	提供的建议数量
预算相关指标	与未使用竞争情报相比较,节约的成本	与未经竞争情报训练的人员相比节约的成本	符合项目预算程度					
效率相关指标	分析的准确性	数据的质量	最初的结果	是否按时完成项目	研究的时间及响应需求的时间			
最终用户相关指标	书面	口头						
财务相关指标	成本避免	成本节约	目标实现	吸引投资	改善投资	取消不必要投资带来的节约	收益增加	创造价值

续表

任务和计划相关指标	实现目标	完成的数量	按时完成的数量	竞争情报需求的数量	用户增加的需求数量	重复的任务数量	竞争情报辅助的项目数量	提供的建议数量
内部关系相关指标	与最终用户建立密切联系	阐明相关的战略和战术	与最终用户建立的关系数量	参与多功能团队活动的质量				
新产品和服务相关指标	运用竞争情报后开发的新产品/服务的数量	运用竞争情报后节约/避免的成本						
绩效相关指标	为部门或公司带来的成长或利润	为部门或公司战略方向带来的影响	为部门或公司获得的市场份额					
报告和陈述相关指标	数量	重复的次数	可付诸行动产品的生产					
销售效果相关指标	客户满意度	赢得具体客户的数量	客户保留的数量	处于领导地位的数量	回头客的数量	对输赢率的改进		

续表

任务和计划相关指标	实现目标	完成的数量	按时完成的数量	竞争情报需求的数量	用户增加的需求数量	重复的任务数量	竞争情报辅助的项目数量	提供的建议数量
调查相关指标	书面	口头						
时间相关指标	因竞争情报而带来的效益	按时完成的项目数	因竞争情报节约的时间					

资料来源：McGonagle John J., Vella Carolyn M., *Bottom Line Competitive Intelligence*, Quorum Books, 2001。转引自包昌火等编著《竞争情报导论》，清华大学出版社 2011 年版，第 352 页。

参考文献

1. 《图书情报工作》杂志社编：《情报研究与竞争力》，海洋出版社 2009 年版。
2. 包昌火等编著：《竞争情报导论》，清华大学出版社 2011 年版。
3. 包昌火等编：《信息分析和竞争情报案例》，清华大学出版社 2012 年版。
4. 包昌火等编：《竞争对手分析·竞争情报丛书》，华夏出版社 2003 年版。
5. 蔡建瓴等编：《社会统计分析及 SAS 应用教程》，清华大学出版社 2008 年版。
6. 曾忠禄：《企业竞争情报管理——战胜竞争对手的秘密武器》，暨南大学出版社 2004 年版。
7. 查先进编：《信息分析》，武汉大学出版社 2011 年版。
8. 查先进主编：《企业竞争情报》，武汉大学出版社 2012 年版。
9. 陈峰、梁战平：《竞争情报与战略管理》，科技文献出版社 2004 年版。
10. 陈戈止编：《市场信息调查与分析》，北京科文图书业信息技术有限公司 2007 年版。
11. 陈功：《信息分析的核心》，新星出版社 2010 年版。
12. 陈铭、杨桂芹主编：《信息收集与处理——定量分析基础》，水利水电出版社 2011 年版。
13. 陈飔、薛刚编：《商业竞争情报实务》，经济日报出版社

2011 年版。

14. 稻香主编：《得情报者得天下——企业竞争情报管理》，青岛出版社 2006 年版。

15. 董素音、蔡莉静主编：《竞争情报理论与方法》，海洋出版社 2007 年版。

16. 樊泳雪：《竞争情报：实践与方法研究》，巴蜀书社 2010 年版。

17. 范金城、梅长林编：《数据分析》，科学出版社 2002 年版。

18. ［美］富尔德（Fuld, L. M.）：《商业竞争情报密码——看穿混乱、失真、谣言和烟幕》，陈勇强、陈飓译，机械工业出版社 2008 年版。

19. 胡鹏山编：《竞争战略与竞争优势》，华夏出版社 2002 年版。

20. 化柏林编：《文本信息分析与全文检索技术》，科技文献出版社 2008 年版。

21. 黄晓斌编：《网络环境下的竞争情报》，经济管理出版社 2006 年版。

22. 江三宝、毛振鹏主编：《信息分析与预测》，北京交通大学出版社 2008 年版。

23. 劳动和社会保障部培训就业司编写：《职业信息分析师——基础知识》，中国劳动社会保障出版社 2005 年版。

24. 劳动和社会保障部培训就业司组织编写：《职业信息分析师——技能操作》，中国劳动社会保障出版社 2005 年版。

25. 李国秋、吕斌编：《企业竞争情报概论》，华东师范大学出版社 2006 年版。

26. 李国秋、吕斌编：《企业竞争情报理论与实践》，清华大学出版社 2011 年版。

27. 李宇军、龚江辉：《竞争性情报》，中国物价出版社 2002 年版。

28. 刘冰主编：《企业竞争情报基础》，首都经济贸易大学出版社 2010 年版。

29. 刘树民主编：《竞争情报：挖掘企业的知识资源》，六朝松知识管理文库，2004年。

30. 卢小宾主编：《信息分析》，科技文献出版社2008年版。

31. 麻省理工《科技创业》编：《竞争情报：科技创生的商业模式》，上海科学技术文献出版社2012年版。

32. 麻省理工《科技创业》编：《竞争情报：科技创新的资本生成》，上海科学技术文献出版社2012年版。

33. 麻省理工《科技创业》编：《竞争情报：网络催生的无限商机》，上海科学技术文献出版社2012年版。

34. 麻省理工《科技创业》编：《竞争情报：系统信息化的创新智慧》，上海科学技术文献出版社2012年版。

35. 麻省理工《科技创业》编：《竞争情报：新兴技术的商业机缘》，上海科学技术文献出版社2012年版。

36. 沙勇忠：《信息分析》，科学出版社2009年版。

37. 沈固朝、施国良编：《信息源和信息采集》，清华大学出版社2012年版。

38. 沈固朝等编：《竞争情报的理论与实践》，科学出版社2008年版。

39. 沈丽容：《竞争情报：中国企业生存的第四要素》，北京图书馆出版社2003年版。

40. 司有和编：《竞争情报理论与方法》，清华大学出版社2009年版。

41. 苏新宁等编：《数据仓库和数据挖掘》，清华大学出版社2006年版。

42. 孙振誉等编：《信息分析导论》，清华大学出版社2007年版。

43. ［美］泰森：《竞争情报完全指南》，王玉等译，中国人民大学出版社2005年版。

44. 唐永林、陈荣主编：《企业竞争情报入门》，科学出版社2007年版。

45. 王素荣、韩计隆编：《信息分析与预测》，国防工业出版社2007年版。

46. 王伟军、蔡国沛主编：《信息分析方法与应用》，北京交通大学出版社 2010 年版。

47. 王延飞编：《竞争情报方法》，北京大学出版社 2007 年版。

48. 王延飞等编：《信息分析与决策》，北京大学出版社 2010 年版。

49. 王煜全：《情报制胜：企业竞争情报》，科学出版社 2004 年版。

50. 徐国祥主编：《统计预测和决策》（第四版），上海财经大学出版社 2012 年版。

51. 谢德体、陈蔚杰主编：《信息检索与分析利用》，科学出版社 2010 年版。

52. 谢新洲：《企业信息化与竞争情报》，北京大学出版社 2006 年版。

53. 张翠英：《竞争情报分析》，科学出版社 2008 年版。

54. 赵蓉英编：《竞争情报学》，科学出版社 2012 年版。

55. 周和士、郭玉强主编：《信息检索与情报分析》，武汉理工大学出版社 2007 年版。

56. 周爽、贾克云、阮桂海编：《SAS 数据挖掘与分析》，清华大学出版社 2008 年版。

57. Dutka, Alan F., *Competitive Intelligence for the Competitive Edge*, Lincolnwood, Ill.: NTC Business Books, 1999.

58. Fehringer, Dale, Bonnie Hohhof, Theodore W. Johnson, Society of Competitive Intelligence Professionals, Competitive Intelligence Foundation, and Cipher Systems, *State of the Art: Compettive Intelligence: A Competitive Intelligence Foundation Research Report*, 2005–2006, Full Report, Alexandria, VA: Competitive Intelligence Foundation, 2006.

59. Fleisher, Craig S., and David L. Blenkhorn, *Controversies in Competitive Intelligence: The Enduring Issues*, Westport, Conn.: Praeger, 2003.

60. Gilad, Benjamin, *Early Warning: Using Competitive Intelligence to Anticipate Market Shifts, Control Risk, and Create Powerful Strategies*, New York, NY: American Management Association, 2003.

61. Hohhof, Bonnie, Dale Fehringer, Society of Competitive Intelligence Professionals, and Competitive Intelligence Foundation, *Competitive Intelligence Ethics: Navigating the Gray Zone*, Topics in Competitive Intelligence, Alexandria, VA: Competitive Intelligence Foundation, 2006.

62. McGonagle, John J., and Carolyn M. Vella, *A New Archetype for Competitive Intelligence*, Westport, Conn.: Quorum, 1996.

63. McGonagle, John J., and Carolyn M. Vella, *Protecting Your Company Against Competitive Intelligence*, Westport, Conn.: Quorum Books, 1998.

64. McGonagle, John J., and Carolyn M. Vella, *The Internet Age of Competitive Intelligence*, Westport, Conn.: Quorum, 1999.

65. Miller, Jerry, and Business Intelligence Braintrust, *Millennium Intelligence: Understanding and Conducting Competitive Intelligence in the Digital Age*, Medford, N. J.: CyberAge Books, 2000.

66. Murphy, Christopher, *Competitive Intelligence: Gathering, Analysing and Putting it to Work*, Aldershot, Hants, England; Burlington, Vt.: Gower, 2005.

67. Prescott, John E., Stephen H. Miller, and Society of Competitive Intelligence Professionals, *Proven Strategies in Competitive Intelligence: Lessons from the Trenches*, New York: Wiley, 2001.

68. Salmon, Robert, and Yolaine de Linares, *Competitive Intelligence: Scanning the Global Environment*, London: Economica, 1999.

69. Shaker, Steven M., and Mark P. Gembicki, *The Warroom Guide to Competitive Intelligence*, New York: McGraw-Hill, 1999.

70. Vella, Carolyn M., and John J. McGonagle, *Competitive Intelligence in the Computer Age*, New York: Quorum Books, 1987.

71. West, Christopher, *Competitive Intelligence*, Houndmills, Basingstoke, Hampshire, New York: Palgrave, 2001.

后 记

　　本书的写作过程与教学实践基本上保持了同步。近年来，本人努力将本书的主要内容有选择性地应用于所任教的《竞争情报分析》（研究生）、《管理决策模型》（本科生）、《管理预测与决策》（本科生）、《统计软件》（本科生和研究生）等课程中。可以说，本书已经在一定程度上接受了课堂教学实践的检验。

　　本书的写作过程同时也是笔者学习的过程。在此过程中，笔者大量地阅读了国内外竞争情报及相关研究领域诸多研究者的著述，并对这些文献进行了梳理、汇总和整理。由于这是一个学习的过程，因此，本书的理论表述与工具方法均大量撷取和借鉴了本领域诸多前辈、同行的研究成果。尽管本书以参考文献的形式列出了所借鉴的著述，但因为写作过程漫长且资料纷杂，难免挂一漏万，有可能存在对有些重要著述引述标注不到位的情况，在此深表歉意。总之，笔者愿以学习者的名义，向本书所参考、引述或借鉴的所有文献的初始作者致以崇高的敬意！特别是本书收录了诸多竞争情报分析的案例，在此谨向这些案例的原始撰写者致以最诚挚的感谢！

　　笔者认为，竞争情报分析是一门常讲常新的学科。竞争情报分析要保持其鲜活的生命力，就需要以发展的眼光，自觉适应社会信息化背景下管理工作的实际需要，不断调整、充实和完善其理论、工具和方法。从这个意义上说，判断本书体系框架与工具方法的完整性、适用性和科学性的唯一标准是，这些理论和方法在实际管理工作中得到了接受和认可。为此，笔者愿意以最谦卑的心态，诚恳地接受时间、实践和同行的检验和评判。

周文杰
2015 年 7 月 16 日于西北师范大学